YANOMAMI

Indianer Brasiliens im Kampf ums Überleben

Otto Zerries
zum 75. Geburtstage
gewidmet

YANOMAMI

Indianer Brasiliens im Kampf ums Überleben

Herausgegeben von
Jörg Helbig, Oswald Iten
und
Jacques Schiltknecht

Pinguin-Verlag, Innsbruck
Umschau-Verlag, Frankfurt/Main

Überzug vorne: Zum Fest geschmückter Krieger der Patanoeteri.
Foto: Harald Herzog

Überzug rückwärts: Familie der Wakatauеteri in der Pflanzung.
Foto: Oswald Iten

Druck- und Bindearbeiten: Druckerei Theiss,
Wolfsberg
Lithos: Ifolith, Fotolitho, Innsbruck
Printed in Austria
ISBN 3-7016-2322-8

Inhalt

Danksagung

Am Zustandekommen dieses kleinen Buches haben viele mitgewirkt, denen wir herzlich danken möchten. Die Dorotheenschwestern Anna und Paula Häusler in Flueli Ranft (Schweiz) übersetzten einige Beiträge. Schreib-, Redigier- und Übersetzungsarbeiten leisteten Frau Sigrid Gareis M. A., Frau Cristina da Glória, Frau Christiane Lembert-Dobler M. A., Frau Sonja Ross M. A., Frau Moriçá Santos de Souza Torres, Frau Beate Seiffert M. A. und Frau Franziska Schiltknecht.
Dank schulden wir Frau Gabriele Herzog für die Überlassung ihrer Fotografien und der ihres verstorbenen Mannes. Die Aufnahmen entstanden auf mehreren Expeditionen von Mitgliedern der Forschungsstelle für Humanethologie in der Max-Planck-Gesellschaft, Erling. Einen Zuschuß zu den Druckkosten und den Autorenhonoraren leisteten die Stiftungen Benevolus Zürich, Landis & Gyr, Zug, sowie mehrere andere Spender: ihnen sei auch an dieser Stelle herzlichst gedankt.

Die Herausgeber

Vorwort

»Mein Land ist das letzte, in welches ihr eindringt. Es ist die letzte Invasion.« Diese Aussage von Davi Kopenawa, eines führenden Yanomami, faßt die geschichtliche Einmaligkeit des Überlebenskampfes eines Indianervolkes gegen seine Agressoren zusammen.
In Brasilien lebten vor der Entdeckung und Eroberung durch die Weißen einige Millionen Indianer. Heute sind es noch etwa zweihunderttausend, von denen aber viele ihre kulturelle Identität ganz oder teilweise verloren haben. Das größte Indianervolk, das bis heute weitgehend seine kulturelle Identität bewahren konnte, ist das der Yanomami, mit 15 000 bis 20 000 Menschen, die an den nördlichen Zuflüssen des Amazonas in Brasilien und im Quellgebiet des Orinoko in Venezuela siedeln. Dieses reichgegliederte gebirgige Urwaldgebiet an der kontinentalen Wasserscheide, das mit seinen Bergen, Flüssen und Seen unzählige ökologische Nischen bildet, weist einen ungeheuren Reichtum an Tier- und Pflanzenarten auf und stellt mit 90 000 Quadratkilometern Regenwald die größte ökologische Reserve der Welt dar.
Seit Jahrhunderten haben die Yanomami in diesem Gebiet gelebt, ohne die Stabilität des Ökosystems zu gefährden. Bei ungefähr gleichbleibender Bevölkerungszahl roden sie für den Anbau nur soviel Urwald, wie tatsächlich benötigt wird. Ist der mineral- und nährstoffarme Boden erschöpft – meist schon nach wenigen Jahren –, werden neue Gärten auf neuen Rodungen angelegt. Die alten Rodungen, von Wald umgeben, haben Gelegenheit, sich zu regenerieren. Ein nicht geringer Teil der pflanzlichen Nahrung wird überdies durch das Abernten wildwachsender, teilweise auch angepflanzter Fruchtbäume gewonnen, wofür eine Rodung nicht nötig ist.
Die Yanomami leben also vom Walde, ohne ihn zu zerstören. Eine Absicht dieses Buches ist es denn auch, diesen Aspekt der Kultur der Yanomami darzustellen; aber die unmittelbare tödliche Bedrohung dieser Indianer drängt sich derart in den Vordergrund, daß kaum Raum zum kontemplativen Verweilen bleibt.
In dieser Situation sollten die Indianer selbst das Wort haben. Sie drücken sich kraftvoll und präzise aus, doch bis heute schreiben nur wenige. Deshalb haben wir einige ihrer mutigsten Anwälte um diese Beiträge gebeten. Ihr Engagement verdient höchsten Respekt, kann es doch, wie das Beispiel von Chico Mendes zeigt, wahrhaftig das eigene Leben kosten – nicht nur Zeit und Geld, wie im sicheren Europa. Die Kirchenvertreter nehmen großen Anteil am Schicksal der Yanomami: Teile der katholischen Kirche und einige Missionsgesellschaften haben sich kompromißlos und ohne missionarische Absicht hinter die Sache der Indianer gestellt und ihre Kultur respektvoll zu schützen gewußt. Den entsprechenden Preis mußten sie allerdings dafür zahlen.
Es scheint, daß der Genozid – vor 500 Jahren begonnen – bis zur bitteren Konsequenz fortgeführt wird. Europa ist daran durch fahrlässig gewährte Kredite, aber auch durch die Unfähigkeit, das brasilianische Schuldenproblem zu lösen, mitbeteiligt: Kredite der Weltbank und anderer multinationaler

Institute wurden bisher ohne Rücksicht auf ethnische Minderheiten und ökologische Werte gewährt. Erst in letzter Zeit werden entsprechende Auflagen gemacht, aber meist ungenügend kontrolliert. Bleibt es also bei der Rhetorik? Dank unablässiger Anstrengungen der Menschenrechtsorganisationen und Ökologen ist der Dialog mit der Weltbank möglich geworden, erste Erfolge stellen sich ein. Doch andere Investoren und Gesellschaften sind davon gänzlich unberührt.
Im Gegensatz zur landläufigen Meinung, der Regenwald überwuchere spontan in einer Art chaotischer Üppigkeit jeden Kahlschlag, ist der Tropenwald ein äußerst empfindliches System tausender voneinander abhängiger Arten. Wasser und Nährstoffe werden durch subtile Mechanismen im Kreislauf gehaltern. Größere Zerstörungen, besonders der Bodenstruktur, machen jede Regeneration unmöglich. Täglich verschwinden Arten, die für die Stabilität der Natur, für die Evolution, aber auch für die Entwicklung von Landwirtschaft und Medizin bedeutsam sind, unwiederbringlich. Wenn die riesigen Flächenbrände weitergehen, gelangen nicht nur unsinnige Mengen von Kohlendioxyd in die Erdatmosphäre und tragen zu deren Erwärmung bei, es kommen darüberhinaus Mechanismen in Gang, die sich verselbständigen: Die Verdunstung aus dem Blätterdach fällt weg, das Innere des Kontinents wird trockener und die Restflächen des Waldes reichen für eine Regeneration nicht mehr aus. Erosion und Verwüstung drohen, und das für einen Profit, dem in wenigen Jahren eine dauernde Öde folgen wird. Allein der monetäre Wert des Holzes, das alljährlich den leichtfertigen Brandrodungen zum Opfer fällt, wird auf ungefähr vierzig Milliarden Dollar geschätzt, was einem Drittel der derzeitigen Auslandsschuld Brasiliens entspricht.
Wo die offiziellen Statistiken abzuwiegeln suchen, ernüchtern die unbestechlichen Satellitenbilder.
Aber die Indianer nur aus ökologischen Befürchtungen heraus zu verteidigen, zeugt von einer ethnozentrischen Einstellung, mit der die Zivilisation den Stammeskulturen überall bereits aufgezwungen wurde. Es wird höchste Zeit, daß das Lebensrecht der noch übriggebliebenen Stammeskulturen ohne jede Einschränkung anerkannt wird.
Die Yanomami besitzen das Recht zu überleben, und dazu brauchen sie ihre kulturelle Identität und ihr unveräußerliches Territorium. Andernfalls tauchen die physisch Überlebenden, wie so viele Indianer, in der verarmten Masse der Brasilianer in den Favelas unter. Mit dem Erlöschen ihrer kulturellen Existenz wäre unser Planet wieder ein Stück ärmer, selbst wenn der Regenwald nicht verschwinden sollte. Sicher hat der Tropenwald bessere Chancen, wenn die Yanomami und andere Indianer ihren Lebensraum behalten; unsere erste Sorge soll aber der Minderheit selbst gelten, sie soll das Hauptmotiv für unseren Einsatz bleiben.
Soll dem Volk der Yanomami auch nur die geringste Überlebenschance eingeräumt werden, so müssen nach Ansicht aller Kenner der Situation folgende Maßnahmen ergriffen werden:

– sofortige Ausweisung der Goldsucher, welche zu Zehntausenden illegal das angestammte Gebiet der Yanomami besetzen. Die Unterbindung der Nachschubwege sowie die Kontrolle der Landepisten und des internationalen Flughafens von Boa Vista sind dabei die wirksamste und einfachste erste Maßnahme.

- Der Aufbau eines kompetenten, fortgesetzten und flächendeckenden Gesundheitsdienstes zugunsten der Yanomami ist ohne Verzug zuzulassen, denn sie sind von Hunger geschwächt und werden durch die eingeschleppten Krankheiten dezimiert. Alle Mittel stehen bereit, es bedarf lediglich der Bewilligung.
- Anerkennung des Erlasses 1817/E vom 8. Januar 1985, welcher den Yanomami ihr zusammenhängendes Stammesgebiet garantiert. Die Annullierung des Ministerialerlasses vom 18. November 1988, welcher das Gebiet der Yanomami *um zwei Drittel* beschneidet und in 19 unzusammenhängende Enklaven zerstückelt, wodurch die Ausbeutung der Wälder und der Bodenschätze in etwa der Hälfte des traditionell von den Yanomami bewirtschafteten Gebietes ermöglicht würde.

Tun wir alles in unserer Macht stehende, um die düstere Vision des Davi Kopenawa Yanomami nicht Wirklichkeit werden zu lassen:

»Mein Land ist das letzte, in welches ihr eindringt.
Es ist die letzte Invasion.
Zuerst leidet der Indianer, dann wird auch der Weiße leiden.
Und dann wird der Krieg auch über euch kommen.«

Jörg Helbig, Oswald Iten und Jacques Schiltknecht

Indianergesetzgebung und Indianerpolitik in Brasilien

Julio M. Gaiger

Die Gesetzgebung für die Indianer reicht zwar in die Zeit der Kolonisierung Brasiliens zurück, eine eigentliche Politik des Staates gegenüber den Indianern wurde aber erst in diesem Jahrhundert formuliert. Erstmals wurde 1910 ein Regierungsorgan mit der Umsetzung der Indianerpolitik beauftragt, nämlich der »Serviço de Proteção ao Índio«, SPI. Ursprünglich basierte diese Politik auf den positivistischen Vorstellungen des Geographen und Generals Rondon (1865 bis 1958). Er betrachtete die Indianer als Menschen im Zustand der Barbarei, aus dem sie durch Erziehung errettet werden mußten. Es fehlte seinen Vorstellungen nicht an einer gewissen respektvollen Haltung gegenüber den Indianern, andererseits waren sie natürlich ganz und gar ethnozentrisch geprägt.
1967 löste eine parlamentarische Untersuchungskommission den SPI auf, nachdem Klagen über Korruption bestätigt worden waren. An seine Stelle trat eine von der Militärregierung ins Leben gerufene »Fundação Nacional do Índio« FUNAI (Nationale Indianer-Stiftung). Sie existiert heute noch. Die Militärregierung änderte am bisherigen Konzept der Indianerpolitik nichts. Die Indianer galten als rückständig; ihnen wurde großzügigerweise gestattet, auf brasilianischem Gebiet leben zu dürfen; ihre Kultur wurde als nicht mehr existent betrachtet. Hauptziel der Indianerpolitik blieb die »vollständige Einverleibung der indigenen Bewohner in die nationale Gemeinschaft«. Dieses Ziel wurde in der Verfassung von 1967 und später in das Indianerstatut (Gesetz Nr. 6.001/73) aufgenommen. So förderte dieses Gesetz den als unvermeidlich und wünschenswert betrachteten Prozeß der Integration, statt die Indianer zu schützen.
Man muß sich deshalb nicht wundern, daß sich die Regierung – wie in früheren Zeiten – nur ungern an die in den Gesetzestexten eingetragenen Garantien erinnert. In der Praxis wurden die Ausnahmen zur Norm. Daraus erklärt sich, warum Artikel 65 des Gesetzes Nr. 6.001/73 nie ernsthaft angewandt wurde. Dieser sah vor, innerhalb einer Frist von fünf Jahren sämtliche Indianergebiete abzugrenzen. 1978 war erst ein Drittel dieser Territorien vermessen. Nach dem Willen der Militärregierung wurde auch die Indianer-Politik den Leitsätzen der nationalen Sicherheit unterstellt. Gemäß diesen Leitsätzen, die von der Militärakademie formuliert wurden, stellten die Indianer in verschiedener Hinsicht ein Hindernis dar: Da sie sich weigerten, ihre Kultur abzulegen, konnten sie als mögliche Separatisten angesehen werden; sie galten als Bedrohung eines der wichtigsten »dauernden nationalen Ziele«, nämlich der Unversehrtheit des Hoheitsgebietes und der unbeschränkten Staatsgewalt.
Da sie die Respektierung ihres Rechts auf eigene Territorien verlangen, werden die Indianer noch heute beschuldigt, unrechtmäßig Ländereien zurückzufordern, wodurch sie deren Inbesitznahme durch private Unternehmen

verhinderten. Gemäß dem Leitsatz der nationalen Sicherheit ist die Landnutzung durch private Unternehmen die einzige Form, um die Verwertung des Territoriums im »brasilianischen« Sinne zu sichern. Auf die Grenzregionen angewandt, wird diese Art der Okkupation als »Besiedlung der Grenzen« bezeichnet, wie dies im Projekt »Calha Norte« der Fall ist.
Anstoß erregt auch, daß die indigenen Völker dank eigener Produktionsweisen und sozialer Werte überleben, welche sich deutlich von denjenigen des brasilianischen Kapitalismus unterscheiden. Dadurch werden die Indianer auch als Bedrohung des »sozialen Friedens« betrachtet, stellen sie doch fortwährend und lebendig das vom Staate verfochtene System in Frage.
Aus all diesen Gründen bemüht sich jetzt die Regierung, den Widerstand der Indianer zu brechen. Wenn früher die Indianerpolitik auf die Beschlagnahme von Land und den Einzug von Arbeitskräften zielte, so will die heutige Politik den Indianern die minimalen Bedingungen verweigern, welche es ihnen erlauben würden, ihre kulturelle Identität zu bewahren.
Der Entzug oder die Verkleinerung der Schutzgebiete ist dazu am besten geeignet. Wenn den Indianern das Land entzogen oder verkleinert wird, ändern sich ihre traditionellen Beschäftigungen und die ihnen eigene Produktionsart wesentlich: Die ganze Kultur einer betroffenen Gemeinschaft gerät aus den Fugen.
Außerdem will der Staat die Verbundenheit der Indianer mit der Natur durchtrennen. Die heutige Indianerpolitik versucht, eine Anpassung an die Erfordernisse der Marktwirtschaft zu erzwingen. Dadurch geraten die Indianer in eine derartige Notlage, daß sie für das nackte Überleben die Produkte von Jagd und Fischerei verkaufen müssen und sogar gezwungen werden, Holz zu schlagen und Bodenschätze zu schürfen. Schließlich bleibt ihnen nichts anderes übrig, als ihr Land zu verkaufen.
Das Gesetz Nr. 6.001/73 verbietet vergeblich den Handel mit den Naturreichtümern und dem Land der Indianer. Die Regierung aber unterbindet all dies nicht, im Gegenteil, sie fördert diese Verstöße.
Ein weiteres Element der Indianerpolitik zielt auf die Abwertung der traditionellen Kultur. Die Regierung veranstaltet eine massive Propaganda, um die Indianer zu den »Segnungen der Zivilisation und des Fortschritts« zu bekehren. In übertriebener Weise werden die Vorzüge eines nationalen Empfindens angepriesen. Die Propaganda suggeriert, daß die Indianer ihrer Tradition zwar schon treu bleiben können, doch nur im Sinne der Folklore. Neben all dem bestehen ständig unselige, aufreizende Versuche, um unter den Indianern Spannungen zu erzeugen und ihre Führer zur Zusammenarbeit zu gewinnen im Stile von divide et impera.
Um die Ausübung dieser Politik zu garantieren, erließ Präsident Figueiredo 1983 das Dekret 88 188, durch welches das Demarkationsverfahren für Indianergebiete geändert wurde. Die hauptsächlichste Neuerung bestand in der Bildung einer interministeriellen Arbeitsgruppe. Ihr gehörte auch ein Vertreter des Ministério Extraordinário para Assuntos Fundiários (eines Sozialministeriums) an. Sein Vorsitzender war zu jener Zeit General Danilo Venturini, der zugleich die Funktionen des Generalsekretärs des Nationalen Sicherheitsrates und des Chefs der Leibwache des Präsidenten der Republik innehatte.
Das Dekret befand, daß der wichtigste Gesichtspunkt der Indianerpolitik –

nämlich die Begrenzung der Indianergebiete – den Kriterien der nationalen Sicherheit untergeordnet werden mußte.
Mit der Wahl des zivilen Präsidenten José Sarney im März 1985 wurde dieses Ministerium aufgelöst und durch eines für die Reform und Entwicklung des Ackerbaus (MIRAD) mit Zivilbeamten ersetzt. Der Vorsitzende des MIRAD wurde Mitglied der interministeriellen Arbeitsgruppe. In den ersten Monaten ihrer Amtstätigkeit beachteten die Beamten die Gesetzgebung, die in Kraft war. Doch schon 1986 nimmt an den Sitzungen der Arbeitsgruppe ein Vertreter des Nationalen Sicherheitsrates, CNS, teil, obschon dies im Gesetz nicht vorgesehen war. In der Tat war die Meinung des Sicherheitsrates ausschlaggebend; ohne dessen Einverständnis wurde kein Reservat bewilligt.
Die Abgrenzungsentscheidungen wurden mehr und mehr behindert, und die Spannungen in vielen Gebieten wuchsen. Schließlich erließ 1987 Präsident Sarney ein neues Dekret, Nr. 94 945, über die Demarkationen, worin ausdrücklich die Schlüsselstellung des Nationalen Sicherheitsrates in der interministeriellen Arbeitsgruppe zementiert wurde. Nach einem Jahr des Zögerns (die FUNAI hatte vom März 1985 bis Mai 1986 sechs Präsidenten), fand die Regierung endlich in Romero Juçá Filho einen Funktionär, der die Leitung der Indianerpolitik im Sinne des Nationalen Sicherheitsrates (CNS) organisierte. Unter diesem Gesichtspunkt war Juçá ein beispielhafter Beamter, und er wurde im September 1988 durch seine Ernennung zum Gouverneur des soeben gegründeten Staates Roraima belohnt.
In der jüngsten, extrem schwierigen Zeit machten sich die Indianer auf, ihre Wiedererwägungsanträge vor dem nationalen konstituierenden Kongreß vorzubringen. Dieser Kongreß war ein Leerlauf von Debatten über alle möglichen Aspekte der Indianerfrage; den Indianern wurde bewußt, daß ein Sieg in der Verfassungsfrage ihre praktischen Probleme nicht lösen werde. Es wurde ihnen auch klar, wie sehr sie neue juristische Berater brauchten, die ihre Erwartungen und Bedürfnisse besser verstehen und so besser für sie kämpfen konnten.
Es gelang den Indianern schließlich nach vielen Schwierigkeiten, einen neuen Gesetzestext durchzusetzen, der einen großen Fortschritt in der Indianer-Gesetzgebung darstellt. Die wichtigsten Verbesserungen sind:

- die Indianer-Gesetzgebung – und damit die Indianerpolitik – verzichtet auf die bisher angestrebte Integration;
- den Indianer-Gesellschaften wird das Recht auf ihre eigene Kultur garantiert;
- den Indianern wird das Recht auf ihre ursprünglichen Territorien, bevor diese Eigentum des Staates wurden, zugestanden. Die Demarkationsgrenzen sollen Rücksicht auf die Traditionen, Gebräuche und Gewohnheiten eines jeden indianischen Volkes nehmen;
- das Recht der Indianer, ihrer Gemeinschaften und Organisationen auf Zugang zu den Gerichten, um dort aus eigener Initiative und ohne Bedingungen ihre Rechte und Interessen zu verteidigen, wird anerkannt;
- ohne der Initiative der Indianer vorzugreifen, muß das Ministerium für Öffentliche Angelegenheiten die juristische Verteidigung der Rechte und Ansprüche der Indianer vornehmen, wodurch der FUNAI das Monopol dafür entzogen wird;

- das Recht der Indianer auf die Nutzung der natürlichen Ressourcen des Landes, der Flüsse und Seen innerhalb ihrer Gebiete wird bekräftigt. Davon ausgenommen sind die Bodenschätze. Eine zukünftige Verordnung über die Suche nach Bodenschätzen auf indianischem Territorium sieht vor, daß der Kongreß die betroffenen Gemeinden anhören muß, bevor ein Beschluß gefaßt wird. Die Beteiligung der Indianer am Profit des Abbaus wird garantiert;
- desgleichen benötigt die Erschließung von Wasser- und Energiequellen in den Indianergebieten eine Genehmigung durch den Kongreß nach Anhören der betroffenen Gemeinden;
- aus prinzipiellen Gründen ist es nicht gestattet, Indianer umzusiedeln, außer in zwei Ausnahmefällen: Bei Epidemien oder bei Katastrophen, welche die eingeborene Bevölkerung gefährden könnten, mit der Garantie, daß sie in jedem Fall unverzüglich in ihr Heimatland zurückkehren können, sobald die Ursache für ihre Evakuierung beseitigt ist;
- das Prinzip der absoluten Unrechtmäßigkeit irgend eines Eindringens in die Gebiete der Indianer wird bestätigt. Ausgenommen davon bleibt das »erhebliche öffentliche Interesse der Union«, das ein späteres ergänzendes Gesetz umschreiben soll. Die Genehmigung dieser Ergänzung erfordert die absolute Mehrheit des Kongresses;
- den indianischen Gemeinschaften wird die eigene Muttersprache zugestanden. Sie darf auf eigenständige Weise vermittelt werden. Der Staat ist verpflichtet, die kulturellen Manifestationen der Indianer zu schützen;
- im Lehrplan des Geschichtsunterrichts muß der Anteil der indianischen Kultur an der brasilianischen Kultur angemessen berücksichtigt werden;
- für die Demarkation der Territorien aller Indianer wird eine Frist von fünf Jahren angesetzt, die mit der Bekanntmachung der Verfassung beginnt. (Man hofft jetzt, daß dieser verfassungsmäßige Auftrag auch wirklich ausgeführt wird).

Die neue Verfassung verändert die juristischen Bedingungen der Indianer-Gesetzgebung ziemlich stark. Diese muß deshalb vom Kongreß überprüft werden, angefangen bei den Bestimmungen im Gesetz Nr. 6.001/73 (Assimilation). Dekrete wie z. B. 94 945/87 sind zurückzuziehen, denn die dortige Definition der Indianer-Gebiete ist unvereinbar mit der Verfassung. Die Indianerpolitik muß gänzlich neu gestaltet werden, weil die Konstitution jede Aktion verbietet, die eine Assimilation der Indianer anstrebt.

In der Praxis handelt die Regierung aber, als ob die Verfassung von 1988 nicht existierte. Ihr Verhalten verletzt nicht nur die Rechte der Indianer; die Regierung mißachtet auch in anderen Bereichen den neuen Verfassungstext in gleicher Weise. Sie garantiert die erworbenen Rechte weder gegenüber den Indianern noch gegenüber der übrigen brasilianischen Gesellschaft. Nur durch einen täglichen Kampf der Indianer und der ganzen zivilen Gesellschaft kann erreicht werden, daß die juristischen Anordnungen in die Tat umgesetzt werden. Das krasseste Beispiel für die Mißachtung der Konstitution sind die Vorgänge auf dem Gebiet der Yanomami-Indianer. Gemäß Definition und konstitutioneller Normen müßte das Gebiet der Yanomami als *ein* zusammenhängendes, großes Areal anerkannt sein, wie es schon durch die FUNAI 1984 geschah. Diese Norm verletzend, hat die Regierung 19 kleine Gebiete ausgegrenzt, die weit voneinander entfernt liegen. Die Gebiete zwischen diesen »Inseln« sind für Nationalparks vorgesehen. Der Durchgang durch solche Parks ist jedermann frei gestattet, ebenso können hier Naturschätze von jedem Nicht-Indianer ausgebeutet werden. Indem den Yanomami ungefähr siebzig Prozent ihres ursprünglichen Landes weggenommen und ihr Areal zerstückelt worden ist, ist ein Kontakt unter ihren Dörfern und damit eine der Grundlagen ihrer Kultur zerstört worden, ihr Überleben steht in Frage. Es geschieht auch nichts, um die Tausenden von Goldsuchern, welche das Gebiet überschwemmen, zum Rückzug zu veranlassen. Diese Garimpeiros bringen den Yanomami den Tod. Eine massive Invasion von Goldsuchern begann etwa einen Monat nach Verabschiedung der neuen Verfassung.

Die Yanomami haben keine Möglichkeit, aus eigener Initiative ihren Fall vor Gericht zu bringen. In Ausübung seiner ihm übertragenen Aufgaben erarbeitet deshalb jetzt das Ministerium für Öffentliche Angelegenheiten die juristischen Schritte, die es erlauben, die Handlungen der Regierung für illegal zu erklären und die Regierung zu verpflichten, die Verfassung in bezug auf die Yanomami einzuhalten. Das Resultat dieser Initiative wird Zeugnis davon geben, ob die Verfassung Papier bleibt oder ob ihr nachgelebt wird.

Besiedlungspolitik und Zerstörung des Regenwaldes Amazoniens

José Lutzenberger

Die Besiedlungspolitik

An der Zerstörung des tropischen Regenwaldes sind die kleinen Siedler maßgebend beteiligt. Äußere Umstände zwingen sie zur systematischen Rodung, so daß in einigen Jahren der größte Teil von Rondonia, einem Staat im Westen Brasiliens von der Größe Großbritanniens, abgeholzt sein wird! Die Zerstörung des Regenwaldes durch die kleinen Siedler ist radikaler als diejenige durch die großen Gesellschaften, die auf Grund gesetzlicher Vorschriften die Hälfte des Waldes stehen lassen müssen.

Das Nationale Institut für Besiedlung und Agrarreform INCRA (Instituto Nacional de Colonizaçao e Reforma Agrária), veröffentlicht ganzseitige Inserate, mit Luftaufnahmen von großflächigen Rodungen. Darunter steht: »Brasilien macht die größte Agrarreform der Welt«. Diese Besiedlungspläne zielen darauf ab, auf anderen Gebieten keine Agrarreformen durchzuführen.

Die Siedler kommen vom Nordosten, wo die Großgrundbesitzer die Entwicklung einer bäuerlichen Kultur verhindern. Im Süden vertreiben die Monokulturen für die Kühe, die den »Butterberg« der EG produzieren, Tausende von Bauern von ihrem Land. Weiter nördlich, in Zentralbrasilien werden Menschenmassen durch das »Gasohol-Projekt« versetzt. Die Vertriebenen des Südens bilden die dritte Migrationswelle in diesem Jahrhundert. Die Abwanderung, die im letzten Jahrhundert begonnen hat, wird immer stärker und viele Familien ziehen schon zum zweitenmal um. Jeden Tag kommen Hunderte solcher Migranten nach Rondônia; noch viel unglücklicher sind jene, denen nur noch die Flucht in die Slums der Großstädte bleibt.

Einige Siedler versuchen sich selbständig zu machen und dringen mit den neuen Straßen immer weiter in den Dschungel ein. Wenn sie Glück haben, wird ihnen das Land, auf dem sie sich niederlassen, zugesprochen. Dafür müssen sie aber beweisen, daß sie auf diesem Land »Verbesserungen« durchführen. Als Verbesserung gilt für die INCRA das Abholzen des Regenwaldes. Deshalb roden die »wilden« Siedler viel mehr, als sie tatsächlich bepflanzen können. Sie gehen von einem Rodungsplatz zum nächsten und zerstören Hunderte, ja sogar Tausende Hektar Regenwald. Sobald ihnen das Land gehört, verkaufen sie es an Großgrundbesitzer und ziehen weiter. Wir haben Siedler getroffen, die von diesen Spekulationen leben.

Oft werden die »wilden« Siedler von Leuten, die »legalen« Anspruch auf das Land erheben, mit Waffengewalt vertrieben. Es gibt weder Namen noch Zahlen von den Vertriebenen.

Wo sich die Migranten legal niederlassen, werden sie mit den Besiedlungsplänen der INCRA konfrontiert. Diese Pläne sind ein Beispiel völliger Mißachtung der Landschaft und der Menschen in Amazonien. Das Land wurde vom Zeichentisch aus aufgeteilt, Topografie, Gefälle, Felsvorsprünge, Bäche und Flüsse wurden überhaupt nicht einbezogen, noch viel weniger die Ökosyste-

me, ein Konzept, das in den Köpfen der INCRA-Planer nicht existiert. Die einzelnen Grundstücke messen 250 auf 1000 Meter, 500 auf 2000 oder gar 4000 Meter! Manchmal schneidet ein solcher Landstreifen mehrmals einen Fluß, der in Mäandern verläuft, so daß der Bauer mehrere Brücken bauen muß. Es gibt Bauern, die kein Wasser auf ihrem Land haben, während andere mit steilen Abhängen zu kämpfen haben und sowohl Land auf den Hochplateaus als auch im Tal bepflanzen müssen. So werden sie gezwungen, die Abhänge zu roden und nach der ersten Ernte wird der Boden weggeschwemmt, falls es überhaupt zu einer Ernte kommt. Sogar die geschützten Waldflächen werden geometrisch in einer Ecke des Planes eingezeichnet, ohne jegliche Berücksichtigung der Landschaft und es gibt absolut keine Vorkehrung zum Schutz dieser Gebiete. Die Leute der INCRA schieben die Verantwortung auf die IBDF (Instituto Brasileiro de Desenvolvimento Florestal), das Forstdepartement, das seinerseits behauptet, nicht die Mittel zu besitzen, um die Reservate zu schützen. Die Reservate werden in kurzer Zeit von den »wilden« Siedlern zerstört. Der Plan der INCRA scheint so konzipiert zu sein, daß eine maximale Verwüstung garantiert ist.
Die Bauern werden sich selbst überlassen und erhalten keine Unterstützung. Die Regierung fordert profitorientierte Pflanzungen und das Kreditsystem fördert nur die Monokulturen. Ein bestimmter Prozentsatz des Kredites muß für Pestizide und chemische Düngemittel eingesetzt werden, ob sie nun nötig sind oder nicht. Spezialisierte Agenturen kontrollieren die Monokulturen: CEPLA den Kakao, IBC den Kaffee, und SUDHEVEA die Gummibaumplantagen. Jede Agentur besteht auf reinen Monokulturen. Wo die Bauern bewußt eine Mischkultur von Kaffee, Kakao, Gummi- und Zitrusbäumen anpflanzen, drohen die Agenturen mit dem Stop der Kredite, wenn die Bauern nicht auf Monokulturen umstellen. In der Praxis wird bewiesen, daß die Pflanzen in der Mischkultur gesünder sind und weniger auf Pestizide angewiesen sind, so daß es auch eine ertragreichere Ernte gibt.
Die Besiedlungspolitik der INCRA hat auch einen sozialen Zerfall zur Folge. Erstens verhindert sie Reformen in den Ursprungsgebieten der Siedler, zweitens zerstört sie die sozialen Strukturen in den Besiedlungsgebieten und drittens kommen die neuen Siedler in ernsthafte Not, wenn der Boden ausgelaugt ist und die Waldreserven verbraucht sind. Wir haben Siedler getroffen, deren Ernte nicht einmal zum Überleben ausreichte.
Die Indianer werden kaltblütig ausgerottet. Überlebende flüchten weiter in den Dschungel, wo sie bald auf Kolonisten stoßen. Die Indianer des Regenwaldes sind extrem anfällig für »westliche« Krankheiten, wie Erkältungen, Masern und Geschlechtskrankheiten. In Kontakt mit den »zivilisierten« Eindringlingen werden sie Opfer tödlicher Epidemien. In wenigen Jahren sterben oft bis zu neunzig Prozent einer Gruppe. Dies bedeutet das Ende ihrer Kultur. Es ist traurig, die Demoralisierung der sogenannten »zivilisierten« Indianer zu sehen. Die Zerstörung der Indianerkulturen des Regenwaldes ist eine der größten Tragödien unserer Zeit.

Die Zerstörung des traditionellen Gewerbes

Durch die neuen Siedlungen werden die Caboclos und Seringueiros vertrieben. Die Caboclos, Mischlinge zwischen Indianern und Weißen oder ehemaligen

Sklaven, leben von der Landwirtschaft und als Jäger und Sammler. In kleiner Zahl gefährden sie das Gleichgewicht im Regenwald nicht. Zwar empfinden sie nicht die gleiche Ehrfurcht vor dem Wald wie die Indianer, doch sie bewahren viel indianisches Wissen.
Auch der Lebensstil der kleinen Holzfäller ist dem Regenwald angepaßt. Sie fällen nur in den Flußebenen, von wo sie die Stämme als Floße zu den Sägereiwerken transportieren können. Die einzigen fruchtbaren Böden des Regenwaldes liegen in den Flußebenen, die jedes Jahr überschwemmt werden. Hier wachsen die Bäume sehr schnell. Alte Holzfäller kommen oft an die Orte zurück, wo sie jung begonnen haben. In zwanzig bis dreißig Jahren wachsen Bäume zu einer Größe, die sie in Europa erst in zwei Jahrhunderten erreichen würden.
Dort wo die großen multinationalen oder brasilianischen Holzgesellschaften operieren, finden wir eine ganz andere Situation. Sie fällen nicht nur in den Flußebenen, sondern vor allem auf höher gelegenem Land, wo die Böden extrem nährstoffarm sind und deshalb eine Regeneration viel schwieriger ist. Der Einsatz von schweren Maschinen zerstört das Ökosystem. Das Gesetz schreibt zwar eine Wiederaufforstung vor, doch besteht die Aufforstung aus kommerziellen Monokulturen und wird von spezialisierten Gesellschaften durchgeführt. Es wird gesetzlich keine Aufforstung an den gerodeten Stellen verlangt, so daß nicht selten Tausende Kilometer entfernt aufgeforstet wird. Diese Gesellschaften zerstören oft natürliche Ökosysteme und andere Wälder für ihre Plantagen, weil große, zusammenhängende Landgebiete in der Wildnis einfacher zu finden sind. Fast immer ist das Aufforstungsgebiet kleiner als die zuvor gerodeten Waldflächen. Es gibt keine Überwachung und Bestechungen sind üblich.
Die lokalen Fischer, die bis vor kurzem sechzig Prozent des Proteins im Amazonasgebiet geliefert haben, werden von kommerziellen Fischerbooten verdrängt. Auch einige, die den Regenwald retten wollen, meinen, daß der Amazonas die Welt mit Eiweiß ernähren könnte. Das ist eine Illusion! Es gibt genügend Fische für die dort ansässige Bevölkerung, doch nicht für einen breitangelegten Export. Die Flüsse im Amazonas sind sehr fischreich, und es gibt mehr als tausend verschiedene Arten, von denen viele noch nicht von Zoologen klassifiziert wurden. In den meisten Flüssen gibt es wenig Primärproduktion. Die Fische sind auf den überfluteten Wald, mit seinen Früchten und anderen Restprodukten, angewiesen. Viele ernähren sich nur während der Hochwassersaison vom Wald und leben den Rest des Jahres von ihren Fettreserven.
Die Zerstörung der Wälder entlang der Flüsse schadet der Wasserfauna. Schon heute wird zuviel gefischt; Pirarucu, Tambaqui und Seekuh sind schon fast ausgerottet. Es ist durchaus üblich, daß ganze Fischladungen über Bord geworfen werden, wenn man auf einen kommerziell wertvolleren Schwarm stößt. Die Fischfangflotten haben das Fischereirecht auf viele tausend Kilometer. In vielen Gebieten beklagt sich die Bevölkerung, daß nicht mehr genug Fische vorhanden sind.
Schließlich gibt es den Seringueiro, den »Gummisammler«. Wie die Indianer kennt er keinen Landbesitz, sehr wohl aber Territorien. Jeder Seringueiro hat seine »estrada« oder »Straße«. Er geht bis zu dreißig Kilometer pro Tag, um

seine Gummimilch zu sammeln. Sein Transistorradio informiert ihn über die Gummipreise in São Paulo oder Chicago. Er verdient zwischen 500 und 700 Dollar pro Monat, etwa so viel wie ein Metallarbeiter in São Paulo, aber er hat keine Ausgaben. Den größten Teil seiner Nahrung bezieht er vom Wald und vom Fluß. Die Besiedlungspläne bedrohen auch den Seringueiro. Wieder wird ein Lebensstil, der dem Regenwald angepaßt ist, zerstört.

Brasilien importiert zwei Drittel seines Gummibedarfs, etwa 90 000 Tonnen pro Jahr. Wenn die Seringueiros unterstützt würden und die Gummibäume dichter angepflanzt würden, was von kleinen Unternehmen mit Erfolg gemacht wurde, könnte Brasilien sogar Gummi exportieren. Die Gummiplantagen, wie sie von der Regierung gefördert werden, können wahrscheinlich nicht lange bestehen. Der Versuch von Ford in den dreißiger Jahren war ein Mißerfolg, denn in Monokulturen ist der Gummibaum von zahlreichen Krankheiten bedroht.

Die Seringueiros sammeln auch Brasil-Nüsse und bessern so ihren Verdienst auf. Sie wären die idealen Waldwächter, die nicht einmal bezahlt werden müßten. In der Vergangenheit waren sie zwar am Abschlachten der Indianer beteiligt, heute leben sie aber in Harmonie mit ihnen. Während dem Zweiten Weltkrieg versprach die Regierung den Seringueiros das Besitzrecht am Land, auf dem sie arbeiteten.

Dies wäre einfach zu verwirklichen gewesen, da jeder Gummisammler nicht mehr als 200 bis 500 Hektar benötigt. Würden die Gummibäume dichter gepflanzt, könnte er sogar mit 100 Hektar auskommen. Trotzdem wurde das Versprechen leider nicht gehalten. Wir wissen nur von einem Projekt, wo einigen Sammlern 250 Hektar gegeben wurde. Sehr häufig werden sie durch die Kolonisationsprojekte vertrieben und erhalten nicht mehr als 25 Hektar. Alle müssen das Land verkaufen und gelangen schließlich in die Slums oder enden als Taglöhner.

Die Zentralregierung gibt den Reichen Zehntausende, ja sogar Hunderttausende von Hektar, die kleinen Unternehmer erhalten nur selten ein Stück brauchbares Land.

Ich habe ein großes Projekt in Rondônia besucht. Die Firma, der dieses Projekt gehört, ist im Süden mit den Verwüstungen der Araucária-Wälder mächtig und reich geworden. 20 000 Hektar wurden zu Weiden umgewandelt und ein noch viel größeres Gebiet wurde abgeholzt. Diese Firma verriegelte den Seringueiros die Straße, auf der sie ihren Gummi zum Verkauf brachten und zwang sie so, ihr den Gummi zu Preisen, die weit unter dem Marktwert lagen, zu verkaufen.

Die Lebensstile der Indianer, Caboclos und Seringueiros sind dem Regenwald angepaßt. Ihre Lage könnte durch wenige Maßnahmen sozial und ökologisch verbessert werden, indem sie bessere Anbau-, Fischfang- und Lagerungsmethoden lernen und über Hygiene aufgeklärt würden. In dieser Richtung wird nichts unternommen, obwohl interessante Studien der INPA (Nationales Institut für Forschung im Amazonas) belegen, daß ständige Pflanzungen von Palmen, Brotfrüchten und anderen Bäumen mehr als zehnmal soviel Nahrung wie die Landwirtschaft mit Brandrodung produzieren könnten. Aber leider werden die Selbstversorger in Brasilien als rückständig betrachtet, sogar wenn die Menschen glücklicher sind.

Schuld tragen nicht die Armen

In Rondônia sieht man, daß die Ursache der Zerstörung, auch wenn sie von den kleinen Siedlern bewirkt wird, immer die Kurzsichtigkeit und Gier der Mächtigen ist. Die neuen Siedlungen in Rondônia sind Teil der kolonialistischen Struktur, die auf Abhängigkeit und Export beruht. In den neuen Städten, die wie Pilze aus dem Boden schießen, findet man kaum einheimische Artikel in den Läden. Sogar der Braten und der Salat in den Restaurants sind aus dem industrialisierten Süden importiert.

Während riesige Holzmengen zu Rauch und Asche werden oder verfaulen, kochen die Leute mit Gas aus Flaschen, die über 2500 Kilometer mit Lastwagen eingeführt werden.

Die lokalen Kraftwerke verbrennen Öl aus dem persischen Golf. In Porto Velho, der Hauptstadt Rondônias, wo der Fluß Madeira durchfließt, kann man große Mengen Holz, Äste und ganze Bäume flußabwärts treiben sehen. Eine Region, die alles, was sie verbraucht, importiert, ist genötigt zu exportieren, und daher werden nur profitorientierte Landwirtschaftsprojekte gefördert.

Diese Art von Landwirtschaft zerstört den tropischen Regenwald in Rondônia, und die Gebiete im Süden, mit den tiefroten, fruchtbaren Böden werden auch geschädigt. Betroffen sind die Staaten Paraná, Santa Catarina und Rio Grande do Sul, woher die Migranten kommen. Soja-Plantagen, die für die Kühe der EG Futter liefern, anstatt Nahrung für die Brasilianer zu produzieren, bewirken eine Bodenerosion, wie es sie zuvor noch nie gab. Alle Flüsse sind dunkelbraun oder rot vom Lehm und Schlamm. Was noch von der Bauernkultur geblieben ist, zerstören jetzt die Monokulturen. Eine auf Selbstversorgung ausgerichtete, vielseitige Landwirtschaft könnte auf diesen Böden erfolgreich betrieben werden. Die Nahrungsmittelproduktion geht in den ehemals bäuerlichen Gebieten drastisch zurück. In den gebirgigen Regionen von Santa Catarina wird an den steilen Abhängen Korn für Hühner, die für Saudi-Arabien bestimmt sind, angebaut. Auch hier tritt eine ungeheure Erosion ein.

Wenn biologische Anbaumethoden bei fruchtbaren Böden des Südens, im Nordosten, in Zentralbrasilien und in den bereits gerodeten Gebieten gefördert würden, könnte die Produktivität um vieles gesteigert werden und es gäbe weniger Erosion und Verschmutzung. Die Migration könnte gestoppt und sogar rückgängig gemacht werden. Heute hat die »fortschrittlichste« Landwirtschaft, trotz ihrer schweren Maschinen, chemischen Düngemitteln und Pestiziden, eine sehr geringe Produktion. In den Soja-Weizen-Plantagen (Soja im Sommer und Weizen im Winter), die einen großen Teil der guten Böden einnehmen, ist die durchschnittliche Produktion 800 Kilogramm/Hektar für Weizen und 1500 Kilogramm/Hektar für Soja. Bei einer biologischen Bewirtschaftung dieser Böden würde nicht nur die Produktivität gesteigert, sondern auch Arbeitsplätze könnten geschaffen werden. Brasilien müßte seine Exporte nicht einstellen und doch könnte mehr Nahrung für die Brasilianer produziert werden. Amazonien soll den Amazoniern gehören. Das Kapitalwachstum und die Machtkonzentration auf Kosten der Armen ist klassischer Imperialismus. Es macht keinen Unterschied, ob Mächtige von Übersee oder vom Süden Brasiliens die Ausbeuter sind.

Brasiliens Politik im Amazonas muß noch in diesem Jahrzehnt geändert werden – sonst ist es zu spät!

Literatur
Fearnside, Ph.: Deforestation in the Brasilian Amazon: How fast is it occuring? In: Interscientia, March/April 1982, Vol. 7, No. 2, 1982.

Große Projekte: Eine Konfrontation von Staat und indianischen Gemeinschaften

Julio M. Gaiger

Die sogenannten »großen Projekte« prägten in den letzten Jahren das brasilianische Modell.
Wir wollen sie grob einteilen in:
- Entwicklungsprojekte
- Energieprojekte
- Projekte für die nationale Sicherheit.

Alle tragen sie den Stempel einer traditionell paternalistischen Staatsauffassung.
In ihrer Rhetorik verteidigt die Privatwirtschaft kompromißlos die ökonomische Freiheit, das freie Unternehmertum und will von einer Einmischung des Staates in die Ökonomie nichts wissen. Gleichzeitig verlangt sie aber ständig vom gleichen Staat – und damit von der Allgemeinheit – Mittel, um das Risiko abzuwälzen.
In diesem Konzept wird vom Staat nicht nur erwartet, daß er den Freiraum für die private Initiative schaffe; vielmehr soll er sie beleben, unterstützen, finanzieren, wenn nötig sogar auf Kosten seiner sozialen Aufgaben.
Sogenannte *Entwicklungsprojekte* machen diese Strukturen besonders deutlich. Paradebeispiel ist das »Projeto Grande Carajás« (PGC), welches auch im Beitrag von Peter Bunyard erwähnt wird. Das PGC umfaßt Roheisenwerke auf Holzkohlebasis, eine 900 Kilometer lange Eisenbahnlinie, einen Seehafen, Elektrizitätswerke und Straßen und betrifft ein Gebiet etwa von der Größe der Bundesrepublik Deutschland und Frankreich zusammengenommen, welches zur Hälfte von Primärwald bedeckt ist. 13 000 Indianer verlieren dabei ihr Land.
Niemand versteht die wahren Gründe für die Bewilligung und Ausführung des PGC, und es gibt auch keine Erklärung dafür, warum das Projekt nicht in der Initialphase öffentlich diskutiert wurde.
Mit großem Aufwand werden die Vorzüge dieser Unternehmung propagiert, die entstehenden Probleme jedoch unterschlagen. Es wird viel von Rücksichtnahme auf die Umwelt und die betroffenen indianischen Völker gesprochen, dabei aber geflissentlich verschwiegen, daß diese Rücksichten lediglich den Auflagen der multinationalen Banken für die Finanzierung entsprechen. Die Geschichte lehrt, daß die Unternehmer die Rechte der Ureinwohner bisher immer mißachtet haben. Und bei genauerem Hinsehen entpuppen sich diese Rücksichten als fragwürdige Maßnahmen, die rein symptomatisch die angerichteten Schäden angehen und oft noch mehr Unheil anrichten als die ursprünglichen Eingriffe; sie haben vor allem propagandistische Bedeutung.
Der Bau der Eisenbahn und der Hochspannungsleitungen für die Minen am Tucuruí z. B. zog derart viele Leute an, daß jede Kontrolle illusorisch wurde. Die lokale Wirtschaft geriet aus den Fugen, und der Druck auf das Land der Indianer und auf die Umwelt nahm stark zu. Trotzdem meinten die Techno-

kraten, diesen Prozeß beherrschen zu können und fällten Entscheidungen ohne Kritik zuzulassen. Die Roheisen- und Zementwerke, die bereits zum Teil bestehen, sollen nach dem Willen der Planer mit pflanzlicher Kohle betrieben werden und zwar durch Kohle, die aus pflanzlichen Abfällen und Holz aus Wiederaufforstungen gewonnen werden soll. Sie verneinen, daß der Bedarf an Holzkohle einen unkontrollierten Angriff auf den Urwald auslösen könnte.

Die Unternehmen ihrerseits, die sich am PGC beteiligen, können mit unglaublichen Gewinnen rechnen. Erstens müssen sie sich nicht um Transportwege kümmern, die für das Projekt bereits erstellt wurden, zweitens wird die Energie subventioniert, drittens kommen fiskalische Vorteile hinzu, viertens erhalten sie Kredite zu Vorzugsbedingungen und letztlich profitieren sie als Produzenten von Exportgütern von der aktuellen Geldwechselpolitik. Dies alles wird von der Allgemeinheit bezahlt.

Bei den *hydroelektrischen Energieprojekten* finden wir dieselben Probleme: die Bedarfprognosen waren von vornherein feststehende Größen, die man nicht in Frage zu stellen hatte. Es fand keine Diskussion darüber statt, wofür man eine so riesige Menge Energie eigentlich benötigt. Betrachtet man die neuesten Projekte, bemerkt man sofort, daß die Kraftwerke auf die Bedürfnisse exportorientierter Industriekomplexe ausgerichtet sind.

Der Industrie wird die Energie unter den Gestehungskosten geliefert, die Differenz zahlt die Allgemeinheit.

Nach Angaben von Angestellten der »Eletronorte« wird der Entscheidungsprozeß von den Interessen einer kleinen Anzahl von Unternehmungen bestimmt, die den Markt beherrschen und sich gegenseitig absprechen.

»Die Wasserwerke von Xingu: der Staat gegen die Indianer« ist die Überschrift einer vielbeachteten Analyse durch Oliveira de Castro und Lucia de Andrade, welche auch den Titel dieses Artikels inspirierte (Santos L. A. und Lucia de Andrade, 1988). Beim Studium der offiziellen Dokumente, besonders des »Plano 2010« der Electrobras zeigt sich, daß nicht von menschlichen Dimensionen und Bedürfnissen ausgegangen wird, sondern nur die Realisierung eines Monuments der Ingenieurkunst angestrebt wird. Der Eingriff in die Umwelt wird als unvermeidlich angesehen und man überlegt sich allerhöchstens, wie dieser zu lindern sei. Niemals wird das Projekt als solches in Frage gestellt! Etwas wiegt besonders schwer: unter dem Begriff der »Umwelt«, welche für das Projekt geopfert werden muß, fallen auch die betroffenen Völker, als wenn sie zur Fauna oder Flora zu zählen wären! Und diese »Umwelteingriffe« figurieren ihrerseits unter dem Oberbegriff »sozio-ökonomische Dimension« als *ein* Aspekt unter vielen.

Mit diesem bürokratisch-linguistischen Trick verlieren die betroffenen Völker ihre menschliche und politische Bedeutung und lösen sich gleichsam als statistischer Faktor in den Tabellen auf. Völker mit eigenständiger Kultur werden zu einer Anzahl anonymer Individuen reduziert, ihr traditioneller Lebensraum, ihr Land, das unter Wasser verschwinden soll, verwandelt sich in eine nicht näher definierte Anzahl von Hektaren.

Diese Reduktion ermöglicht es dann den Elektrizitätsgesellschaften zu behaupten, daß die betroffene Gesamtbevölkerung und die benötigte Gesamtfläche relativ unbedeutend seien. Durch eine seltsame Koinzidenz betrifft die

Mehrzahl der Projekte größtenteils *Indianerterritorien.* Diese Gebiete sind (fälschlicherweise) als Staatsbesitz deklariert und daher ist kein Enteignungsverfahren nötig. Natürlich wird die betroffene Bevölkerung nicht konsultiert, weil sie ja einen integrierten Bestandteil der Natur darstellt (sowenig wie im übrigen mit der brasilianischen Gesellschaft das dem Land aufgezwungene Energiemodell diskutiert wird).

Die *Projekte für die nationale Sicherheit* finden ihr schlimmstes Beispiel im »Projeto Calha Norte« (PCN), welches von General Rubens Bayma Denys, damals Generalsekretär des nationalen Sicherheitsrates ausgearbeitet wurde. Wieder wurde von der Regierung aus keine Debatte über dieses Projekt zugelassen. Im Gegenteil, der Plan wurde mehr als ein Jahr geheimgehalten und würde es heute noch, wäre nicht eine Kopie davon der Presse zugekommen. Zur Begründung des Projekts wird die Abwehr des Drogenhandels über die Grenze, das Risiko des Eindringens von Guerillaeinheiten aus Kolumbien und Peru angeführt und – hier kann man nur noch staunen – das Risiko einer Verlagerung des Ost-Westkonflikts in den Nordteil des südamerikanischen Kontinents über Einflüsse aus Kuba und Surinam beschworen! Wenden wir uns den Maßnahmen zu, die vorgeschlagen werden, um diesen »Risiken« zu begegnen: das PCN will die Grenzen »beleben«, besser gesagt sie durch groß angelegte private Unternehmungen besetzen. Dies wird als der einzig gangbare Weg betrachtet, um die »Brasilidade« – die echt brasilianische Lebensart – in den Grenzregionen zu garantieren.

Somit wird den indianischen Völkern und den traditionellen Waldbewohnern, den Gummisammlern und Fischern die Zugehörigkeit zur brasilianischen Gemeinschaft abgesprochen. Indianer und Waldbewohner werden als Brasilianer zweiter Klasse angesehen, welche unfähig sind, die Souveränität des Staates in diesen Gebieten zu gewährleisten.

Will man private Unternehmungen implantieren, muß eine Infrastruktur mit Sicherheitseinrichtungen, Transport- und Kommunikationsmitteln etc. aufgebaut werden, eben was das PCN beabsichtigt. Es soll also ein Brückenkopf für Privatinteressen errichtet werden. Um den Landvorrat für dieses Experiment aufzustocken ist es selbstverständlich nötig, den Landansprüchen der indianischen Nationen entgegenzuwirken. Dazu schlägt das PCN eine »der Region angepaßte Indianerpolitik« vor, was im Klartext die Reduktion der Indianerterritorien bedeutet, wie sie nun die Yanomami getroffen hat.

Die Gebiete der Indianer werden im Rahmen der »Lösungen« und Maßnahmen, die das PCN vorsieht, im Namen des Umweltschutzes und des sozialen Friedens noch weiter belastet, denn von diesen Territorien werden wesentliche Anteile als Nationalpark oder Waldschutzgebiete ausgeschieden. So werden die Umweltschutzbedingungen der multinationalen Banken »erfüllt«.

Es wird auch erwogen, die Restgebiete für die allgemeine Besiedlung freizugeben. Indianisches Gebiet muß also für eine Pseudo-Agrarreform herhalten, welche die Grundbesitzverhältnisse der Region unangetastet läßt. Die Art, wie die 19 Yanomami-Rumpfgebiete demarkiert wurden und damit die Anwesenheit Tausender von Goldschürfern ermöglicht, ist *ein* beredtes Zeugnis für das Rezept der Regierung, sich des sozialen Drucks auf Kosten der Indianer zu entledigen. In diesem Fall handelt es sich allerdings nicht um landwirtschaftliche Siedlungen.

Allgemein enthüllen diese Projekte die Haltung der Regierung den indianischen Volksgemeinschaften gegenüber: sie werden als dem Untergang geweihte Kulturen angesehen; alles, was eine sorgfältige und maßvolle Begegnung mit der technischen Zivilisation ermöglichen und den Kulturverlust abdämpfen würde, wird behindert, hingegen werden Projekte wie Calha Norte gefördert, welche die Kulturzerstörung beschleunigen.
Die staatlichen Instanzen dulden also bewußt den Ethnozid oder haben gar die erklärte Absicht, den Ethnozid zu begehen, in einem subtil geführten und dennoch außerordentlich gewalttätigen Krieg gegen die indianischen Gemeinschaften.

Literatur

Santos, L. A. O. e Lucia M. M. de Andrade: Hidrelétricas do Xingu e os Povos Indígenas. Org. Pro Indio de São Paulo S. P., 1988.

Vertreibung aus dem Paradies – Der brasilianische Regenwald

Antonio Carlos Soares Pinto

». . . In einigen hundert Jahren wird am selben Ort ein anderer Reisender ebenso verzweifelt (. . .) all den Dingen nachtrauern, die ich heute hätte sehen können und die mir entgangen sind . . .« (Claude Lévi-Strauss)

Die Geschichte der Erschließung Amazoniens

Die Erschließung Amazoniens nahm ihren Anfang in der Amtszeit des nationalistischen Präsidenten Getúlio Vargas (1930 bis 1945 und 1951 bis 1954). Er wollte die Entwicklung des Landesinneren vorantreiben. Dafür war es notwendig, die dortigen Ressourcen zu erforschen. Priorität in den nun folgenden Entwicklungsprogrammen für das Amazonasgebiet bekam die Agrarwirtschaft, besonders die Erforschung der dort vorkommenden Pflanzenarten, die Förderung des Fischfangs und die Errichtung neuer Siedlungsgebiete. Viele Institute und Organisationen begannen nun Amazonien für sich zu entdecken und ihre Arbeit nach dorthin zu verlagern. Darunter waren so bekannte wie das »Nationale Institut für die Erforschung Amazoniens (INPA)«, die »Gummi-Kreditbank«, der »Sonderdienst für die Öffentliche Gesundheit (SESP)«, der »Indianerschutzdienst (SPI)«, und andere mehr. Während des Zweiten Weltkrieges entstand auf Seiten der Alliierten ein Engpaß an Naturkautschuk auf Grund der großen Nachfrage der Rüstungsindustrie. Diese Situation erschien Vargas günstig, um die USA in seine Überlegungen als Geldgeber einzubeziehen. Es wurde ein Vertrag unterzeichnet, der die USA am Amazonasentwicklungsprogramm beteiligte, als Finanzier und als Empfänger der gewonnenen Rohstoffe. Diese Zusammenarbeit ermöglichte eine Wiederbelebung der bis dahin stagnierenden Gummibaumplantagenwirtschaft, des weiteren eine Entwicklung der erforderlichen Transportinfrastruktur sowie die Belebung der agrarwirtschaftlichen Forschung. Im Verlauf des Amazonasentwicklungsprogrammes kam es zwischen 1942 und 1945 zu ersten großen Umsiedlungsprojekten. Annähernd hunderttausend Menschen der Nordostregion Brasiliens zogen zu den Gummiplantagen Amazoniens. Schätzungsweise zwei Fünftel von ihnen fielen Krankheiten und den harten Lebensbedingungen während der Umsiedlung zum Opfer. Nach der japanischen Kapitulation kam die brasilianische Gummiproduktion fast zum Stillstand durch die Wiederaufnahme der malaysischen Gummilieferungen an die Siegermächte. Die Siedler jedoch blieben und wandten sich neuen Beschäftigungen, vor allem in der Landwirtschaft, zu.

Die Regierung Juscelino Kubitschek (1956 bis 1961) schuf die Basis für eine fortschreitende Entwicklung Amazoniens unter internationaler Beteiligung. Diese bestand aus einem Bündel von wirtschaftlichen Anreizen für potentielle Investoren, die bereit waren, nach Amazonien zu gehen. Ein Beispiel ist die Verlegung der Hauptstadt von Rio de Janeiro in das Zentrum des Landes, die Geburtsstunde Brasílias. Dem Ausbau der Verkehrsinfrastruktur kam

nun entscheidende Bedeutung zu. Man baute eine zweitausend Kilometer lange Schotterpiste als Verbindung zwischen der neuen Hauptstadt Brasília und Belém an der Atlantikküste. Eine neue ungeheure Wanderungswelle setzte sich aus dem Nordosten des Landes Richtung Süden in Bewegung.
Die durch einen Putsch 1964 an die Macht gekommene Junta setzte neue Akzente in Amazonien. Unter dem Stichwort »Nationale Sicherheit« begann die Planung für eine Amazonaserschließung in Verbindung mit einer internationalen Kooperationsarbeit, geschützt von militärischer Präsenz. Das angeblich nahezu menschenleere Gebiet kam mittels der »Operation Amazonien« in den Jahren 1965 bis 1967 unter die Kontrolle des Militärs.
Diese Operation – als gigantisches strategisches Entwicklungskonzept konzipiert – ermöglichte eine straffere Koordination der regionalen Entwicklungsprojekte durch die Zentralregierung und erstickte jede Art von Widerstand gegen die Militärjunta im Keim. Staatliche Subventionen, die circa 75 Prozent der gesamten geplanten Projektkosten ausmachten, sollten vor allem das internationale Kapital nach Brasilien locken, um sich an der Erschließung Amazoniens zu beteiligen. Zu diesem Zweck wurden Organisationen wie die »Amazonien-Bank (BASA)«, die »Behörde für die Entwicklung Amazoniens (SUDAM)« und die »Freizone für Handel und Produktion (SUFRAMA)« gegründet.
Amazonien wurde zu einem »Kriegsschauplatz« deklariert. Der Krieg, der seit dieser Zeit geführt wird, richtet sich gegen die Natur und die bisher mit ihr in Eintracht lebenden Völker des Regenwaldes. Die zunehmende Militärpräsenz wird durch die Verlegung des Oberkommandos von Belém nach Manaus deutlich. Zukünftig sollte die Armee mit ihren Ingenieuren und Baubataillonen in Amazonien tätig werden.
Zahlreiche Indianerstämme wurden Opfer dieser »Kolonialisierungspolitik im Inneren«. Beispiele sind die Waimiri und Kreenakarore. Während des Baus der BR 174 zwischen Manaus und Caracaraí wurden die dort lebenden Indianer mehrmals brutal überfallen und viele Stammesangehörige niedergemetzelt. Daraufhin wurde der Bau der Straße mehrere Male unterbrochen. Aber auch die Befriedungsversuche der Staatlichen Indianerschutzbehörde FUNAI kosteten am Ende zahlreichen Soldaten und Indianern des Stammes der Waimiri das Leben.
Der Bau der Verbindungsstraße zwischen Cuiabá und Santarém dezimierte die Zahl der Indianer vom Stamm der Kreenakarore von 300 auf 82. Die Felder mußten im Verlauf der Baumaßnahmen aufgegeben werden, Prostitution, Alkohol und die Krankheiten der Weißen sorgten für ein Fortschreiten der Ausrottung dieses Stammes.
In der Zeit des brasilianischen Wirtschaftswunders in den Jahren 1967 bis 1974 wird Amazonien zu einem Auffangbecken für die Menschen, die bisher keinen oder nur geringen Anteil an der wirtschaftlichen Entwicklung hatten. Von Dürre aus dem Nordosten vertrieben, durch die Modernisierung und Rationalisierung des agroindustriellen Komplexes im Süden an den Rand der Existenz gebracht und durch den Beginn der mit ausländischem Kapital durchgeführten Industrialisierung in Amazonien angelockt, sehen sich Tausende Menschen gezwungen, ihre bisherige angestammte Heimat aufzugeben. Eine für Brasilien am Ende katastrophale Binnenwanderung setzt ein. Menschen-

ströme bewegen sich von Nordosten nach West und Südwest und von Süd nach Nordwest.
Ein Konfliktpotential großen Ausmaßes war das Ergebnis. Die zugewanderten Landarbeiter wurden dort, wo sie sich ansiedelten, als unliebsame Konkurrenten betrachtet, vertrieben oder auch umgebracht. Diese sich verschärfenden sozialen Spannungen blieben nicht ohne Auswirkung auf die Stabilität der Militärjunta. Gezielte Besiedlungsprojekte im Raume Amazoniens sollten die sich zuspitzende Situation entspannen.
Diese Projekte werden in der folgenden Zeit forciert, lassen aber die Verhältnisse in Amazonien mehr oder weniger unberücksichtigt. Die Zugewanderten benötigen Land zur Ansiedelung. Land, das so nicht zur Verfügung stand, da Urwald die Flächen besetzt und verstreut überall indianische Volksstämme siedeln oder Menschen ansässig sind, die mit dem Lebensraum Amazonien in einem symbiotischen Verhältnis leben. Für die zahlreichen Zuwandererströme bedurfte es aber großangelegter großflächiger Erschließungsmaßnahmen. Die dafür benötigten Mittel mußten irgendwie aufgebracht werden. Einzige zur Verfügung stehende Quellen sind die Etats für Industrialisierung und Ausbau der Infrastruktur. So entsteht ein Zielkonflikt zwischen wirtschaftlicher Entwicklung und notwendigen Ansiedlungsmaßnahmen. Ein Beispiel soll diese Diskrepanz verdeutlichen. So plante die Regierung Medici die Bereitstellung von Land für hunderttausend Siedlerfamilien aus dem Nordosten entlang der Transamazónica und der Straße von Cuiabá nach Santarém. Das Fazit dieses Programmes läßt sich an den offiziellen Daten der Regierung ablesen. Während 600 000 Hektar Land an 13 000 Familien (1,6 Prozent aller Landarbeiterfamilien ohne eigenen Grundbesitz) innerhalb von acht Tagen verteilt wurden, stellte man sieben Millionen Hektar für 477 land- und viehwirtschaftliche Großprojekte zu Verfügung. Eine negative Sozialbilanz. Die Ölkrise 1973 zwingt die Militärs zu neuen Kurswendungen in ihrer Wirtschaftspolitik. Der neue Schwerpunkt umfaßt zwei Komponenten: Eine vom Import unabhängige Energie- und Rohstoffversorgung und eine exportorientierte Verarbeitung land- und viehwirtschaftlicher Produkte. Eine neue Strategie wird konzipiert.

Strategische und geographisch-politische Planungen für das Amazonasgebiet
Diese neue geopolitisch-strategische Konzeption stützt ihre Arbeit auf eine exakte Gebietsanalyse, verknüpft mit einer kartographischen Erhebung über die Beschaffenheit der geologischen und hydrologischen Formationen des Amazonasgebietes. Maßgebliche Verwendung finden die Daten und Katasterkarten der Staatlichen Siedlungsbehörde INCRA im Maßstab 1:100 000. RADAM – so der Name dieser Erhebung – sollte der Orientierungsmaßstab für jede weitere Siedlungs- und Erschließungspolitik sein. Beabsichtigt ist jetzt die vollständige Erfassung aller sogenannten Leerräume in Amazonien. Die Region soll mit einem Netz wirtschaftlicher Zentren des Bergbaus, der Land- und Viehwirtschaft und anderer industrieller Ansiedlungen entlang des bereits vorhandenen Straßennetzes überzogen werden.
Zwei Entwicklungsprogramme (Polamazônia und Polonoroeste) werden als Garant für die weitere Erschließung Amazoniens von der brasilianischen Regierung auf den Weg gebracht: das Programm Polonoroeste z. B. sollte

eine geordnete regionale Entwicklung für Rondônia in Gang setzen (Coy, M. 1988).
In sieben Bundesstaaten (Amazonas, Pará, Acre, Rondônia, Mato Grosso, Goiás und Maranhão) sowie zwei Bundesterritorien (Roraima und Amapá) werden zehn Entwicklungszentren mit insgesamt 125 Gemeinden eingegliedert. Die Gesamtzahl von 1462 Projekten, wovon 356 abgeschlossen werden, soll den erhofften Schwung und Erfolg für die Erschließung bringen.
Mit den Investitionsmitteln wurden 4500 Kilometer Straßen, zwölf Flughäfen, vier Flußhäfen und große Wasserkraftwerke gebaut. Entscheidende Bedeutung erlangt jetzt der Abbau von strategischen Rohstoffen. Durch diese forcierte Erschließungspolitik ist die Bevölkerung in Amazonien sehr rasch angestiegen. Im Jahre 1960 lebten in Amazonien 2,6 Millionen Menschen. Die Volkszählung von 1980 wies circa elf Millionen Einwohner aus. Der überwiegende Anteil dieser Menschen versucht, den Lebensunterhalt durch die Landwirtschaft zu bestreiten. Mehrere wissenschaftliche Untersuchungen haben bestätigt, daß ein Überleben für Kleinsiedler unter den tropischen Bedingungen Amazoniens nur möglich ist, wenn sie den zur Verfügung stehenden Boden unter Verzicht auf sogenannte moderne Anbaumethoden, wie den Einsatz von Chemie und Großtechnik, bearbeiten. Fatalerweise sind nur circa 17 Prozent der Bodenfläche Amazoniens von so guter Qualität, daß sie ertragbringend bewirtschaftet werden können. Diese Böden befinden sich in Westamazonien, das vorwiegend von den technologisch besser ausgebildeten Bauern, die aus dem Süden zugewandert sind, besiedelt wurde. Den anderen Kleinsiedlern fehlen die Kenntnisse über die nachhaltige Nutzung des Bodens. Sie gehen oft mit brutalen Methoden vor und vernichten den Urwald durch Rodung mit Hand und Feuer.

Die internationale Kooperation – große Projekte in Amazonien

Als man sich in Brasilien für eine Integration in das System der internationalen Wirtschaft entschloß, war absehbar, daß dies eine vollkommene Anpassung der innerbrasilianischen Wirtschaftsstruktur und -politik an globale Wirtschaftssysteme erforderte.
Internationale Beziehungen verlangen ihre Opfer. Primäre Maßnahme ist die Aufhebung der protektionistischen Barrieren, denn nur eine schrankenlose Liberalisierung und Verknüpfung mit den übrigen Volkswirtschaften ermöglicht die Funktionsfähigkeit des Welthandelssystems.
Damit wurde in Brasilien ein bis heute währender Kampf gegen die alte selbsthilfeorientierte nationalistische Wirtschafts- und Gesellschaftsstruktur eröffnet. Brasilien begann sich so den Zwängen der internationalen Ordnung auszuliefern. Es mußte einerseits für den Weltmarkt produzieren, um dort Devisen zu verdienen, andererseits bestimmten die Industrienationen durch ihre Nachfrage- und Interessenpolitik, was es für den Weltmarkt zu produzieren hatte. Um diese Aufgabe erfüllen zu können, war das Land in großem Ausmaß auf Fremdkapital angewiesen.
Über die Integration in das Welthandelssystem erhoffte die Regierung, dem Land den Zugang zu westlicher Technologie zu ermöglichen, obwohl im Land selbst großer Widerstand und soziale Konflikte an der Tagesordnung waren und mit einem Anwachsen dieses Potentials zu rechnen war. Die siebziger

Jahre sahen dann einen immensen Geldtransfer zwischen den reichen Industrieländern und Brasilien.
Die Wachstumsperioden der Volkswirtschaften der Nordhalbkugel begannen in den siebziger Jahren abzubröckeln. Absatzschwierigkeiten für die produzierten Güter und Dienstleistungen und Reduzierung der laufenden Gewinne bremsten die Investitionstätigkeit.
So war Brasilien mit seinem Industrialisierungsbedarf der ideale Partner für neue Kapitalanlagen. Nach dem Motto »borge heute, zahle morgen« nahmen die Schulden einen neuen Anfang.
Ein Beispiel für internationale Kooperation und Abkommen ist der Aluminiumsektor. Die Nachfrage nach Aluminium war im Steigen begriffen. Man braucht Aluminium für eine Reihe von Produkten. Die Palette reicht von Bier- und Colabüchsen über Alufolie, Joghurtdeckel, Fensterrahmen bis zu Werkzeugen, Automotoren und Flugzeugrümpfen.
Die Erzeugung des Aluminiums erfordert einen hohen Anteil an Energie. Durch Verteuerung des Rohöls und auf Grund der steigenden Nachfrage nach Aluminium sahen sich die Konzerne und internationalen Wirtschaftsgremien veranlaßt, die Produktion nach Brasilien zu verlagern, denn der Rohstoff Bauxit, aus dem Aluminium gewonnen wird, war an verschiedenen Stellen in Brasilien gefunden worden. Die notwendige Energie sollte durch Staudammprojekte bereitgestellt werden. Die Beschaffung des notwendigen Kapitals zur Finanzierung dieser Projekte wurde durch mehrere Konsortien abgesichert. Das war der Beginn der Aluminiumproduktion in Brasilien.
Die ersten Produktionsergebnisse lassen sich an folgenden Daten ablesen: Während Japan seine Aluminiumproduktion von 1,2 Millionen Tonnen (1977) auf 0,23 Millionen Tonnen (1985) reduziert, und in den USA ebenfalls ein Produktionsrückgang von 25 Prozent zwischen 1980 bis 1985 zu verzeichnen ist, nimmt Brasilien schon sieben Jahre nach der Inbetriebnahme des Projektes mit 0,76 Millionen Tonnen den fünften Rang unter allen Aluminiumproduzenten weltweit ein (Kohlhepp 1987). Ähnlich dem Aluminiumsektor wurden zahlreiche andere Segmente des Industrialisierungsprogramms mit fremdem Kapital aufgebaut.
Es gibt in Brasilien noch eine viel wichtigere Industriebranche, die sehr wenig Aufmerksamkeit bekommt. Das ist der Waffenexport, der im Jahre 1986 zwei Milliarden Dollar eingebracht hat. Die brasilianische Rüstungsindustrie lieferte Kriegsmaterial an vierzig Länder, vorwiegend aus der Dritten Welt. Die größten Waffenabnehmer sind Irak, Libyen, Saudi-Arabien, Jordanien, Ägypten, Marokko, China usw. Inzwischen produzieren in Brasilien 350 Betriebe mit hunderttausend Beschäftigten Flugzeuge, Kampfwagen, Raketen, Schiffe usw. Auch die Rüstungsindustrie spielt eine große Rolle bei der Zerstörung Amazoniens. Diese Industrie ist vollkommen auf sogenannte strategische Rohstoffe angewiesen, die überwiegend unter amazonischem Boden zu finden sind. So wird z. B. Kassiterit, ein wichtiger Rohstoff für die Raketenverschalung, im Waimiri-Reservat abgebaut. Das Bergbaugebiet liegt circa dreihundert Kilometer nördlich von Manaus und beschäftigt zehntausend Menschen.
Diese Rüstungsindustrie gedeiht durch den Technologietransfer der Industrieländer und untersteht einer strengen Kontrolle der militärischen Instanz. Im

November 1971 wurde mit der Deutschen Forschungs- und Versuchsanstalt für Luft- und Raumfahrt, DFVLR, heute DLR, und dem brasilianischen Zentrum für Weltraumtechnik (CTA) ein Abkommen über die Zusammenarbeit zur Entwicklung von Höhenforschungsraketen abgeschlossen, unter anderem eine Entwicklungshilfe für die schon in Planung befindlichen brasilianischen Raketen SONDA III und IV, die den Brasilianern dazu verhelfen, Erfahrung und Kenntnisse zu gewinnen, die für den Bau konventioneller und atomarer Raketen notwendig sind (aus dem Informationsheft des Arbeitskreises Physik und Rüstung).

Warum führen die Industrieländer Projekte durch, die die Zerstörung von Naturressourcen bewirken?

Die Politik der Industrieländer beruhte auf der Erkenntnis, daß sich der eigene Wohlstand nur durch die Finanzierung großer Industrieansiedlungsprojekte erhalten ließ. Die Gründung internationaler Organisationen wie der Weltbank und des Internationalen Währungsfonds in Bretton Woods oder der GATT-Zollvereinbarung sowie die Initiierung großer Hilfsprogramme geschah in der Absicht, den Einfluß der westlichen Wirtschaft in der Dritten Welt zu sichern und auszubauen. Die Investitionen in Großplantagen, Staudämmen, Rüstungsindustrie, Atomkraftwerke, Hafenanlagen und ganze Industriekomplexe sichern auf der Nordhalbkugel das Wirtschaftswachstum, die Reduzierung der Arbeitslosigkeit, die Leistungsfähigkeit der Sozialsysteme und einigermaßen stabile Haushalte.

Man kann dieses System mit einem Organismus vergleichen. Das Blut muß im Organismus zirkulieren. Stockt das Blut, so kommt es zu einem Kreislaufkollaps. Ähnlich funktioniert der Geldkreislauf. Das Geld muß investiert werden und neue Wirtschaftsaktivitäten in Gang setzen, die wiederum mit neuer Beschäftigung verbunden sind. Bleibt das Geld auf Konten und in Tresoren, so fehlen dem Wirtschaftssystem die Lebensimpulse. Es kommt auch hier zu »Kreislaufstörungen« in Form von Rezessionen und zunehmender Arbeitslosigkeit.

Durchrationalisierte, aufwendige und komplexe Anlagen und Systeme sichern so den Einfluß der Industrienationen in der Dritten Welt und ganz allgemein deren dominierende Stellung im Welthandelssystem.

Daß dieses oben geschilderte Wirtschaftsprinzip nicht ohne gravierende Folgen bleibt, läßt sich an der Zerstörung der Natur, der Vertreibung und Vernichtung der indigenen Bevölkerung deutlich sehen. Brasilien erlebt heute eine Umweltzerstörung in einem Tempo, das schier unvorstellbar erscheint. Es ist daher nicht vermessen, von einem biologischen Holocaust zu sprechen.

Einige Großprojekte, die durch den oben zitierten Weg des Geldes entstanden sind:

»RIO CRISTALINO« Volkswagen A.G. (1975): VW do Brasil erwarb 140 000 Hektar Waldland. Davon sind 55 000 Hektar durch Brandrodung vernichtet worden, um Weiden für 86 000 Rinder anzulegen. Trotz Steuervergünstigungen blieb das Projekt am Ende doch ein Verlustgeschäft und wurde vom Konzern aufgegeben.

»JARI« (1970): Der amerikanische Reeder Daniel Keith Ludwig, Besitzer der »Universe Tankship Inc.« kaufte an der Mündung des Jari in den Amazonas 1,6 Millionen Hektar Land, finanziert durch steuerliche Subventionen, sowie 3,7 Millionen Hektar auf Kreditbasis. Der zugrundegelegte Preis entspricht vier DM pro Hektar. Das »Jari-Projekt« umfaßt Edelholzverwertung, Bauxitabbau, Reisanbau, die Förderung von Kaolin, Viehwirtschaft, eine Zellulosefabrik sowie die Wiederaufforstung einer Fläche von 200 000 Hektar mit Pinus und Gmelina, zwei tropischen Holzsorten. Im Jahre 1982 wurde das Projekt mit großem Verlust an ein brasilianisches Konsortium verkauft.
»CARAJÁS« (1980): Die Region Carajás wird in eine gigantische Rohstoffgewinnungsquelle umfunktioniert. Das dortige Entwicklungsgebiet umfaßt circa 840 000 Quadratkilometer. Dies entspricht ungefähr dreieinhalb Mal der Fläche der Bundesrepublik Deutschland. Zwei Drittel der Projektregion ist mit tropischem Regenwald bedeckt, dessen Schicksal jetzt endgültig besiegelt ist. Die Region ist reich an Mineralien und Erzen. Geologische Untersuchungen offenbarten Lagerstätten, die Ressourcen für mehrere Jahrhunderte enthalten. Gefunden wurden im einzelnen Gold, Kupfer, Eisen, Nickel, Mangan, Bauxit und weitere Rohstoffe von strategischem Interesse.
Der Abbau dieser Rohstoffe erforderte den Aufbau einer Infrastruktur, bestehend aus Eisenbahnlinien, Binnenwasserwegen und -häfen, Straßen und Energieversorgungseinrichtungen. Als Projektkosten wurden circa 65 Milliarden Dollar veranschlagt. Bis heute sind schon an die sechs Milliarden Dollar aus verschiedenen Quellen zugeflossen, vorwiegend aus den Industriestaaten der Nordhalbkugel. Zum Beispiel finanziert die Europäische Gemeinschaft über das Europäische Kohle- und Stahlabkommen mit einer Milliarde Dollar dieses Projekt. Als Gegenleistung bezieht die EG über einen Zeitraum von 15 Jahren ein Drittel der Jahresproduktion zu Preisen von 1982. Die Weltbank beteiligt sich mit dreihundert Millionen Dollar in Form von Krediten. Japan und USA sind ebenfalls mit beträchtlichen Summen in Carajas engagiert. Das als Jahresproduktion angestrebte Ziel ist ein Förderungsvolumen von circa 18 Milliarden Tonnen. So haben z. B. vierzig Prozent des in der Bundesrepublik Deutschland geschmolzenen Eisenerzes ihren Ursprung in Brasilien.
Die sozioökologischen Auswirkungen dieses Projektes sind ein sehr wichtiger Grund für die bereits vehement geäußerte Kritik sowohl in Brasilien als auch im Ausland.

Zusammenfassung

». . . Entwicklung ist eine Reise mit mehr Schiffbrüchigen als Seefahrern . . .« (Eduardo Galeano)
Der Entwicklungsweg, den die jetzigen Industrieländer im Laufe der letzten hundert Jahre und ganz besonders in den letzten vierzig Jahren eingeschlagen haben, kann von den noch nicht entwickelten Ländern niemals begangen werden. Auch bietet das gegenwärtige Weltwirtschaftssystem mit seinen Verteilungsstrukturen und -systemen nicht die notwendigen Voraussetzungen. Gäbe es ein gerechteres Verteilungsprinzip, so bestände die Chance einer ausgeglicheneren wirtschaftlichen und sozialen Entwicklung. Dies setzte allerdings einen enormen Bestand an natürlichen Ressourcen – Energie und Rohstoffe – voraus, und der gegenwärtigen Verschwendung müßte Einhalt

geboten werden. Ersteres scheitert an der zunehmenden Verknappung der wichtigsten Ressourcen, das zweite erfordert eine ganz neue Philosophie als zukünftigen Unterbau der Wirtschaftsordnung. Unsere Welt braucht eine Philosophie, geprägt von ökologischen und sozialen Inhalten. Wachstum muß durch Bewahren und angepaßten Umgang mit der Natur ersetzt werden. Umweltschutz muß die entscheidende Zielgröße für das zukünftige Handeln sein. Sie muß Priorität in unserem ökonomischen Denken und Handeln haben, wollen wir nicht alle Äste, auf denen wir sitzen, absägen. Es gibt nur diesen einen Weg in die Zukunft. Wenn wir alle überleben und ein menschengerechtes Leben führen wollen, bleibt nur der Umbau der Gesellschafts- und Wirtschaftsordnung hin zu einer gerechten partizipatorischen und ökologisch ausgerichteten Zivilisation.

Wir sind nicht nur durch die Struktur der Weltwirtschaft, die gegenwärtig noch die einen reich und die anderen arm macht, sondern auch durch die Vernetzung der Ökosysteme dieses Planeten aufeinander angewiesen. Deren Zusammenhalt ist durch die scheinbar unaufhaltsame Zerstörung, die von der Dynamik unseres wirtschaftlichen Handelns ausgeht, bis in die Grundfesten erschüttert. Beispiel hierfür ist die Bedrohung des Weltklimas. Dies versetzt alle Erdbewohner gleichermaßen in Angst und Schrecken, angesichts der Zerstörung des amazonischen Regenwaldes, der Wärmepumpe dieser Welt. So haben wir einen wichtigen gemeinsamen Auftrag: Die ökologische Verantwortlichkeit. Viele Menschen haben dieses schon längst erkannt und beziehen dies in ihre Interpretation des Lebens bewußt ein. Diese Einsichten scheinen ein Hoffnungsschimmer zu sein. Ein leichtes Funkeln, das weitere Kraft braucht.

Diesem leichten Funkeln möchte ich mein Schlußwort widmen und den Kreis zum Anfang dieses Berichtes schließen. Ich wünsche mir, daß die Menschen aus dem Norden und Süden sich miteinander verbinden, um ein Netz zu knüpfen, das die Welt zusammenhält. Dafür ist dringend notwendig, daß wir gemeinsam nach mehr Verantwortung und Handlungsbedarf bei allen Regierungen, internationalen Finanzstellen und politischen Instanzen verlangen. Die einzelnen Bürger müssen erfahren, wohin die Investitionen gehen und wie sie sich dort mit der Umwelt vertragen. Wir sollten Transparenz für Großprojekte im Amazonasgebiet (und nicht nur dort) verlangen. Dies halte ich für die sinnvollste Aufgabe, an der man seine alltägliche Arbeit ausrichten sollte.

Wenn wir den Glauben an die Utopie der Verständigung nicht verlieren und die Chance, die sich uns noch bietet, nutzen, ist vielleicht noch nicht alles zu spät.

Literatur

Amazônia Brasileira em Foco CNDDA (Campanha Nacional de Defesa pelo Desenvolvimento da Amazônia, Nr. 17, Rio de Janeiro, 1988.

Bund für Umwelt und Naturschutz Deutschland – Landesverband Baden-Württemberg e. V.: Mitteilung Nr. 9 / Juli 1988.

Coy, M.: Regionalentwicklung und regionale Entwicklungsplanung an der Peripherie in Amazonien; Tübinger Geographische Studien, Heft 97, 1988.

Kohlhepp, G.: Beiträge zur regionalen Struktur- und Entwicklungsforschung Brasiliens; Tübinger Geographische Studien Nr. 93, 1987.

Die ökologische Bedeutung des Regenwaldes am Amazonas

Peter Bunyard

Der äquatoriale Gürtel (vom 12. nördlichen bis zum 10. südlichen Breitengrad) umfaßt rund hundert Millionen Quadratkilometer. Davon sind etwa drei Viertel Meer und ein Viertel Land. Das größte zusammenhängende Gebiet tropischen Regenwaldes, dreißig Prozent der gesamten äquatorialen Landmasse der Erde befindet sich im Amazonasbecken. Das Gebiet umfaßt etwa sieben Millionen Quadratkilometer, wovon fünf Millionen Quadratkilometer zum brasilianischen Staatsgebiet gehören.
Der Regenwald des Amazonas war im letzten Jahrzehnt steigendem Druck ausgesetzt. Das Tempo der Zerstörung ist derart, daß schon in den nächsten Jahrzehnten der größte Teil des Waldes vernichtet sein wird, falls es ungebrochen so weitergeht. Wieviel bereits abgeholzt wurde und wieviel laufend zerstört wird, ist umstritten. Das brasilianische Institut für Waldentwicklung (IBDF) und das Nationale Institut für Raumplanung haben 1978 gemeinsam eine Studie durchgeführt, die feststellen sollte, in welchem Ausmaß der Amazonas bereits gerodet worden ist. Dabei wurde angegeben, daß damals 77 172 Quadratkilometer oder nur 1,55 Prozent verschwunden seien. Gemäß dieser Untersuchung, die sich vor allem auf die Auswertung von Satellitenbildern stützte, befand sich das größte Rodungsgebiet in Mato Grosso, wo 28 255 Quadratkilometer abgeholzt waren. Darauf folgte Pará mit 22 445 Quadratkilometern und Goiás mit 10 288 Quadratkilometern.
Diese Zahlen sind sehr umstritten und gelten als viel zu niedrig. Wie Philipp Fearnside (in Dickinson 1987) vom Nationalen Institut für Forschung in Amazonien (INPA) betont, bedeckt das natürlich bewaldete Gebiet des Amazonas wenig mehr als die Hälfte des brasilianischen Amazonasterritoriums, das heißt etwa 2,6 Millionen Quadratkilometer.
Die brasilianische Studie berücksichtigt auch nicht die Rodung von circa 30 000 Quadratkilometern Wald in der Zona Bragantina des Staates Pará noch zur Zeit der Kolonisierung im späten 19. Jahrhundert, was viel mehr ausmacht, als die im Satellitenbild festgehaltene Fläche der neueren Rodungen in Pará. Auch der Sekundärwald (1978 circa acht Prozent des Amazonasgebietes) und kleinere Rodungsinseln werden im Satellitenbild nicht sichtbar.

Alarmierendes Ausmaß der Abholzung

In den letzten Jahren hat sich die Situation dramatisch verschärft. Riesige Waldgebiete in den Staaten Pará, Mato Grosso, Rondônia und Acre wurden zerstört. Während der Trockenzeit, wenn der Wald abgeholzt wird, zeigen Satellitenbilder Tausende von Bränden, von denen jeder sich auf einer Fläche von mehr als einem Quadratkilometer ausdehnt, und die alle zur selben Zeit brennen. Ein Satellitenbild, das in einer Julinacht 1987 über Mato Grosso aufgenommen wurde, zeigte 6800 einzelne Feuer, die insgesamt ein Gebiet von nicht weniger als 8000 Quadratkilometern ausmachten. Ein Artikel (Fer-

nandes 1987) hält fest, daß 1987 eine Fläche von 150 000 Quadratkilometern zerstört wurde. Ein Jahr später, im August 1988, zeigten offizielle Zahlen in Brasilien, daß im Jahr 1987 ungefähr acht Millionen Hektar Primärwald und ungefähr zwölf Millionen Hektar Sekundärwald, inklusive Unterholz und Savanne vernichtet wurden.
1988 wurde doppelt soviel Wald wie 1987 zerstört, circa sechzehn Millionen Hektar Primärwald und über zwanzig Millionen Hektar Sekundärwald, das meiste für Viehfarmen und kleine Familienparzellen. Brasilien allein hat zweimal soviel Primärwald in einem Jahr verloren, wie im gesamten tropischen Gebiet im Jahre 1982 abgeholzt wurde.
Nach einigen Schätzungen sind allein in Brasilien mehr als zehn Prozent des gesamten Amazonasurwaldes zerstört worden. Seine totale Vernichtung wäre in zehn Jahren vollendet, falls diese Angaben zutreffen: eine ungeheure Perspektive. Paradoxerweise werden als ein Grund für die Beschleunigung der Rodung in Brasilien die neuen Gesetze für den Schutz des Waldes angesehen, die in absehbarer Zeit in Kraft treten sollen. Es wird vermutet, daß die Viehzüchter bis zum Stichtag soviel Holz wie möglich roden. Nach 1989 wird sich erweisen, ob eine Verbesserung eingetreten ist.

Calha Norte

Das Projekt Calha Norte – man könnte ungefähr mit »Nördliche Schneise« übersetzen – wurde von der brasilianischen Regierung als wichtiger Faktor zur Erhaltung der inneren Sicherheit erklärt. Das Projekt umfaßt die Abholzung eines 150 Kilometer breiten Streifens entlang der Nordwestgrenze des brasilianischen Amazonas. Sowohl militärische Garnisonen wie auch landwirtschaftliche Siedlungen sollen angelegt werden. Mit der Realisierung des Projektes wurde bereits begonnen. Dieses Gebiet ist auch sehr reich an Bodenschätzen.
Ein Teil des Gebietes, das für militärische Zwecke vorgesehen ist, ist das Wohngebiet verschiedener Indianerstämme, von denen einige erst in den letzten Jahren in Kontakt mit der Außenwelt kamen. Ihr Land und ihre Kultur werden durch die Calha Norte und alles, was das Projekt nach sich zieht, für immer zerstört.

Grande Carajás

Grande Carajás gehört zum einschneidenden Entwicklungsprojekt im Gebiet um die Carajás-Eisenerzminen, das von der Companiá Vale do Rio Doce (CVRD) durchgeführt wird. Die CVRD und die brasilianische Regierung erhielten für dieses Eisenerzprojekt Darlehen von der Weltbank, der EG und Japan. Die Regierung der Bundesrepublik Deutschland versprach auch bilaterale Hilfe, dieses Angebot wurde aber bisher nicht angenommen. Die Weltbank stellte für das Darlehen gewisse ökologische Bedingungen, darunter die Demarkation und Reservierung von Land für die dort lebenden Indianer. Die Darlehen bezogen sich auf das Eisenerzprojekt und nicht auf andere Projekte in diesem Gebiet. Deshalb stellt sich die brasilianische Regierung auf den Standpunkt, die Bedingungen der Weltbank für die Darlehen erfüllt zu haben. Sie war vorsichtig genug, keine ausländischen Kredite für das größere Carajás-Projekt anzunehmen, um weiteren Auflagen zum Schutze der Umwelt zu entgehen. In der Tat: Grande Carajás bedeutet die Zerstörung von bis zu einer Million Hektar Primärwald pro Jahr, und das für die *Produktion von Holzkohle zur Eisenverhüttung!*

Die Verwirklichung des Carajás-Planes begann mit dem Ferro-Carajás-Eisenerzprojekt, das die Erschließung der Minen im Landesinneren zum Ziele hatte. Die staatliche Eisen- und Stahlgesellschaft CVRD bekam den Auftrag, die riesigen Eisenerzlager und andere Mineralien, welche etwa zwanzig Jahre früher entdeckt worden waren, zu erschließen und auszubeuten. CVRD erhielt 300 Millionen Dollar von der Weltbank und etwa 600 Millionen Dollar von der EG und der Westdeutschen »Kreditanstalt für Wiederaufbau« (KfW). Zugleich stellt die Weltbank 13,5 Millionen Dollar der CVRD für die Demarkierung von indianischen Gebieten und für soziale Zwecke zur Verfügung. Die Agentur für indianische Angelegenheiten, FUNAI, wurde mit der Ausführung dieser Auflagen beauftragt, doch wird sie beschuldigt, ihren Verpflichtungen den indianischen Gemeinschaften gegenüber nicht nachgekommen zu sein.

Die Dimension und die Absicht des Grande-Carajás-Projekts übersteigen das eigentliche Eisenerzprojekt bei weitem. Die Brasilianische Regierung hat nun mit der Industrialisierung von etwa vierzig Prozent des Staates Pará, 95 Prozent von Maranhão und zehn Prozent von Goiás begonnen. Wird das Vorhaben ausgeführt, beansprucht es etwa ein Zehntel des gesamten brasilianischen Territoriums, zu einem beträchtlichen Teil Amazonasgebiet. In der Anfangsphase des Programmes sollen etwa 25 Roheisenwerke entlang der Eisenbahnverbindung von der Mine zum Hafen entstehen. Dazu sollen Stahlwerke, Zementfabriken und extensive landwirtschaftliche Unternehmungen kommen. Es besteht die erklärte Absicht, mindestens acht Jahre lang Holzkohle aus dem natürlichen Wald als hauptsächliche Energiequelle zu nutzen. Theoretisch sollte später der Nachschub aus Holzplantagen geliefert werden, doch die Erfahrungen, die in Jari, im nordöstlichen Teil von Pará, mit Holzplantagen für die Papierproduktion gemacht wurden, müssen die Erwartungen bezüglich Ersatzpflanzungen im Carajás-Gebiet dämpfen: Schädlinge, Bodenverdichtung, Verlust der Nährstoffe und schließlich abnehmende Produktion brachten das Jariprojekt in Schwierigkeiten.

Um eine Tonne Roheisen zu gewinnen, werden 3,1 Kubikmeter Holzkohle benötigt. 1988 waren zwei Roheisenfabriken in Betrieb, zwei andere befanden sich im Bau und weitere dreizehn wurden bewilligt. Jede wird eine Produktionskapazität von etwa 200 000 Tonnen jährlich haben, für die vorgesehene Jahresproduktion von 2,5 Millionen Tonnen Roheisen werden etwa 610 000 Hektar Wald jedes Jahr verbraucht.

Die Geschichte der Roheisenproduktion in Brasilien mit Hilfe von Holzkohle aus natürlichen Waldbeständen läßt nichts Gutes ahnen: Als in Minas Gerais ähnliche Roheisenfabriken wie jene, die jetzt für Carajás vorgeschlagen werden, die Produktion aufnahmen, wurden mindestens dreißig Prozent des Waldes dieses Staates für die Holzkohleproduktion abgeholzt. Das Versprechen, Ersatzplantagen anzulegen, wurde nie wirklich eingelöst. Zudem wird das industrialisierte Gebiet durch die Hochofenimmissionen eine beträchtliche Luftverschmutzung erleiden, hinzu kommen die Wasser- und Bodenverschmutzung durch den Bergbau und die Produktion verschiedener Metalle inklusive Aluminium. Brasilianische Ökologen vermuten, daß das Gebiet so stark verschmutzt werden könnte wie Cubatão im Staate São Paulo, das als eines der meist verschmutzten Gebiete der Welt gilt.

Das hydroelektrische Potential

Betrachtet man die ausgedehnten Flußsysteme, die in den Amazonas und in den Atlantischen Ozean münden, gewinnt man den Eindruck, das Amazonasbecken habe ein großes hydroelektrisches Potential. Man muß sich aber bewußt sein, daß die Produktion sehr ineffizient ist, gemessen an dem Gebiet, das dafür unter Wasser gesetzt werden muß. Zum Beispiel wird das hydroelektrische Projekt in Balbina (in der Nähe von Manaus im Zentralamazonas) allerhöchstens 0,1 Megawatt/Quadratkilometer produzieren, verglichen mit dem Tucuruí-Damm am Tocantins-Fluß mit drei Megawatt/Quadratkilometer und neun Megawatt für Itaipu. Der Wirkungsgrad von Balbina ist also etwa hundertmal kleiner als normalerweise erforderlich ist, um ein Wasserkraftwerk wirtschaftlich zu betreiben, und dies ohne die Verschlammungstendenz solcher nicht ausgelasteter Dämme in Rechnung zu stellen. Das Gefälle vom Westen des brasilianischen Amazonas bis zum Atlantik beträgt ja weniger als tausend Meter. Theoretisch könnten sogar hundert Gigawatt (ein Gigawatt $= 10^6$ Kilowatt) produziert werden, würde man den Amazonas, seine Zuflüsse und das riesige Tocantins-Flußsystem erschließen, das gerade nördlich von Belém ins Amazonasdelta mündet. Eine solche Ausbeutung würde mehrere hunderttausend Quadratkilometer überschwemmen, nach gewissen Schätzungen etwa eine halbe Million, also etwa zehn Prozent des legalen Amazonas. Um das ganze Flußsystem zu nutzen, müßten etwa hundert große Dämme gebaut werden. Ein solcher Ausbau soll bis ins Jahr 2010 zur Ausführung kommen. Große Teile des Waldes rund um die überschwemmten Gebiete würden außerdem durch den Bau von Straßen und durch die Besiedlung zerstört.

Holzhandel

Verglichen mit Amerika und Südostasien hat Brasilien bis jetzt relativ wenig Holz exportiert. Die FAO (Ernährungs- und Landwirtschaftsorganisation der Vereinten Nationen) schätzt, daß 120 Millionen Kubikmeter pro Jahr weltweit bis Ende des nächsten Jahrzehntes gebraucht werden. Lateinamerika exportiert im Jahr etwa drei Millionen Tonnen. Das brasilianische Forstinstitut IBRD sieht vor, daß Brasilien seine Exporte von 1985, die 487 850 Tonnen betrugen, was knapp ein Prozent des Welthandels mit tropischen Hölzern ausmachte, beträchtlich vergrößern wird.

Der Amazonas und die Atmosphäre

Das gegenwärtige Ausmaß der Zerstörung im Amazonas verstärkt den Treibhauseffekt und produziert soviel Kohlendioxyd wie alle anderen menschlichen Quellen auf der Welt zusammengenommen, einschließlich der industriellen Aktivitäten und der Verbrennung der fossilen Brennstoffe. Man schätzt die Kohlenstoffimmissionen industrieller Aktivitäten inklusive fossiler Brennstoffe auf circa fünf Milliarden Tonnen pro Jahr, was ungefähr einem Zehntel des Kohlenstoffes entspricht, der durch irdische Organismen ausgeatmet wird.

1988 wurden in Brasilien dreißig bis vierzig Millionen Hektar, davon die Hälfte Primärwald, zerstört. Dabei wurden circa hundert Tonnen Kohle pro Hektar verbrannter Biomasse in Form von Kohlendioxyd freigesetzt. Wir sehen also, daß drei bis vier Milliarden Tonnen Kohlendioxyd allein aus Brasilien stammen. Eine Handvoll Viehzüchter bringt es fertig, annähernd soviel Kohlendioxyd zu produzieren, wie die übrige Menschheit (Houghton 1987).
Viele glauben, daß Staudämme ökologisch sauber seien und keine schädlichen Abgase produzieren. Nach Berechnungen von W. J. Junk und seinen Kollegen von der Universität Tübingen führt das Überschwemmen des tropischen Regenwaldes in den niedriggelegenen Teilen Amazoniens indirekt zur Freisetzung von ebensoviel Kohlendioxyd, wie ein thermisches Kraftwerk in hundert Jahren produzieren würde (Junk 1987). Als Beispiel sei der Balbina-Stausee (250 Megawatt) genannt, in dem die Bäume unter Wasser verrotten.

Methan

Kohlendioxyd ist bei weitem nicht das einzige »Treibhausgas«, das durch industrielle und landwirtschaftliche Aktivitäten ausgeschieden wird. Auch die Methanwerte in der Atmosphäre, die offenbar seit Tausenden von Jahren stabil waren, steigen seit Beginn der industriellen Revolution deutlich an. 1985 hatten sie sich mehr als verdoppelt. Der jährliche Anstieg beträgt zur Zeit ein Prozent. Die Ursachen dieses Anstieges sind hauptsächlich die Rodung in den Tropen, die Ausdehnung der Viehbetriebe, die Vergrößerung der Reisanbaufläche und andere landwirtschaftliche Tätigkeiten.
Methan wird durch anaerobe Methanbakterien beim Abbau von organischem Material produziert, wobei auch ein nicht unbeträchtlicher Kohlendioxyd-Ausstoß erfolgt.
Methan spielt eine wichtige Rolle für das Gleichgewicht der Gase, wie etwa Sauerstoff in der Atmosphäre. Es reagiert nämlich sowohl mit Ozon als auch mit dem Hydroxyl, einem sehr stark oxydierenden Molekülbruchstück (Hydroxyl ist ein Spaltprodukt von Wasserdampf unter Lichteinwirkung).
Sowohl Reisanbau wie auch Viehzucht vergrößern die Abgabe von Methan an die Atmosphäre. Jährlich nimmt der Viehbestand der Welt um circa ein Prozent zu. Dabei leistet die Zerstörung des Waldes in Zentral- und Südamerika zugunsten der Viehfarmen einen bedeutenden Beitrag. Nach den Zahlen der FAO hat der Reisanbau in den Tropen seit den frühen siebziger Jahren um circa sieben Prozent pro Jahr zugenommen.
Die jährliche Gesamtabgabe von Methan in die Atmosphäre läßt sich wie folgt schätzen:

Vieh (Wiederkäuer)	80 Millionen Tonnen
Verbrennen von Biomasse	45–60 Millionen Tonnen
Natürliche Gasaustritte	33 Millionen Tonnen
Kohleabbau	34 Millionen Tonnen
Reisanbau	120 Millionen Tonnen
Natürliche Feuchtgebiete	50–70 Millionen Tonnen

(Nach P. Crutzen vom Max-Planck-Institut für atmosphärische Chemie, Mainz, in: Dickinson 1987).

Nach den Messungen beträgt der Methananstieg jährlich etwa 1,2 Prozent, entsprechend einem zusätzlichen Ausstoß von 4,6 Millionen Tonnen. Zählen wir den vermehrten Methanausstoß durch die jährliche Steigerung der Viehbestände, des Reisanbaus und den ansteigenden Verbrauch fossiler Brennstoffe zusammen, erhalten wir jedoch lediglich 2,9 Millionen Tonnen. Die Differenz von rund 1,7 Millionen Tonnen könnte nach Crutzen auf Änderungen der Atmosphärenchemie zurückzuführen sein, und zwar auf die Erschöpfung des oxydierenden Radikals Hydroxyl. Methan zerstört das Hydroxyl besonders in Atmosphären, welche niedere Stickoxydkonzentrationen aufweisen, wie im Amazonasgebiet. Hydroxyl reinigt die Atmosphäre wirksam durch Oxydation flüchtiger Substanzen und Gase.
Methan trägt sehr wesentlich zum Treibhauseffekt bei. Der Anstieg der Methankonzentration soll etwa fünf Prozent der mutmaßlichen Erwärmung der Erdoberfläche bewirken.

Abholzung und Klima

Es besteht große Ungewißheit darüber, wie die Regenmenge und der Ablauf in den Oberflächengewässern durch massive Rodungen verändert werden. Zum Beispiel wurde festgestellt, daß sich die totale Menge des Wassers in den Flüssen im Jahr nach der Rodung nicht wesentlich änderte. Aber die *Art* der Niederschläge ändert sich, sie treten in größeren Abständen und mit größerer Heftigkeit auf. Gleichzeitig führt die Verdichtung des Bodens nach der Abholzung zu einem stärkeren oberflächlichen Ablauf und erhöht die Überschwemmungsgefahr, wie man es in Thailand und Bangladesh bereits erlebt hat.
Im Laufe einer Untersuchung über die Veränderung der Absorptionskapazität für Wasser in der Nähe von Manaus stellte sich heraus, daß die Wasserbindungsfähigkeit von fünf Jahre alten Weiden im Vergleich zu entsprechenden waldbedeckten Parzellen um das Zehnfache vermindert worden war (Herrera 1979). Luiz Molion von der INPA wies nach, daß 17 Prozent des jährlichen Niederschlags vom Blattwerk abgefangen werden und den Boden nie erreichen. Fallen die Baumkronen weg, bedeutet dies zusätzlich jährlich 4000 Kubikmeter mehr Wasser pro Hektar, das den Boden erreicht und direkt in die Flüsse abfließt, sie zum Schwellen bringt und über die Ufer treten läßt (P. Lavelle, in Dickinson 1987). Nach Abholzung von tropischem Regenwald sinkt die Evapotranspiration (Verdunstung und Ausschwitzen von Wasser durch das Blattwerk) um etwa die Hälfte. Wegen der hohen Luftfeuchtigkeit unter dem Blätterdach verdunstet wenig aus dem Waldboden. Die relative Luftfeuchtigkeit, die unter einem intakten Blätterdach um neunzig Prozent beträgt, fällt in Lichtungen auf fünfzig Prozent. Der Unterschied der oberflächlichen Bodentemperatur zwischen gerodetem und nichtgerodetem Gebiet beträgt ungefähr fünf Grad Celsius. Zwischen 50 und 75 Prozent der Sonnenenergie, die die Erde erreicht, werden für die Evapotranspiration verbraucht, der Rest für die Erwärmung der Luft. Über dem Wald bildet der Dampf Wolken, welche die Sonnenstrahlen daran hindern, den Boden zu erreichen.
Also hält der Wald die Erdoberfläche kühl, zunächst durch die Abgabe von Wasserdampf und anschließend durch die Abschirmung der Sonne. Ein großer

Teil des Dampfes steigt schnell auf, es entsteht die sogenannte »Walker-Hadley-Zirkulation«. Diese Zirkulation durchquert den Amazonas von Osten nach Westen, in der nördlichen Hemisphäre nordostwärts und in der südlichen südostwärts.

Der Hauptteil der Feuchtigkeit wird daher Richtung Anden verfrachtet, ein kleinerer Teil gelangt in höhere Zonen, wo durch Kondensation große Mengen gebundener Energie freigesetzt werden. Der Amazonas dient deshalb dazu, die Atmosphäre und indirekt die Erdoberfläche weit weg von den Tropen zu erwärmen. Kondensiert der Wasserdampf zu Niederschlägen, werden beträchtliche Energiemengen freigesetzt, z. B. wärmt eine Regenmenge von vier Zentimetern die Luftsäule in der Troposphäre um zehn Grad Celsius auf, eine Menge von sechs Zentimetern sogar um zwanzig Grad Celsius. Hingegen kann die spürbare, direkte Wärme der Sonne an einem Sonnentag die Luftsäule um nicht mehr als zwei Grad Celsius erwärmen. Die Dampfzirkulation bewirkt also eine schnelle und effiziente Verteilung der Sonnenenergie.

In gemäßigten Zonen bewirkt die lokale Verdunstung höchstens zehn Prozent der örtlichen Niederschläge im Jahresmittel, während im Primärwald des Amazonas die lokale Verdunstung etwa zu fünfzig Prozent wieder der gleichen Gegend als Niederschlag zukommt, was zu viel höheren jährlichen Niederschlagsmengen (bis circa 2500 Millimeter) führt.

Auf die fünf Millionen Quadratkilometer des brasilianischen Amazonasbekkens fallen jährlich zwölf Gigatonnen (12×10^{12} Tonnen) Regen, wovon jedoch nur 5,5 Gigatonnen über das Flußsystem dem Atlantik zugeführt werden; der Rest verdunstet. Dazu versorgt der Wald die Atmosphäre mit Wasserdampf, welcher in den turbulenten Zonen über dem Wald Cumuluswolken bildet, die wiederum den Regen bringen. Was in den Atlantik fließt, wird ausgeglichen durch Nord- und Südpassat.

Es stellt sich nun die kardinale Frage: was geschieht, wenn ein beträchtlicher Teil des Amazonas-Regenwaldes zerstört wird und der Kreislauf von Niederschlag und Verdunstung abbricht? Erhalten dann die westlich gelegenen Wälder immer noch genügend Regen, um nicht auszutrocknen? Unglücklicherweise sind die Veränderungen schleichend, denn was in einem Jahr noch wie eine gesunde, stabile Situation aussieht, kann sich im nächsten oder übernächsten Jahr als verheerend entpuppen.

Wir müssen uns nur daran erinnern, wie unverhofft die Wälder in Europa und Nordamerika ihre Schädigung offenbart haben. Denken wir auch daran, daß ein großer Teil des Amazonasbeckens in der letzten Eiszeit zur Savanne wurde, wofür die damals wesentlich trockeneren Bedingungen ein wichtiger Grund waren.

Ökologen nehmen an, daß der Amazonas von Waldinseln aus, einer Art biologischer Zufluchtsorte, wieder bewaldet wurde. Warum sollte er sich heute nicht wieder mit Leichtigkeit regenerieren? Im Gegensatz zur Eiszeit ist heute der Boden mineralarm und unfruchtbar. Zudem werden die biologischen Inseln rücksichtslos wie der Rest des Waldes mitzerstört; es könnte wohl sein, daß zu wenig Wald für eine gesunde Regenerierung übrigbleibt. Die Art und Weise, wie mit dem Boden nach der Rodung umgegangen wird, spielt dabei eine große Rolle.

Die Verwundbarkeit des Ökosystems im Amazonas

Viele, die versucht haben, eine intensive Landwirtschaft aufzubauen, mußten auf ihre Kosten erfahren, daß der Boden nach der Abholzung praktisch wertlos ist. Denn der gesamte Reichtum des Regenwaldes wird in der Vegetationsdecke selbst gehortet, die während Millionen von Jahren einzigartige Mechanismen entwickelt hat, um die Nährstoffe wiederzuverwerten. Der Biologe Rafael Herrera (1979) untersuchte die Verteilung der Mineralien in San Carlo de Rio Negro (Venezuela), einem Gebiet mit extrem nährstoffarmen Podsolböden. Dabei ergab sich, daß 92 Prozent des Magnesiums, neunzig Prozent des Kaliums, 74 Prozent des Kalziums, 76 Prozent des Phosphors und mehr als sechzig Prozent des Stickstoffs in der lebendigen Substanz selbst zurückgehalten werden. Der Kreislauf der Nährstoffe im Tropenwald ist umso schneller, je mehr die Böden ausgelaugt sind. Die Messung der gesamten Biomasse der Wurzeln ist ein guter Indikator für den Nährgehalt der tropischen Böden. Sie schwankt zwischen 48 Tonnen pro Hektar bis zu 255 Tonnen in ärmeren Böden und macht so zwischen acht Prozent bis sechzig Prozent der Gesamtsubstanz der Pflanze aus. Bei geringem Nährgehalt der Böden bilden die Wurzeln eine bis zu dreißig Zentimeter dicke Matte, welche auch die Nährstoffe auffängt. Diese Wurzelschicht ist von Pilzgeflechten, den sogenannten Mycorrhizen durchwachsen, welche die Brücken zwischen den Zersetzungsprodukten und den Wurzeln bilden. So wird ein direkter Kreislauf hergestellt. Deshalb konzentrieren sich bis zu neunzig Prozent der Biomasse der Wurzeln in den oberen zwanzig Zentimetern des Bodens. Lebende Wurzeln scheiden auch Nährlösungen wie Mucopolysaccharide und Wachstumsfaktoren aus. Diese stimulieren Bakterien, Pilze und andere Bodenorganismen und intensivieren damit ihre biologische Aktivität, was die Verwertung von Mineralien zugunsten der Pflanze verbessert (Herrera 1979).

Zu den Mycorrhizae kommen Tiere wie Regenwürmer oder Termiten, welche die Struktur des Bodens aufrechterhalten und bei der Nährstoffverwertung helfen. Patrick Lavelle (in Dickinson 1987) vom Laboratoire de Zoologie de l'Ecole Normale Superieure in Paris, stellte fest, daß die Regenwürmer in tropischen Böden die Aktivität der mikrobiellen Atmung bis zu achtmal steigern. Der Gebrauch von konventionellen Düngemitteln schadet den Mikroorganismen und Regenwürmern und führt somit zu einer Verdichtung des Bodens. Sowohl Termiten als auch Regenwürmer durchmischen die Bodenschichten und wirken der natürlichen progressiven Bodenverdichtung und damit der Erosion entgegen.

In einem natürlichen ungestörten Ökosystem ist die Erosion unter Kontrolle. Auch unter ungünstigen Bedingungen gehen wenig mehr als drei Tonnen pro Hektar Erde jährlich verloren. Die Bebauung solcher Böden kann zu dramatischen Änderungen führen. Im Durchschnitt können pro Hektar 54 Tonnen und in schlechten Fällen bis zu 334 Tonnen verloren gehen.

Im Gegensatz zur Monotonie nach Veränderungen durch die Hand des modernen Menschen ist der tropische Regenwald ein Wunder an biologischer Vielfalt. Der unglaubliche Artenreichtum des Primärregenwaldes mit seinen Hunderttausenden von Pflanzenarten und mehr als einer Million Tierarten ist nicht einfach das Resultat einer größeren Sonneneinstrahlung und mehr Regenfall im Vergleich zu den gemäßigten Zonen. Diese Vielfalt ist das Endpro-

dukt einer Entwicklung über viele Millionen Jahre, während der sich Fauna und Flora stetig der Umgebung angepaßt haben. Die Feuchtigkeit des Waldes, die relative Kühle des Waldbodens, die außerordentliche Schnelligkeit, mit der Nährstoffe im lebenden System absorbiert werden, so daß nichts verloren geht, die Mechanismen, die das Überleben und die Fortpflanzung der Vegetation sichern, sind das Resultat verschiedener ineinander verschlungener Faktoren, die alle mit der Rodung des Waldes verschwinden.
Von den vielfältigen Wechselwirkungen unter den verschiedenen Arten haben die Biologen nur wenige enträtselt. Sie entdeckten aber, daß die Störung eines scheinbar unbedeutenden Teils des Systems völlig unvorhersehbare Folgen haben kann. Viele tropische Bäume sind für die Bestäubung und die Samenverteilung auf Tiere angewiesen. Manche dieser Tiere brauchen aber mehr als eine Baumart, um zu überleben. Aus diesem Grund hat es sich manchmal als äußerst schwierig herausgestellt, Plantagen von tropischen Hölzern aufzubauen. Dazu kommen Probleme mit Krankheiten. Judy Rankin, die am Projekt der INPA über die minimale kritische Fläche mitarbeitet, stellte fest, daß isolierte Waldflecken von zehn, hundert oder sogar tausend Hektar sich nicht erhalten können: innerhalb von wenigen Jahren tritt eine Degradation auf, gefolgt von einem irreversiblen Zerfall.
Ghillean Prance (in Dickinson 1987), der jetzt Direktor von Kew Garden ist und viele Jahre in den Regenwäldern Südamerikas verbracht hat, nimmt an, daß die Störungen in Blüte und Frucht infolge der Änderung in der Tierpopulation der erste Schritt in der »Ausrottungsgeschichte« der Pflanzen ist; in der Folge sterben natürlich auch die von ihnen abhängigen Tiere aus. Wo große Gebiete für die Besiedlung gerodet wurden, wie in Rondonia im letzten Jahrzehnt oder auch in Pará und anderen Staaten des brasilianischen Amazonas zeigte sich, daß die Regenerierung des Waldes unmöglich ist. Salati (in Dickinson 1987) glaubt, daß der tropische Regenwald mindestens tausend Jahre braucht, um sich wieder in seiner ursprünglichen Pracht zu entfalten.

Literatur

Dickinson, R. E. (ed.): The Geophysiology of Amazonia. John Wiley & Sons, New York 1987.
Fernandes Jnr., O.: Avanço na selva. In: Isto é, Dec. 2, 1987.
Herrera, R. A.: Nutritient Distribution and Cycling in Itmaz/Caatinga Forest Podsol in Southern Venezuela. Thesis University of Reading. 1979.
Houghton, R. A. et al.: The flux of Carbon from Terrestrial Ecosystems to the Atmosphere in 1980 due to Changes in Land Use: Geographic Distribution of the Global Flux. In: Tellus 39, 1987.
Junk, W. J. e J. A. S. Nunes de Mello: Impactos ecológicos das represas hidreléticas na Bacia Amazônica Brasileira. In: Tübinger Geographische Studien, Nr. 95, 1987.
Molion, L. C. B.: Amazônia e o clima do globo terrestre. Instituto de Pequisas Especiais, Brazil, 1988.

Waimiri-Atroari: Dokumentation eines Völkermordes

Andreas Zeidler

Inmitten des riesigen Amazonas-Tieflandes, etwa zweihundert Kilometer nördlich der Hauptstadt des gleichnamigen brasilianischen Bundesstaates, Manaus, lebt das kleine indianische Volk der Waimiri und Atroari. In ihrem eigenen, der karibischen Sprachfamilie zugeordneten Idiom[1] nennen sich die Angehörigen beider Gruppen ›Ki'inyá‹, was soviel wie ›Menschen, Leute, Volk‹ bedeutet.[2]
Wann die Ki'inyá, respektive Waimiri und Atroari – wie sie in der sozial engagierten und in der völkerkundlichen Literatur fast ausschließlich bezeichnet werden –, erstmalig mit Vertretern der europäischen Zivilisation in Kontakt kamen, läßt sich heutigentags auf Grund der ungenügenden Quellenlage nicht mehr eindeutig bestimmen. Sollte es jedoch zutreffen, daß der portugiesische Konquistador Pedro da Costa Favella, der 1665 den Amazonas herauffahrend am See Saracá und am Unterlauf des Rio Urubu dreihundert einheimische Dörfer verwüstete, dabei mehrere hundert Einwohner tötete und ebensoviele versklavte,[3] bereits damals mit Ki'inyá oder ihnen eng verwandten Stammesgruppen zusammengestoßen ist, was angesichts der geographischen Nähe zum Heimatgebiet dieser Indianer nicht weiter verwundern würde, so könnte jene Nation auf eine nunmehr dreihundertjährige Geschichte der Verfolgung und Vernichtung durch Weiße zurückblicken.[4] Allein für den Zeitraum zwischen 1855 und 1905 sind acht sogenannte Strafexpeditionen geschichtlich nachweisbar, deren jede ein blutiges Gemetzel unter den Ki'inyá angerichtet hat.[5] So wurden noch 1905, um den Tod eines Kautschukzapfers zu rächen, auf Befehl des amazonensischen Gouverneurs Constantino Nery 283 Männer, Frauen und Kinder von einer fünfzigköpfigen Miliztruppe auf zum Teil grausamste Weise hingerichtet.[6]
»Man fühlt sich in die schlimmsten Zeiten der Conquista zurückversetzt, wenn man hört, daß bei dieser Gelegenheit eine größere Anzahl Indianer in einem

Die in den Anmerkungen aufgelisteten Nummernschlüssel enthalten die Quellenbelege für die von mir im Text aufgestellten Behauptungen und verwendeten Zitate. Und zwar verweisen die vor dem Doppelpunkt stehenden Zahlenangaben auf die im Literaturverzeichnis angeführten Titel, während die nachfolgenden die Seite in der jeweiligen Publikation benennen, auf der das betreffende Zitat zu finden ist. Bei Manuskripten ohne Seitenangaben erscheint die Seitenzahl in Klammern.

1 12:233–248 / vgl.: 18:207, 208 / 21:47, 65, 67 / 24:(4) / 33:15
2 2:14 / 33:15
3 19:681
4 2:27, 28 / 24:(4)
5 2:29 / 12:226, 228–230 / 32:12, 13
6 2:29 / 12:229, 230 / 17:27 / 32:13, 14 / 35:53

Hause eingeschlossen und von den ›zivilisierten‹ Unmenschen lebendig verbrannt wurde«, schrieb 1907 der Völkerkundler Theodor Koch-Grünberg.[7]
Im Mittelpunkt des hier präsentierten, kurzen ethnohistorischen Abrisses soll jedoch ausschließlich die von der brasilianischen Regierung zu verantwortende weitgehende Ausrottung der Waimiri und Atroari während der sechziger und siebziger Jahre unseres Jahrhunderts betrachtet werden. Dies aus aktuellem Anlaß – denn derzeit steht zu befürchten, daß Brasiliens unnachgiebige Haltung in seiner Indianerpolitik dem überwiegenden Teil der gegenwärtig noch circa 220 000 in Stammesverbänden überlebenden Ureinwohnern des Landes bei der voranschreitenden industriellen Erschließung Amazoniens ein ähnliches Schicksal zugedenkt, wie es von den Waimiri-Atroari seinerzeit erlitten worden ist. Jene sind mehrheitlich der Durchführung dreier bedeutender Wirtschaftsprojekte, zum einen der Trassierung der Bundesstraße BR-174, zum anderen dem Bau des Balbina-Staudammes und schließlich der Zinnerzmine von Pitinga zum Opfer gefallen,[8] so daß von den 1968 offiziell auf dreitausend Personen geschätzten Ki'inyá nur mehr wenige hundert überlebt haben.[9]
Der vorliegende Aufsatz wird sich aus formalen Gründen lediglich auf die Darstellung der mit dem Bau der BR-174 einhergehenden interethnischen Konflikte beschränken. Denn aus ihnen resultierten für die Waimiri-Atroari nicht nur die schwersten Bevölkerungsverluste,[10] sondern auch eine erzwungene, fast vollständige Aufgabe der ehedem von der Zivilisation weitgehend unbeeinflußten, eigenen Lebens- und Kulturform. Um ein möglichst authentisches Bild der damaligen Ereignisse zu zeichnen, und um ferner all jene Kräfte besser ausloten zu können, welche einen solchen Prozeß modernen Genozids (Völkermord) ausmachen, habe ich bei den mir zur Verfügung stehenden kontemporären brasilianischen Quellen ausgiebig von der Möglichkeit des Zitats Gebrauch gemacht.
In diesem Zusammenhang möchte ich vor allem die Bekundung meines Dankes und meiner Hochachtung für Herrn E. Schwade aus dem Munizip Presidente Figueiredo bei Manaus ausgesprochen wissen. Der Jesuitenpater Schwade hat sich als Mitbegründer und späterer Generalsekretär des katholischen Indianermissionsrates (CIMI) und seit 1983 innerhalb der gleichfalls von ihm initiierten Hilfsorganisation MAREWA[11] über ein Jahrzehnt lang vor Ort wie auch international – etwa auf dem IV. Russel-Tribunal 1980 in Rotterdam –, für die Belange der Waimiri-Atroari eingesetzt und auf ihre Bedrohung hingewiesen. Zusammen mit seiner Frau Doroti verbrachte er 1985/1986 fünfzehn Monate in dem Atroari-Dorf Yawará, um ethnographisch zu forschen und gleichzeitig zu unterrichten.[12] Während einer Vortragsreise durch mehrere Städte der Bundesrepublik hat mir Herr Schwade im Juni dieses Jahres (1989) uneigennützigerweise einige seiner teils veröffentlichten, teils unpublizierten

7 12:229, 230
8 26:1, 7 / 32:4 / 35:54
9 17:28 / 24:(6) / 25:(1) / 26:2 / 27:4 / 29:10, 11 / 32:12, 19 / 33:15 / 34:(11) / 35:57
10 32:16 / 24:(4) / 33:16
11 28:(6) / 32:4, 31 / 33:28
12 26:6 / 30:(2) / 31:1

Situationsberichte, ferner Kopien amtlicher Dokumente, z. B. der brasilianischen Indianerbehörde FUNAI, zur Auswertung überlassen, ohne die der vorliegende Artikel nicht hätte zustande kommen können.

Wer die historischen Ursachen für die Ausrottung zahlreicher Ki'inyá-Dorfgruppen darzulegen sucht, wird sich der Aufgabe nicht entledigen können, nach den entsprechenden, sie bedingenden Entwicklungen in der nationalstaatlichen Gesellschaft Brasiliens zu forschen: Mitte der sechziger Jahre führten immer ausgereiftere Methoden der geographischen Fernerkundung, beispielsweise der Einsatz von Radar- und Infrarotaufnahmen, zu einer verstärkten geologischen Erschließung von Bodenschatzvorkommen in Amazonien. Dort arbeiteten schon zu Beginn des folgenden Jahrzehnts unter der Federführung des brasilianischen Bergbaudezernats (DNPM) und des US-amerikanischen Geological Survey 225 Ingenieure und Geologen an 21 Prospektions-Unternehmungen,[13] unter anderem spätestens seit 1968 auch auf dem Stammesgebiet der Waimiri-Atroari.[14] Verständlicherweise war der seinerzeit herrschenden Militärregierung an einer kurzfristigen Nutzbarmachung der dabei entdeckten, überaus reichen Rohstoffvorkommen sehr gelegen. Als unabdingbare Voraussetzung für großmaßstäbige Ausbeutung der Lagerstätten galt es jedoch, die Fördergebiete infrastrukturell zu erschließen. Solchen wirtschaftlichen Überlegungen Rechnung tragend, entschied sich Brasilien dafür, seine relativ unerschlossenen tropischen Waldgebiete mit Hilfe eines Netzwerks von Fernstraßen verkehrstechnisch zu eröffnen.[15] Zu diesen Überlandstrecken gehört neben der weithin bekannten Transamazonica auch die Straße BR-174, welche Manaus und Boa Vista, die Hauptstädte der beiden Bundesstaaten Amazonas und Roraima, miteinander verbindet.[15]
Doch nicht nur ökonomische Beweggründe bestimmten den Bau der BR-174. Ihres grenznahen Verlaufes wegen erlangte sie strategische Bedeutung,[16] und da sie wie alle übrigen Fernstraßen gleichzeitig als Kolonisationsprojekt für landlose Siedler aus den übervölkerten Ostregionen der Republik angelegt war,[17] half sie den Machthabern, eine dort längst überfällige Landreform zu umgehen und die aus jener Problematik resultierenden sozialen Spannungen vorübergehend zu glätten. Zugleich diente sie aber auch – und die nachfolgenden Zitate brasilianischer Politiker zeigen, daß diese Zielsetzung nicht unterschätzt werden darf – der Vereinnahmung indianischen Landes, das bis dahin der staatlichen Kontrolle gewissermaßen entzogen dalag. Zumal die Gouverneure der betroffenen Bundesstaaten haben nie einen Hehl daraus gemacht, daß sie die in Gebieten mit potentiellen Rohstoffvorkommen ansässigen Ureinwohner als ein zu beseitigendes Hindernis ansahen. So erklärte der Gouverneur von Amazonas, Danilo Aerosa, bezüglich der Waimiri-Atroari am 27. November 1968 gegenüber der in Manaus erscheinenden Zeitung ›A Crítica‹: »Die Waldbewohner okkupieren mitunter die reichsten Gebiete

13 36:72 / vgl.: 27:19, 20 / 29:4, 5
14 27:20 / 29:5
15 29:4, 5 / 36:72
16 2:10
17 32:22, 23

unseres Staates und verhindern dadurch deren Ausbeutung mit nicht kalkulierbaren Schäden für das Nationaleinkommen. Sie verunmöglichen somit die Einnahme größerer Gelder für den Unterhalt öffentlicher Dienste.«[18]
Und sein roraimensischer Amtskollege, Fernando de Ramos Pereira, ließ 1975 im »Jornal do Brasil« folgendes verlautbaren: »Ich bin der Meinung, daß ein reiches Land wie dieses sich nicht den Luxus leisten darf, ein halbes Dutzend Indianerstämme, welche seine Entwicklung verhindern, zu erhalten.«[19]
Noch deutlicher belegt eine Äußerung des Direktors des Bergbaudezernats, José Belfort, aus dem Jahr 1984 den ethnozentrischen, nationalistischen Geist, welcher die heutigen brasilianischen Entwicklungsstrategien durchweht und der zweifellos als ein ursächliches Moment an der gegenwärtigen kulturellen, ja selbst physischen Vernichtung autochthoner Volksgruppen beteiligt ist: »Derzeit stellen die Indianergebiete, insbesondere das der Waimiri-Atroari, und die Waldschutzgebiete, die sich allein in Westamazonien auf 34 240 006 Hektar belaufen, demographische Freiräume bzw. Nischen der Bedrohung für die ›Nationale Sicherheit‹ dar, indem sie sich in ethnische Geschwüre innerhalb des Landes verwandeln.«[20]
Die hier getroffene Wortwahl dürfte wohl selbstredend eine Aufforderung zur Entfernung der angesprochenen völkischen Gefahrenherde implizieren. Damit sind meines Erachtens die gesellschaftlichen und politischen Umstände, unter denen der Bau der BR-174 von 1968 bis 1977 im Rahmen des ›*Plano de Integração Nacional*‹, des ›Planes zur nationalen Integration‹,[21] verwirklicht werden konnte, hinreichend charakterisiert. Abschließend sei in diesem Kontext noch ein Sitzungsbericht der Indianerbehörde FUNAI auszugsweise zitiert, dem zufolge ein ranghoher Offizier der brasilianischen Armee gegenüber Fachleuten jenes Amtes den Bau der BR-174 für verbindlich erklärt hat: »Die Anthropologen dürfen nicht vergessen, daß das, was die brasilianische Regierung interessiert, die Integration des Indianers in die nationale Gesellschaft ist, versicherte Generalmajor Carlos Alberto Ferreira Lopes als Sprecher der Militärregierung vor dem Indigenistenrat der FUNAI. Das ist unkriegerisch und geht aus dem Indianerstatut hervor. Es ist unerschütterlich und gehört zur Entwicklung Brasiliens. Jene Gruppe Waimiri-Atroari muß im Rahmen der Regierungspolitik integriert werden. Aber die Straße berührt verschiedene Aspekte: politische, ökonomische und militärische. Es ist eine Straße des Grenzlandes. Die Straße hat gebaut zu werden.«[22]
Mit der Verlegung der BR-174-Trasse war das dem Militärkommando Amazonien unterstellte Sechste Baubataillon des Heeres beordert worden, das über

18 A Crítica v. 27. 11. 1968 zit. n. 27:12 / vgl.: 29:5
19 Jornal do Brasil v. 2. 3. 1975 zit. n. 27:12 / 32:6 / vgl.: 17:29
20 A Crítica v. 30. 9. 1984 zit. n. 27:20
21 32:4, 16 / vgl.: 2:101 / 27:4
22 Conselho Indigenista da FUNAI – ›Ata da 81a Sessão‹ v. 24. 1. 1975 – Rio de Janeiro, zit. n. 27:10 / vgl.: 32:23

Seite 49: Bei uns ein wertvoller Exotenvogel, für die Yanomami tägliche Jagdbeute: der Arara.

Das Tier wird vollständig verwertet: das Fleisch dient als Nahrung, Federn werden zu Schmuck verarbeitet.

Seite 51 oben: In der Umgebung der Maloca unterhalten die Yanomami vielgestaltige Gärten und geben ein Beispiel, wie der Dschungel genutzt werden kann, ohne ihn zu zerstören.

Seite 51 unten: Ihre Textilien stellen die Yanomami selbst her. Eine Frau spinnt Baumwolle in der Maloca.

Die Yanomami leben mit ihren Großfamilien in einem Haus, der Maloca. Dieses Langhaus steht bei der Mission Catrimani.

Seite 53 oben: Yanomami in einem shapono. Alle paar Jahre ziehen sie in eine unverbrauchte Dschungel-Gegend und bauen ein neues Großhaus (hier zehn Kilometer von Catrimani entfernt).

Seite 53 unten: Im Urwald-Garten hat die Yanomami-Frau ihren Korb mit Maniok, einem der wichtigen Nahrungsmittel, gefüllt.

Dieser Affe wurde durch einen Pfeilschuß ins Herz vom vierzig Meter hohen Baum geholt.

Kinder üben von klein auf den Bogenschuß.

Seite 55 oben: Nach einem Schlangenbiß mußte sich Claudio ein Bein amputieren lassen; die Missionare ließen eine Prothese anfertigen, und seither ist er wieder ein vollwertiger Jäger.

Seite 55 unten: Zerfallene Brücken machen die Perimetral Norte seit Jahren unpassierbar. Ein Drittel der Yanomami wurde durch den sinnlosen Straßenbau ausgelöscht; die Staatsverschuldung wuchs um mehrere Millionen Dollar.

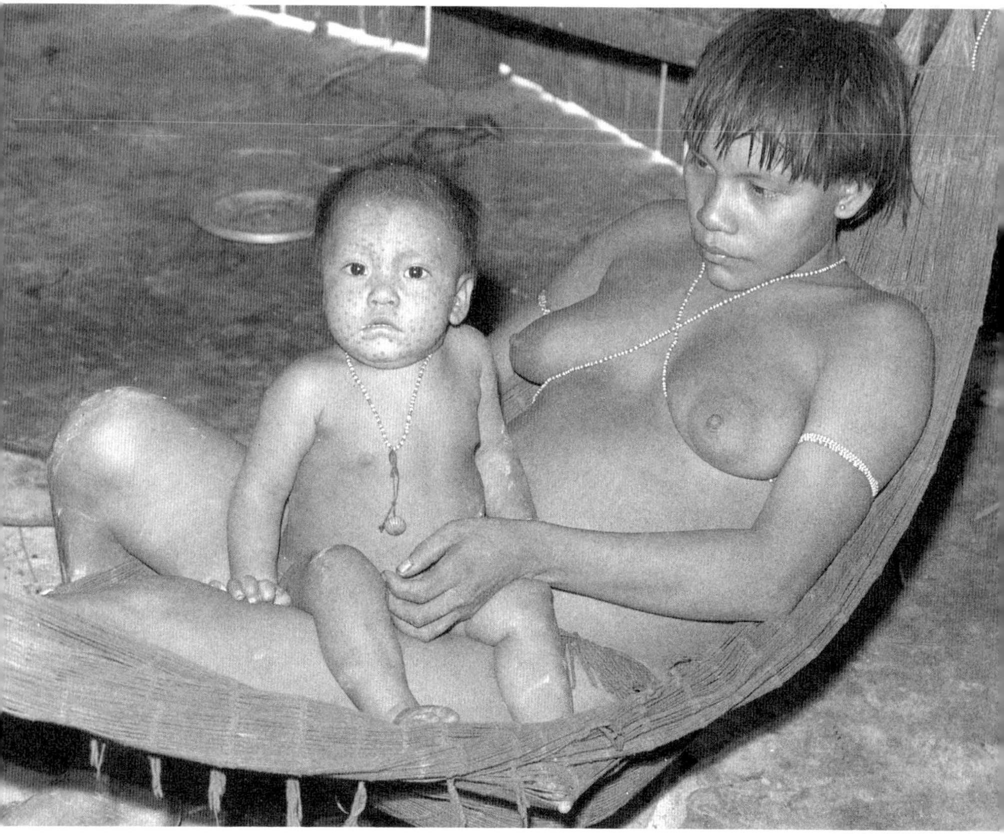

In der Krankenstation von Catrimani kuriert eine Frau ihre Grippe. Rote Punkte auf dem Gesicht sollen die Krankheit von ihrem Kind abhalten.

die für solcherlei Rodungs- und Erdarbeiten notwendigen schweren Kettenfahrzeuge verfügte.[23] Während Vorausabteilungen den Urwald rodeten, sorgten nachfolgende Drainagegruppen in dem vielfach sumpfigen Gelände für die Trockenlegung der zukünftigen Fahrbahn.[24] Auf diese Weise trieben über dreihundert an der Arbeitsfront beschäftigte Militär- und Zivilpersonen die circa sechshundert Kilometer lange Verkehrsverbindung von Süden, also von Manaus aus, nach Norden[24] mitten durch das Kernland der Waimiri-Atroari hindurch.[25] Da man von früheren Erfahrungen her befürchten mußte, daß sich die Indianer mit den ihnen verfügbaren, steinzeitlichen Waffen gegen ein tieferes Vordringen auf ihr Territorium zur Wehr setzen würden, hatte die Armee 1968 zunächst den strategisch wichtigen Militärposten von Abonari im Zentrum des Ki'inyá-Gebietes errichtet.[26]
Noch im November desselben Jahres war der italienische Missionar Calleri, unterstützt von einigen FUNAI-Bediensteten, in aller Eile zu einer Befriedungsaktion nichtmilitärischen Charakters aufgebrochen; doch wurde die gesamte Equipe mit Ausnahme eines einzigen Überlebenden von den Indianern unter nicht näher bezeichneten Umständen getötet.[27] In der Ermordung der Gruppe Calleri fanden die mit dem Straßenbau beauftragten staatlichen Organe, es waren dies neben dem Sechsten Baubataillon des Heeres das Dezernat für Straßenbau (DNER) und die Indianerbehörde FUNAI,[28] einen willkommenen Vorwand, ihr zukünftiges, brutales Vorgehen gegen die Indianer zu rechtfertigen.[29] Jene konnten nun von den Medien als grausame und mörderische Wilde angeprangert werden.[29] Dazu bemerkte der ehemalige Staatssekretär des Bundesstaates Amazonas, Altino Berthier Brasil, in seinen 1986 veröffentlichten Erinnerungen an die Kolonisationsphase entlang der BR-174: »Man sprach so viel über die von den Waimiri-Atroari begangenen Massaker, daß selbst ein mit der Saga dieses Volkes im Rahmen der Geschichte wenig vertrauter Mensch dazu überredet war, sich die Ideologie des Hasses zu eigen zu machen.
Die Hetzerei kannte keine Bedenken, die Waldbewohner zum Tode zu verurteilen, kaum ahnend, daß all das ein erfundener Medienschwindel war, um mögliche Gewaltaktionen zu rechtfertigen.
So stimmte die gehörig manipulierte öffentliche Meinung dem Vorrücken der Straße um jeden Preis zu . . . Indianer zu sein oder seine Sache zu verteidigen, war Ignoranz – reine Subversion. Jedwede Kritik oder bloßes Hinterfragen wurden als verabscheuungswürdiger Mangel an Patriotismus aufgenommen.«[30]
Die FUNAI, deren eigentliche Aufgabe darin bestanden hätte, die Indianer und ihr Land vor Übergriffen zu schützen, war zu einem Hilfsorgan des Militärs umfunktioniert worden. Davon zeugt unter anderem eine Aktennotiz

23 2:11
24 13a
25 24:(4)
26 26:1 / 27:18
27 2:15–19 / 13:54 / 32:10
28 2:19 / 32:16, 19
29 2:19, 21 / 26:2 / 32:10 / vgl.: 34:(11) / 35:56, 57
30 2:21

des Leiters der von der FUNAI kurzfristig eingesetzten »Front zur Befriedung der Waimiri-Atroari« (›*Frente de Atração Waimiri-Atroari*‹/ FAWA), Gilberto Pinto, vom 27. Oktober 1973. Über die Aufgaben dieser FUNAI-Suborganisation heißt es in dem Papier: »Hauptsächliches Ziel ist es, die Befriedung der Indianergruppen Waimiri-Atroari durchzuführen und den Prozeß ihrer Integration in die nationale Gesellschaft zu beschleunigen, ebenso wie den Bediensteten der Straße Manaus–Caracaraí bei möglichen Kontakten zwischen Straßenarbeitern und Waldbewohnern Hilfeleistungen zu erbringen.«[31]
Und in einem Sitzungsbericht des Indigenistenrates der FUNAI wird deren Expräsident, General Ismarth de Araújo Oliveira, mit der überaus kategorischen Feststellung zitiert: »Wenn eine Sache sicher ist, dann diese: Die unumkehrbare Entscheidung der Regierung, die Straße weiterzubauen. Also haben unsere Beschlüsse von folgender Prämisse auszugehen: Nur mit der Straße.«[32]
Mit Geschenken und Versprechungen versuchte die FUNAI zunächst die Waimiri und Atroari in Gegenden auszusiedeln, die abseits der projektierten Trasse lagen.[33] Das konnte natürlich gar nicht so ohne weiteres erfolgen, denn in aller Regel sind auch auf nur spärlich besiedeltem Land die für die einheimische Subsistenzwirtschaft wichtigen Fischfang- und Jagdgründe zwischen den einzelnen Dorfgruppen genau umrissen und nicht beliebig veränderbar. Mitunter in Verteidigung ebendieser lebensnotwendigen Wirtschaftsinteressen[34] leisteten die Ki'inyá während der gesamten Bauzeit der Überlandstraße nachhaltigen Widerstand, der durchaus manchem der an der Landeserschließung beteiligten Staatsdiener das Leben kostete. So töteten die Indianer, abgesehen von der Expeditionsgruppe Pater Calleris, Ende 1974 zunächst fünf FUNAI-Beamte am Ufer des Alalaú-Flusses,[35] und kurz vor der Jahreswende vermeintliche weitere vier in der Umgebung des Armeelagers von Abonari.[36] Nicht bekannt ist, wieviele Waimiri-Atroari bei jenen Zusammenstößen umgekommen sind, obwohl ein Koordinator der FUNAI-Abteilung FAWA offiziell eingeräumt hat, daß es auf beiden Seiten Verluste gegeben habe.[37] Zu dem später gegenüber der brasilianischen Regierung erhobenen Vorwurf des Völkermordes hat diese nie Stellung genommen.[38] Die ihre Heimat verteidigenden Indianer hingegen machte man zwischen 1968 und 1975 für den Tod von insgesamt 24 Soldaten und Zivilisten verantwortlich,[39] woran noch heute eine auf der Waimiri-Atroari-Reservation errichtete Gedenktafel mit den Namen der Toten erinnert.[40] Darin inbegriffen sind, gemäß der Berichterstattung führender Tageszeitungen wie ›O Globo‹ und ›Jornal do Brasil‹, der Indigenist (= Indianerspezialist) Gilberto Pinto und drei seiner Mitarbeiter, jene

31 Costa, Gilberto Pinto F. (FUNAI) – ›Relatório da Frente de Atração Waimiri-Atroari‹ v. 27. 10. 1973 – Manaus, zit. n. 27:13
32 Conselho Indigenista da FUNAI – ›Ata da 81a Sessão‹ v. 24. 1. 1975 – Rio de Janeiro, zit. n. 27:9, 10 / vgl.: 32:23
33 32:19
34 2:30 / 23:218 / 27:2
35 13b
36 22
37 25:(1)
38 24:(6) / vgl.: 17:28, 29 / 27:5
39 34:(11) / 35:57
40 4a:48 / 17:28

vier also, die an einem der letzten Dezembertage 1974 in unmittelbarer Nähe des Armeestützpunktes von Abonari angeblich durch die Hand der Indios den Tod gefunden haben sollen.[41] Erst sehr viel später, nachdem Brasilien infolge des Demokratisierungsprozesses von seiner Militärdiktatur abgerückt war, äußerte 1982 der Waldläufer José Porfírio de Carvalho – er hatte selbst jahrelang im Dienste der FUNAI Kontakte zu den Waimiri-Atroari unterhalten – ernste Zweifel an der von den Medien verbreiteten offiziellen Version: »Ivan, der einzige Funktionär der FUNAI, der sich im Posten Santo Antônio do Abonari aufhielt und dem es gelang, mit dem Leben davonzukommen, erklärte mir, daß er den Angriff der Indianer praktisch nicht gesehen hatte. Er behauptete nur, daß er sich bei Tagesanbruch des 29. Dezembers auf der anderen Seite des Rio Santo Antônio do Abonari aufhielt, einer Vorschrift Gilbertos folgend, der ihm befohlen hatte, die Nacht auf der anderen Seite zu verbringen, genauer, um den Wachtposten zu beziehen, von wo aus man sehen konnte, was im Umkreis geschah. Diese Haltung war normal. Jedes Mal, wenn die Indios sich im Posten aufhielten, beorderte Gilberto immer jemanden, außerhalb des Postengeländes zu übernachten. Und wie er sich nun an das Ufer des Flüßchens begab, um das Gesicht zu waschen, und dann nach dem Kanu zu rufen, um es zu überqueren, schreckte er zusammen, als er – inmitten eines starken Bodennebels, der zu jener Morgenstunde in der Gegend gewöhnlich ist – ein heftiges Gewehrfeuer und viel Rauch aus der Richtung des Standortes des Postens Santo Antônio do Abonari wahrnahm. Er hörte auch viele Schreie und bemerkte, daß Gilberto schreiend und wild gestikulierend auf der Veranda des Postenhauses stand. Die Indianer, die, in einer Strohhütte kampierend, sich in der Nähe des Standortes des Postens befanden, schrien und liefen in Richtung des Waldes, dies inmitten eines heftigen Gewehrfeuers.
Ivan wartete nicht länger. Das schlimmste befürchtend, ergriff er in hastigem Lauf die Flucht . . .
Durch die Zeugenaussage Ivans blieb im Zweifel, wer auf wen geschossen hatte; denn die Waimiri-Atroari-Indianer wußten sich nicht der Feuerwaffen zu bedienen, noch besaßen sie sie. Gilberto und seine Kameraden, Indigenisten von der Pike auf, hatten wohl kaum auf die Indianer geschossen . . .
Die Annahme, die Indianer hätten den Posten angegriffen, war weit hergeholt, denn sie ergreifen niemals Kriegsmaßnahmen, wenn sie von ihren Frauen und Kindern begleitet werden. Und die Mehrheit der Besucher waren Kinder, Frauen und Alte . . . Nur die Zeit könnte vielleicht eines Tages das Geheimnis, das den Tod Gilbertos und seiner Arbeitskollegen an jenem 29. Dezember 1974 eingehüllt hat, lüften.«[42]
Wie berechtigt die Zweifel Carvalhos an einer Täterschaft der Ki'inyá gewesen waren, das wurde einerseits durch eine ganz ähnliche Vermutung Altino Berthier Brasils[43] und andererseits auch durch die Tatsache untermauert, daß die Indianer von sich aus um einen friedlichen Kontakt nachgesucht hatten,

41 22 / 25:(1) / 32:11
42 5:104, 105 zit. n. 2:80, 81
43 2:79

und dieser zunächst tatsächlich zustande gekommen war.[44] In dem geschilderten Kugelhagel fielen dann jedoch nicht nur die vier Waldläufer, sondern auch ein Kriegshäuptling der Waimiri-Atroari, Maroaga mit Namen, der seit 1968 den indianischen Widerstand organisiert hatte und deswegen sogar unter Brasilianern ebenso bekannt wie geächtet war.[45] Aufgrund des gesamten Zwischenfalls sah sich die FUNAI zu einer härteren Gangart veranlaßt, und sie ersetzte die ihr noch verbliebenen, um eine friedliche Mission bemühten Funktionäre durch solche, die mit der Problematik und den lokalen Bedingungen nicht vertraut waren.[46] Dazu die selbstkritische Bemerkung eines FUNAI-Bediensteten: »Die Indios werden von den Invasoren ein jedes Mal mehr in ihrer Kultur herabgewürdigt und um ihren Besitz – das Land – gebracht . . . Ich habe mehr Furcht vor jenen neuen Leuten, die die FUNAI unter Kontrakt gestellt hat, als selbst vor unberührten und kriegerischen Indianern. Die werden erniedrigt und in ihren Stammesgesetzen verletzt: von daher die Auflehnung, der Wunsch, den Weißen zu töten. Und die einzige Möglichkeit für die Indianer, den Tod ihrer Vorfahren und Kriegshäuptlinge zu vergelten, besteht darin, das Personal der FUNAI zu töten, das ihnen zufolge lügt und fortfährt, sie von ihrer Gemeinschaft und ihrem Stamm zu entfernen.«[47]
Der hier zitierte FUNAI-Angestellte wurde daraufhin vom Regionalsekretär seiner Organisation öffentlich in der Zeitung ›A Crítica‹ als »verrückter Analphabet, sensationslüstern und geistig debil« gescholten.[48] Die FUNAI hatte mit den neu in Dienst genommenen nicht nur relativ unerfahrene Leute eingestellt, sondern diese waren interessanterweise vornehmlich auch selbst Indianer,[49] so daß man von einer beabsichtigten Indianisierung des Konfliktes reden darf. Der Auszug einer Reportage der Zeitschrift ›ARC‹ vom Dezember 1974 bestätigt das: »In dem kleinen Kontrollposten am Abonari, am Eingang des Reservats, starben sieben ›akkulturierte‹ Indianer, Funktionäre der FUNAI. Manoel da Silva sagte, es gäbe achtzig Funktionäre der FUNAI in dem Gebiet; sie seien fast alle Indianer: Sateré, Munduruku, Tukano, Makuxi. ›Zivilisierte Indianer‹, sagt Silva, ›wir alle sind zivilisierte Indianer.‹ Die Hängematten der Funktionäre sind an den Wänden des Postens befestigt, wo die Zahl der herabhängenden Gewehre größer ist als die der Hängematten. ›Wir sind für einen eventuellen Waimiri-Atroari-Angriff gewappnet‹, sagt Silva. ›Sie haben schon eine Anzahl Leute getötet.‹«[50]
Die staatlichen Stellen werteten die geschilderten Ereignisse ganz offensichtlich als Berechtigung für den de facto-Kriegszustand. Am 6. Januar 1975 verkündete ein Beamter, der gerade zuvor mit der Leitung der ›Front zur Befriedung der Waimiri-Atroari‹ (FAWA) betraut worden war, in der Zeitung ›O Globo‹: »Jetzt bedürfen die Waimiri-Atroari einer Lektion: um zu lernen, daß sie eine schlimme Sache gemacht haben. Ich werde mit eiserner

44 2:79 / 35:54
45 17:29 / 35:54 / vgl.: 2:18, 19 / 32:3
46 32:25 / 35:56
47 zit. n. 32:19, 20
48 32:20
49 32:25 / vgl.: 2:14 / 34:(10) / 35:56
50 ARC – Vol. 3; No. 4; Dez. 1974 – zit. n. 32:25

Hand gegen sie vorgehen. Die Häuptlinge werden bestraft werden und, falls möglich, für eine gute Weile von ihrem Land und Volk deportiert werden. So werden sie lernen, daß es nicht richtig ist, Zivilisierte zu töten.«[51]
Bereits zwei Monate vorher war am 21. November 1974 vom Kommandanten der Zweiten Technischen Division, Generalmajor Gentil Nogueira Paes, ein Befehlserlaß an den Kommandanten des Sechsten Baubataillons ergangen,[52] das mit den Straßenarbeiten beauftragt war. Das von Paes unterzeichnete Dokument, welches als verantwortliche Behörde das Militärkommando von Amazonien und das Heeresministerium ausweist,[52] hat mir in fotokopierter Form vorgelegen, und es seien im folgenden einige der insgesamt zwölf erteilten Anordnungen daraus zitiert:

»In Anbetracht
- der jüngsten Geschehnisse, welche sich im Gebiet des Rio Alalaú ereignet haben;
- daß die Arbeiten zur Trassierung der BR-174 nicht unterbrochen werden dürfen;
- daß jene Arbeiten unter Einhaltung aller Sicherheitsvorkehrungen durchgeführt werden müssen.

befehle ich, daß . . .
- strikte Anweisung erteilt wird, daß alle die Einheiten oder Gruppen, welche Freundschaftsbesuche von Indianern erhalten, diese als eine Warnung eines zukünftigen Angriffs betrachten, und daß sie die notwendigen Maßnahmen treffen, um sich zurückzuziehen oder Verstärkung zu beziehen.
- an die Einheiten und Gruppen *(Anm.: pyrotechnische)* Raketen und Bomben vom Typ ›Junino‹ verteilt werden sollen, um die Indianer in die Flucht zu schlagen . . .
- das Kommando jedwede von den Spezialisten der FUNAI gewünschte Unterstützung gewähren möge, sei es an Geschenken, Nahrungsmitteln, Baumaterial für die Posten, nötigen Unterkünften oder Verlegungen.
- das Kommando im Falle von Besuchen der Indianer kleine Demonstrationen seiner Stärke inszeniere, indem es selbigen die Auswirkungen einer Maschinengewehrgarbe, von Granaten und der Zerstörung durch Gebrauch von Dynamit zeige.
- die Feldlager durch acht Reihen Stacheldraht geschützt werden sollen, und daß zwischen der Einfriedung und dem Wald ein freies Feld (entwaldet) von mindestens sechs Meter Breite liege, welches das gesamte Lager umgibt . . .«[52]

Wenngleich der Befehlserlaß keinerlei auf direkte Kriegshandlungen sich beziehende Anordnungen enthält und die Anwendung von Gewalt ausdrücklich nur zur Verteidigung der eigenen Person, bzw. der dritter, vorsieht,[52] so belegt er doch hinlänglich den eminent militärischen Charakter der mit dem Straßenbau einhergehenden Operationen zur Befriedung der Waimiri-Atroari. Der Waldläufer José Porfírio de Carvalho notierte: »Der General-

51 22 / vgl.: 32:11
52 7 / vgl.: 26:3 / 27:18 / 32: Umschl. / 27:18

kommandant setzte uns in Kenntnis, daß er bereits Truppenabteilungen des bewaffneten Heeres an die Arbeitsfronten der Straße beordert hatte . . . an jenem Novembermorgen ward der Krieg offiziell erklärt, der seit langer Zeit gegen die Waimiri-Atroari-Indianer im Gange war.«[53]
Und wie sehr die Direktive die Arbeit der FUNAI vor Ort bestimmt hat, macht nochmals der schon zuvor zitierte Zeitungsartikel aus ›O Globo‹ deutlich: »Eine ›Demonstration der Stärke der Zivilisierten‹, die die Anwendung von Dynamit, Granaten, Tränengasbomben und Maschinengewehrgarben sowie die Verbringung der Indianerhäuptlinge in andere Landesteile einschließen wird, sind die wesentlichen Taktiken, die der Waldläufer Sebastião Amâncio . . . zwecks einer Wiederannäherung an diese indianische Gruppe einsetzen will . . .
Der Waldläufer . . . kündigte an, daß er beim Befriedungsposten von Santo Antônio do Abonari, dem Ort des von den Waimiri-Atroari jüngst verübten Massakers, eine, wie er es nannte, ›Festung‹ bauen werde. Zum völligen Schutz der vielköpfigen Equipe, die ihn begleiten wird, wird er die ›Festung‹ auf hohen Pfählen mit schweren Stämmen aus Holz bauen. Das befestigte Haus wird einen einzigen Zugang mit einholbarer Leiter und Vorräten an Dynamit, Tränengasraketen und -bomben haben.
›. . . Die Bewaffnung wird nur gebraucht werden, um sie von jedweder Angriffsabsicht gegen die Zivilisierten abzubringen. Das Dynamit, das explodiert und Bäume niederreißt, wird nützlich sein, um unsere Durchschlagskraft zu zeigen und die Indianer zu erschrecken, und die Tränengasbomben können im Fall eines Angriffs eingesetzt werden, um einen sofortigen Rückzug der Indianer zu erzwingen . . .‹
Der Waldläufer beabsichtigt noch, einige Indios festzunehmen und sie in der ›Festung‹, ›in einer Art von Gefängnis‹ in Gewahrsam zu halten, nicht nur als Strafe, sondern auch, um ihnen Vorhaltungen zu machen, die sie dazu bringen werden, Furcht vor den Weißen zu haben . . .
Als Teil seiner Strategie bat er das Sechste BEC *(Anm.: Baubataillon),* ihm zu helfen, dem Indianer ›die Stärke, über die der Zivilisierte verfügt‹ deutlich zu zeigen.
›Ich werde mit einer Heerespatrouille bis vor ein Indianerdorf marschieren, und dort werde ich – vor aller Augen – eine nette Demonstration unserer Stärke abgeben. Wir werden Maschinengewehrgarben in die Bäume abfeuern, Granaten zünden und viel Lärm schlagen, ohne irgendjemanden zu verletzen, bis die Waimiri-Atroari sich davon überzeugt haben, daß wir mehr Macht haben als sie.‹«[54]
Mochte die hier geäußerte Absichtserklärung, die Waffen nicht auf Menschen zu richten, dem unbedarften Leser zunächst als Bestätigung eines ordnungsgemäßen Vollzuges der Operationen erschienen sein, so entlarvt sie sich bei genauerem Hinsehen gleichwohl eher als die andeutungsweise gegebene Enthüllung eines äußerst perfiden Vorgehens. Denn welche Wirkung mußte von der bloßen Anwendung dieser Waffen auf den damit nicht vertrauten und

53 5:78 zit. n. 25:(1)
54 22 / vgl.: 26:2, 3

vielleicht sogar gänzlich überraschten Indianer ausgehen? Vermutlich war er außerstande, die Richtung, in die das Feuer eröffnet wurde, überhaupt abschätzen zu können! War aber nicht andererseits der aus einer solchen, subjektiv als lebensbedrohlich empfundenen Situation heraus auf die vermeintlichen oder wirklichen Angreifer abgeschossene Pfeil diesen ein (willkommener) Vorwand, nun ihrerseits gezielt zu schießen, weil das Moment der Selbstverteidigung jetzt erfüllt war? Meines Erachtens kann der Einsatz von Maschinengewehren, bzw. die Verwendung von Dynamit nicht anders als eine bewußt begangene Provokation gewertet werden, welche die Indianer aus Notwehr zur Konfrontation treiben mußte.

Daß es tatsächlich zu Ausschreitungen des Militärs gegenüber den Waimiri-Atroari gekommen ist, wird anhand anderweitiger Quellen belegbar. Der oben erwähnte, frühere amazonensische Staatssekretär Brasil, selbst ein ehemaliger Offizier des Militärkommandos von Amazonien, jener Behörde also, der das Sechste Baubataillon unterstellt war, widmete sein Buch über den Bau der BR-174 »insbesondere dem unbekannten Waimiri-Atroari-Bruder, dessen schlecht verscharrten Leichnam wir viele Male an der Front vorfanden.«[55] Die brasilianische Armee setzte modernes technisches Gerät und Waffen gegen die praktisch noch in der Steinzeit lebenden Ki'inyá ein. So berichtet das ›Jornal do Brasil‹ vom 23. September 1973 über eine Art Luftüberwachung indianischer Dörfer: »Während die Arbeiter den Wald niederreißen, überfliegen kleine Flugzeuge und Helikopter das Gebiet der Malocas der Atroari. Jedwedes Anzeichen einer indianischen Präsenz in Richtung der Arbeitsfront wird sofort gemeldet.«[56]

In unmittelbarer Umgebung selbst abgelegenerer Siedlungen wurden Hubschrauberlandeplätze eingerichtet.[57] Von allen Seiten eingeschlossen, ohne Kenntnis der gegen sie gerichteten Waffen, folgte auf jede kämpferische Haltung der Indianer automatisch die Vernichtung einer größeren Anzahl von ihnen.[58] Die strohgedeckten Rundhäuser, Malocas, in denen für gewöhnlich fünfzig, zuweilen mehr Einwohner eines Dorfes beieinander wohnten, wurden in Brand gesteckt.[59]

Die Bewohner mußten in entferntere Gegenden des Waldes flüchten, um sich dort neu zu organisieren.[59] Ein von dem Waldläufer Porfírio de Carvalho aus der Luft aufgenommenes Foto eines brennenden Dorfes befindet sich in dem 1983 erschienenen Büchlein ›*Resistência Waimiri/Atroari*‹ abgebildet,[60] mit dem die Hilfsorganisation MAREWA bei der lokalen brasilianischen Bevölkerung um Verständnis und Unterstützung für die verfolgten Indianer warb. Das eigentliche Ausmaß der an den Ki'inyá begangenen Verbrechen wurde jedoch halbwegs erst durch die Nachforschungen aufgedeckt, welche der Mitbegründer von MAREWA, Egydio Schwade, 1985/1986 im Atroari-Dorf Ya-

55 2:8 / vgl.: 27:6 / 26:2
56 13a / vgl.: 32:25, Umschl. / 33:18
57 32:10
58 32:19
59 32:10
60 32:9

wará zu tätigen Gelegenheit hatte. Schwade war von der FUNAI – zu einem Zeitpunkt, da der indianische Widerstand längst gebrochen war – angeboten worden, einen elementaren Schulunterricht im Dorf einzuführen.[61] Während der mehr als fünfzehn Monate, die das Ehepaar Schwade in Yawará verbrachte, gelang es ihm nicht nur, nach und nach das Idiom der Ki'inyá zu erlernen, sondern auch, mehreren Schülern das Lesen und Schreiben ganzer Texte in der eigenen und ansatzweise auch in der portugiesischen Sprache zu vermitteln.[62] Dabei hatten es die Schwades anfänglich besonders schwer gehabt, weil nur einige Waimiri-Atroari-Häuptlinge sich auf Portugiesisch verständlich machen konnten[63] und bis dahin noch keine Wörterbücher oder sonstige Unterrichtshilfen vorlagen, derer man sich hätte bedienen können.[64] Da die Indianer jedoch bald merkten, daß sie es hier nicht mit rüden Funktionären zu tun hatten, welche zu ihrer bloßen Gängelung und Kontrolle abkommandiert waren,[65] entwickelten sie sehr rasch ein Vertrauensverhältnis zu den um einen echten Dialog bemühten Lehrern.[66] Den Schwades bot sich nun folgendes Bild dar:

Die nur 31 Bewohner von Yawará waren die Überlebenden von insgesamt vier Siedlungen, welche zu Beginn der siebziger Jahre am rechten Ufer des mittleren Rio Alalaú gelegen waren, nun aber nicht mehr existierten.[67] Die älteste Person des Dorfes zählte keine vierzig Jahre.[68] Der überwiegende Teil der Bevölkerung waren Jugendliche und Kinder. Von diesen besaß keines der vier- bis zehnjährigen Vater oder Mutter; auch die über zehn Jahre alten Dorfangehörigen waren Vollwaisen – mit Ausnahme zweier, verschwisteter, junger Frauen, deren Mutter noch lebte.[68] Alle übrigen Elternpaare waren einesteils bereits in dem mit der Verlegung der BR-174-Trasse einhergehenden Ausrottungskrieg umgekommen[69] oder aber in der Folge an einer Masernepidemie gestorben,[69] gegen welche die Indianer im allgemeinen keine körperlichen Abwehrkräfte besitzen, und gegen die die FUNAI – im Widerspruch zu den eigenen Statuten – keine rettenden Impfmaßnahmen eingeleitet hatte.[70]

Von ihren indianischen Schülern verfertigte Zeichnungen dienten den Schwades als beliebtes Unterrichtsmittel zur Alphabetisierung wie auch anfangs zur gegenseitigen Verständigung.[71] Neben Darstellungen des täglichen Lebens, der materiellen Kultur und Mythologie der Ki'inyá kamen dabei natürlich auch immer wieder Szenen der allseits lebendigen jüngsten Geschichte zu Tage.[72] Schwade berichtet, er habe auf diese Weise eine Sammlung von Bildern erhalten, welche den Einsatz von Gewehren oder Maschinengewehren,

61 27:6 / 30:(1) / 31:2
62 26:6 / 30:(2) / 31:2–8
63 11:19
64 E. Schwade: mündl. Inform. v. 4. 6. 1989
65 31:3, 4
66 27:6 / 31:4
67 26:6 / 27:7
68 26:6 / 27:7
69 26:6 / 27:7
70 27:7 / vgl.: 17:29 / 24:(6)
71 26:6, 7 / 27:6
72 27:6, 7

Flugzeugen, ja sogar Bomben gegen die Indianer belegen.[73] Mit den Zeichnungen verknüpfte Fragen lauteten etwa: »Warum tötet Kamña – der Zivilisierte – unsere Leute?«[74] Oder: »Was ist es, was Kamña aus dem Flugzeug wirft und was unsere Leute tötet?«[74] Später lernten die Atroari von Yawará, ihre Bilder durch kurze, geschriebene Sätze selbst zu kommentieren und somit weiterführende Informationen zu geben.[75] In diesem Punkt möchte ich einen von Egydio und Doroti Schwade abgefaßten Bericht über ihre Alphabetisierungskampagne zu Wort kommen lassen: »Einige Beispiele veranschaulichen vielleicht den Vorgang besser: Unter ein Bild schrieb ein Indianermädchen: ›Meine Mutter brachte mir nicht bei, Hängematten zu machen.‹ Diese Botschaft in einem fast telegraphischen Stil wird uns schließlich in der darauffolgenden Diskussion erklärt: Die Mutter starb sehr früh an Masern, nachdem der Vater im Widerstandskampf getötet worden war . . . Ein anderer Text: ›Mein Vater ließ mich im Wald auf dem Weg zum Dorf Wanakta zurück.‹ Dieser sehr knappe und für uns wenig einleuchtende, kleine Text enthielt eine bedrückende Geschichte: Der Vater war der Häuptling eines Dorfes, das nachts von Zivilisierten angegriffen wurde. Während die Frauen und Kinder flohen, hielt der Häuptling den Angriff auf und wurde von einem Schuß in den Rücken getroffen. Auf dem Weg schwanden ihm die Kräfte, und, bevor er starb, bat er, daß die Frau die Kinder zum Dorf von Wanakta bringen möge.«[76] Doch mit derlei Einzelfällen nicht genug, behauptet Schwade, von den Atroari konkrete Hinweise auf planmäßige Vernichtungsaktionen der Militärs bekommen zu haben, welche die Einwohnerschaft ganzer Malocas hinwegrafften.[77]
In einem anderen seiner Situationsberichte heißt es: »Takwa, Oberhaupt eines am mittleren Alalaú, in der Nähe der Trasse der BR-174 gelegenen Dorfes, stattete eines Tages mit seiner Gemeinde dem Lager der Straßenarbeiter einen Besuch ab, möglicherweise, um eine freundschaftliche Annäherung zu versuchen. Er wurde von einer Maschinengewehrgarbe empfangen, genau so, wie es eine Übereinkunft FUNAI/Militärkommando von Amazonien, abgeschlossen am 21. November 1974, verfügt. Eine Kugel durchbohrte ihm das Kinn und schlug ihm, zum Munde austretend, die Zähne aus. Aber Takwa starb nicht. Er floh von dort und baute mit seinen Leuten ein neues Dorf weiter im Norden auf, wo er bald darauf von einem Hubschrauber besucht wurde, der ihnen seltsame ›Geschenke‹ hinterließ. Gleich nach der Visite fingen die Leute an zu sterben. Es starben fast alle, einschließlich Takwa.«[78] Freilich darf in diesem Fall, trotz der zeitlichen Koinzidenz zwischen der Landung einer Helikopterbesatzung und dem Ausbruch der epidemischen Krankheit in der besuchten Maloca, nicht zwingend auf eine ›biologische Kriegführung‹ mittels vorsätzlich verseuchter Gegenstände geschlossen werden, wie Schwade das anhand des obigen Beispiels wohl zumindest nahele-

73 27:7
74 27:6
75 31:3, 4
76 31:4 / vgl.: 26:7
77 27:7
78 27:8, 9

gen möchte.[79] Dafür erscheint aber die in anderem Zusammenhang von Gewährsleuten abgegebene Aussage hinsichtlich einer möglichen Anwendung von Giftgas um so gesicherter. Demzufolge starben im September 1974 innerhalb nur eines Tages und mit nur einer Ausnahme sämtliche 47 Bewohner einer Ansiedlung am Unterlauf des Rio Alalaú durch Ersticken an einem Gas, das von einem Flugzeug um die Mittagszeit dort abgeworfen worden war.[80] »Kamña warf Kawuní – von oben, vom Flugzeug – wie Staub, der die Kehle verbrannte, und Kiña – die Leute – starben sogleich«, zitiert Schwade einen Informanten;[81] auch die Namen der Getöteten wurden von den Atroari aus Yawará, ihren Verwandten, mitgeteilt.[82]
Setzt man einmal eine wahrheitsgetreue Übermittlung der von den Ki'inyá hier erhobenen Anklagepunkte voraus, so läßt sich aus ihnen der Vorwurf ableiten, das Militärkommando von Amazonien habe, die räumliche, sprachliche und kulturelle Isolation der Waimiri-Atroari gegenüber der Zivilisation ausnützend, in mindestens einem Fall den experimentellen Einsatz chemischer Waffen gegen völlig wehrlose Menschen angeordnet. Welche Anhaltspunkte aber gibt es für die Stichhaltigkeit der geäußerten Genozidvorwürfe? Im vorhergehenden, meine ich, konnte dargelegt werden, daß die bei vielen Verantwortlichen im Lande herrschende, gegen die Indianer ganz allgemein sich richtende politische Gesinnung durchaus den passenden Hintergrund für solcherlei Gewaltaktionen bietet. In dieselbe Richtung weisen auch immer wieder auftauchende Meldungen über Menschenrechtsverletzungen, bzw. sonstige Rechtsbrüche, durch welche Ureinwohner aus den verschiedensten Regionen Brasiliens geschädigt werden – die Yanoama seien hier als nur ein Beispiel unter mehreren angeführt.[83] Ferner werden die von Schwade den Staatsorganen, genauer dem Sechsten Baubataillon und der Indianerbehörde FUNAI, zur Last gelegten Ausschreitungen unabhängig davon auch durch die publizierten Enthüllungen des Waldläufers José Porfírio de Carvalho und des ehemaligen Staatssekretärs Altino Berthier Brasil – zumindest indirekt – untermauert. Eine wohl noch deutlichere Bekräftigung für die Behauptungen Schwades bilden jedoch der von der FUNAI geführte, offizielle Zensus sowie damit verbundene amtliche Unterlagen, welche für die Waimiri-Atroari drastische Bevölkerungsrückgänge seit 1968, dem Jahr des Baubeginns an der BR-174-Trasse, unumwunden eingestehen.
Eine vorläufige Bilanz des an den Indianern begangenen Genozids hat den folgenden faktischen Gegebenheiten Rechnung zu tragen:
- Vom rechten Ufer des mittleren Alalaú verschwanden jene vier Dörfer, deren Überlebende in Yawará angesiedelt worden sind.[84]
- Am Unterlauf desselben Flusses wurde eine Maloca durch den besagten Giftgasangriff ausgerottet.[85]

79 vgl.: 27:7
80 26:7 / 27:6–8
81 27:6
82 27:8 / 26:7
83 siehe Beiträge dieses Buches
84 27:7 / 26:3
85 26:3, 7 / 27:7, 8

- Im Einzugsgebiet des Rio Santo Antônio do Abonari, das derzeit in den Fluten des Stausees von Balbina versinkt, verzeichnete ein FUNAI-Bericht noch 1974 die Lokalgruppen der Häuptlinge Abonari, Canori, Coroinha, Manoel und Pedro.[86] Diese sowie eine weitere, in einem Report von 1972 namentlich genannte Dorfgruppe existieren heute nicht mehr.[87]
- In dem hügeligen Landstrich östlich des Rio Alalaú, wo seit 1980 das staatseigene Bergbauunternehmen Paranapanema Zinnerz abbaut, verschwanden wenigstens neun Siedlungen, die anhand von Luftbildern nachgewiesen werden konnten, welche im Oktober 1968 der im Dienste der FUNAI stehende Missionar Calleri anläßlich einer Befliegung der Region aufgenommen hatte.[88]
- Im Verlauf ihrer Luftexkursionen zählten Pater Calleri und dessen Mitarbeiter 1968 insgesamt sechzig Dörfer auf dem Stammesterritorium der Waimiri und Atroari,[89] wobei absolut fraglich ist, ob auf diese Weise eine vollständige Erfassung aller Lokalgruppen gewährleistet werden konnte. Von jenen sechzig Siedlungen bestanden 1987 nach Angaben der von der FUNAI unter Mitwirkung des staatlichen Energiekonzerns Eletronorte herausgegebenen Monographie ›*Waimiri Atroari*‹ nur mehr noch zehn Dörfer.[90]

Selbst wenn man berücksichtigt, daß sich in einem letzten, kleinen Rückzugsgebiet im Bereich der Alalaú-Quellflüsse einige wenige Ki'inyá-Malocas bis auf den heutigen Tag der Berührung mit der Zivilisation haben entziehen können,[91] so ist doch zweifelsohne weit mehr als die Hälfte aller Dörfer dieses Volkes in einem Zeitraum von weniger als zwei Jahrzehnten vom Erdboden verschwunden.[92] Und daß nicht etwa Bevölkerungsfluktuationen für diesen Sachverhalt verantwortlich gemacht werden können, belegen hinreichend die demographischen Daten der amtlichen FUNAI-Statistik: Wies jene 1968 noch dreitausend Personen für die Waimiri-Atroari aus,[93] waren es 1974 lediglich geschätzte sechshundert bis tausend.[93] 1982 zählte man 571,[94] in dem allerjüngsten Zensus von 1987 sogar nur mehr 374 Individuen.[95] Wie gesagt, haben die zuständigen brasilianischen Behörden zu der in den genannten Zahlen implizit enthaltenen Opferbilanz nie Stellung genommen.[96]
Eindeutigen Rückhalt fanden die Anschuldigungen Pater Schwades bei der Prälatur von Itacoatiara, deren Arbeitsgemeinschaft Indianer-Pastoral am 7. Juli 1982 der ›nationalen und internationalen Öffentlichkeit‹ eine Protestnote übermittelte, in der die ›systematische Ausrottung der Waimiri und Atroari‹ aufs schärfste angeprangert wurde.[97]

86 26:3 / 27:22
87 26:3 / 27:8, 22
88 26:3 / 27:8 / 28:(5)
89 24:(6)
90 11:15
91 E. Schwade: mündl. Inform. v. 4. 6. 1989
92 26:7
93 17:28 / 24:(6) / 25:(1) / 26:2 / 27:4 / 29:10, 11 / 32:12, 19 / 33:15 / 34:(11) / 35:57
94 27:4 / 32:12 / 33:15
95 11:15 / 27:8
96 24:(6) / vgl.: 27:5
97 34:(10, 11) / vgl.: 35:57

Die Nachforschungen wie auch die Lehrtätigkeit der Schwades in Yawará waren keinesfalls abgeschlossen, als sie am 4. Dezember 1986 vom Leiter des dortigen FUNAI-Postens aufgefordert wurden, das Gebiet der Waimiri-Atroari umgehend zu verlassen.[98] Schon zuvor hatte man durch verschiedenerlei Schikanen ihre Arbeit zu blockieren versucht.[99] »Das Ehepaar Schwade beschränkte sich nicht auf den zweisprachigen Unterricht, sondern ging über zur politisierenden Unterweisung des Waimiri-Atroari-Volkes mit Intrigen und Gehässigkeiten gegen die Welt der umgebenden oder ›weißen‹ Gesellschaft. Jene Arbeitseinstellung der Schwades machte die Indianer, anstatt sie zu leiten, nur noch verwirrter, indem sie ihnen, den zukünftigen Zivilisierten, Haß auf alles und jeden einimpfte«, heißt es polemisch in einer offiziellen Stellungnahme der FUNAI vom 30. Dezember 1986.[100] Nordamerikanische Evangelisten traten, wenngleich nur für kurze Zeit, die Nachfolge der Schwades an,[101] die sich seitdem im Rahmen der von ihnen 1983 initiierten Organisation MAREWA darum bemühen, den Waimiri-Atroari von außen größtmögliche Hilfsleistungen zukommen zu lassen.[102]
Einer solchen Unterstützung bedarf der kleine amazonensische Volksstamm dringend; denn obzwar Präsident Médici 1971 per Dekret Nr. 68 907 den Ki'inyá schätzungsweise ein Fünftel ihres ehemaligen Habitats als Reservat zugesprochen hatte,[103] blieben die Existenzrechte dieser Ethnie nach wie vor ungesichert; ein Umstand, der ebenso auf die mit dem Straßenbau einhergehenden sozialen und wirtschaftlichen Umwälzungen wie auf deren verheerende ökologische Folgeschäden zurückzuführen ist.
Als unmittelbare Konsequenz der verkehrstechnischen Erschließung etablierten sich entlang der BR-174 im Norden und Süden des einstigen Siedlungsraumes der Ki'inyá Kolonisationsprojekte. In der nördlichen Region erfolgte die Landnahme vor allem auf Betreiben des damaligen Gouverneurs von Roraima, Souza Pinto, und des Nationalen Instituts für Siedlungswesen und Agrarreform (INCRA), während sie im Süden spontan ablief.[104] Dort hatte der schon mehrfach zitierte Altino Berthier Brasil als Besitzer eines größeren Landguts an ihr teilgenommen.[105] Eindringlich schildert er, wie alle seine vieh- und landwirtschaftlichen Unternehmungen ertraglos scheiterten, nachdem er – gleich vielen anderen – den Urwald über weite Strecken hin abgebrannt hatte, um so in den Genuß steuerlicher Vergünstigungen zu gelangen.[106] Auf diese Art und Weise wurden ausgedehnte Flächen völlig entwaldet.[107] Weil die Kolonisation verbotenerweise bis auf das Reservatsgebiet der Waimiri-Atroari vorgedrungen war, hatte man sich 1977 zur Zahlung einer Entschädigung von sechs Millionen Cruzeiros entschlossen.[108] Nach Auskünften Herrn

98 10a / vgl.: 26:7 / 30:(4) / 33:24
99 30:(3, 4)
100 10b:(1) / vgl.: 27:9
101 26:7 / 27:9 / 30:(1)
102 28:(6) / 32:4, 31 / 33:28
103 8a / vgl.: 11:15 / 17:29 / 24:(6) / 27:4 / 29:4, 11 / 32:28
104 17:29 / 32:22, 23 / 34:(10) / 35:55, 56
105 2:31–47
106 2:83–88
107 2:83, 84, 111, 112
108 17:29 / 32:23 / 35:55

Schwades wurde der gesamte Betrag von einem leitenden Mitarbeiter der FUNAI veruntreut.[108]
Ein weiteres jener eingangs erwähnten Großprojekte, welchen die Waimiri-Atroari zum Opfer gefallen sind, ist der zur Gänze auf ihrem traditionellen Territorium liegende,[109] unter ökologischen wie ökonomischen Gesichtspunkten äußerst fragwürdige Balbina-Stausee. Mit dem Wasserkraftwerk von Balbina, 1978 bis 1988 über eine von der BR-174 abzweigende Stichstraße erbaut, hat die brasilianische Regierung das Ziel verfolgt, den rapide steigenden Energiebedarf der Millionenstadt Manaus zu decken.[110] Nach Angaben der Eletronorte, der staatlichen Betreiberfirma Balbinas, wird der seit 1987 geflutete Staubereich im Tal des oberen Uatumã-Flusses bei Erreichen des maximalen Normalpegels 2360 Quadratkilometer – das entspricht annähernd der Fläche des Saarlandes – unter Wasser setzen.[111] Da aus organisatorischen Gründen das zuvor mit dichten tropischen Wäldern bedeckte Areal nicht mehr hatte abgeholzt werden können, verfault derzeit die gesamte Biomasse in dem fast stehenden Gewässer.[112] Dic sich dabei bildenden Faulgase werden, wie Wissenschaftler hochgerechnet haben, über Jahre hinaus das Wasser des Sees und des Rio Uatumãs für Fische, Flußschildkröten und Seekühe tödlich, für den Menschen ungenießbar machen.[113] Andererseits ist schon jetzt unter der lokalen Bevölkerung ein sprunghaftes Ansteigen endemischer Krankheiten, z. B. der Malaria und der Leishmaniose registriert worden, weil deren Überträger nun ideale Lebens- und Brutbedingungen vorfinden.[114] Das Wasserkraftwerk wird seine ursprünglich geplante jährliche Leistung von 250 Megawatt, deretwegen Balbina ohnedies zum Stausee mit dem weltweit geringsten Flächenwirkungsgrad avancierte, voraussichtlich nie erreichen.[115] In der internationalen Presse wie auch bei Fachleuten ist kaum ein anderes Staudammprojekt auf ablehnendere Kritik gestoßen. Zwei 1981 von Präsident Figueiredo verabschiedete Erlasse, die Dekrete Nr. 85 898 und 86 630, trennten den von der späteren Überflutung stark betroffenen östlichen Teil der Waimiri-Atroari-Reservation wieder ab.[116] Bis 1986 hatte die Eletronorte die Existenz indianischer Ansiedlungen innerhalb des zukünftigen Überschwemmungsbereiches grundsätzlich geleugnet.[117] Als dann die Weltbank eine Gewährung weiterer Kredite für Balbina von der Ausarbeitung von Umsiedlungsplänen für die betroffene Bevölkerung abhängig machte, ›entdeckte‹ die Eletronorte plötzlich, daß sogar auf dem noch im Reservat verbliebenen Teil die Waimiri-Dörfer Tobupunã und Taquari in den Fluten versinken würden und veranlaßte ihre Aussiedlung an einen anderen Ort.[117]
Im Gegensatz zu Balbina ist die vom Staatskonzern Paranapanema seit 1980 im Nordosten des ehemaligen Waimiri-Atroari-Reservats betriebene Zinn-

109 28:(2, 5) / 35:54
110 9:(2, 18–21) / 11:11
111 9:(27) / vgl.: 15 / 28:(4) / 33:13
112 15 / 28:(1) / 33:22
113 28:(1)
114 28:(1, 5) / vgl.: 33:23
115 27:22 / 28:(4) / 33:13
116 8d / 8e / vgl.: 27:4 / 32:20 / 33:16
117 28:(2, 3) / 33:18, 19 / vgl.: 11:11, 12, 15, 29 / 26:6 / 27:21, 22

erzmine von Pitinga ein aus volkswirtschaftlicher Sicht überaus gewinnbringendes Unternehmen.[118] Allein für das Jahr 1983 sagte der damalige Minister für Bergbau und Energie, Cesar Cals, gegenüber der Zeitung ›A Crítica‹ einen Ertrag von einhundert Millionen US-Dollar voraus.[119] Es verwundert daher kaum, daß die brasilianische Regierung beschlossen hat, durch das Dekret Nr. 86 630 in einem – wie der katholische Indianermissionsdienst CIMI betont – verfassungswidrigen Akt den Reservatsstatus von eben jenem Drittel des Indianerlandes, auf dem die Erzvorkommen entdeckt worden sind, wieder aufzuheben.[120] Doch damit nicht genug, hat Paranapanema seine Aktivitäten teilweise auf den Grund und Boden des noch bestehenden Reservationsgebietes verlagert,[121] wo heutigentags ein entlang der Vizinalstraße Pitinga–BR-174 betriebener Tagebau den Alalaú-Fluß nicht unerheblich verschmutzt.[122] Als Entschädigung gewährte man den Atroari von Yawará nebst einigen Stück Vieh jenes mit einfachsten Mitteln gebaute Schulhaus, das, bevor es die Schwades 1985 für ihren Unterricht beziehen konnten, über ein Jahr leergestanden war.[123]
Daß das Vorgehen der Behörden, zumal das der FUNAI, die bei den Indianern eine reibungslose Akzeptanz der geschilderten Unternehmungen durchzusetzen hatte, von Anbeginn auch aus den eigenen Reihen kritisiert worden ist, dokumentiert eine Äußerung, die der seinerzeitige Koordinator der ›Front zur Befriedung der Waimiri-Atroari‹, Apoena Mereilles, in der ›Opinião‹-Ausgabe vom 17. Januar 1975 getroffen hat – zu einem Zeitpunkt also, da die schwersten Zusammenstöße zwischen Indianern und den zum Straßenbau abkommandierten Heereseinheiten bereits stattgefunden hatten, die FUNAI aber gleichzeitig schon in die Vorarbeiten besagter Großprojekte eingebunden war: »Heutzutage kommen wir in friedlicher Mission und in Freundschaft zu den Indianern, aber in Wahrheit arbeiten wir als Speerspitzen der großen Unternehmen und der Wirtschaftsgruppen, die sich in dem Gebiet festsetzen werden. Für den Indio ist es schwer, an die Friedensmission zu glauben, wenn hinter einem ein Potential an ökologischer Zerstörung kommt.«[124]
Wollte man versuchen, die zahlreichen Benachteiligungen, Betrügereien und sonstigen Ungesetzlichkeiten, welche infolge des Balbina-Stausees und der Zinnerzgrube von Pitinga an den Waimiri-Atroari begangen worden sind, angemessen darzustellen, so bedürfte es jeweils wohl gleichviel Raumes, wie durch meine bisherigen Ausführungen vereinnahmt worden ist. Dies nachzuholen, wird mir eventuell an anderem Orte gestattet sein. Hier sollte lediglich in aller Kürze skizziert werden, welche tiefgreifenden sozialen und ökologischen Veränderungen die mit dem Bau der BR-174 eingeleitete Industrialisierung des zuvor unerschlossenen, indianischen Landes mit sich brachte. Die jählings hereingebrochene, großmaßstäbige Zerstörung der natürlichen Umwelt, hervorgerufen durch das Abbrennen weiträumiger Waldflächen und die

118 17:30 / 24:(2) / 26:4 / 29:1 / 32:21, 22 / vgl.: 2:108
119 1 / vgl.: 32:22
120 17:31, 32 / 24:(1, 2, 8) / 26:5 / 27:15 / 29:8 / 30:(6) / 32:28, 29 / 34:(10, 11) / 35:55
121 4a:48, 49 / 27:14–16 / 29:8–10 / 30:(5–7) / 32:21
122 4b:58 / 26:5, 6 / 30:(7)
123 27:16 / 30:(1) / 31:2, 3
124 Opinião v. 17. 1. 1975, zit. n. 26:2 / 32:8 / vgl.: 27:13

nachhaltige Verschmutzung der Gewässer, brachte nicht nur Einbußen für die einheimische Subsistenzwirtschaft, namentlich für Jagd und Fischfang, sondern sie resultierte – verbunden mit den starken Bevölkerungsverlusten – auch in zunehmender Auflösung der ursprünglichen kulturellen und gesellschaftlichen Verhältnisse insgesamt. An diesem Dekulturations- und Assimilationsprozeß hat sich die FUNAI aktiv beteiligt. Als beispielhaft hierfür mag das Schicksal eines Atroari-Knaben gewertet werden, der nach Erkundigungen Pater Schwades anläßlich eines Besuches bei benachbarten Waiwai-Indianern im Grenzgebiet zu Guyana in deren Dorf von FUNAI-Beamten aufgegriffen und nach Manaus verschleppt worden war.[125] Bevor er später von der FUNAI als Oberhäuptling aller Ki'inyá, in einer Funktion, die diesem Volk völlig unbekannt war, eingesetzt werden sollte, erhielt er dort eine an den Werten unserer Zivilisation orientierte Erziehung, welche eine zwangsweise, – man darf vermuten, gleichgeschlechtliche – Verprostituierung in einem Bordell der Stadt miteinschloß.[125] Die FUNAI hat sich damit als ›würdige‹ Nachfolgerin für den 1967 aufgelösten, skandalumwitterten Indianerschutzdienst SPI (Serviço de Proteção aos Índios) erwiesen, dessen Initialen von den Brasilianern spaßhaft-zotig in Indianerprostitutionsdienst (Serviço de Prostituição dos Índios) umgedeutet worden waren.

Da auf Grund des plötzlichen und frontalen Zusammenpralls mit der Zivilisation das altüberlieferte Wertesystem und die darauf aufbauenden traditionellen Verhaltensnormen ins Wanken geraten sind, andererseits aber praktisch alles unterlassen worden ist, um sie bedachtsam an die brasilianische Gesellschaft heranzuführen, stellen die Ki'inyá gegenwärtig eine weitgehend desorganisierte und auf ihrem eigenen Lande marginalisierte Bevölkerungsgruppe dar, deren einzelne Glieder vielfach zu einer an bloßem physischen Überleben sich orientierenden Lebensführung verurteilt sind. Aus allerjüngster Zeit berichten Reisende, daß Waimiri-Atroari ziellos am Straßenrand umherirrten,[126] bzw. daß die Indianer dort durch den Verkauf von Gegenständen ihrer angestammten Kultur, durch Bettelei und Prostitution zu Geld zu kommen suchten.[127] Verschiedentlich hätten Lastwagenfahrer Frauen und Kinder aufgegriffen, um sie in Manaus an Bordellbesitzer zu verhandeln, wogegen die FUNAI weder einschreiten könne noch einschreiten wolle.[127] Dem mit der heutigen Situation der brasilianischen Ureinwohner beschäftigten Völkerkundler sind derlei Meldungen auch aus anderen Landesteilen Brasiliens leider nur zu geläufig. Sie sind der erschütternde Ausdruck dessen, was die brasilianische Indianerpolitik unter dem Konzept der ›Integration des Indianers in die nationale Gesellschaft‹ theoretisch formuliert hat. Um einen Augenzeugenbericht über die erzwungene Degeneration der Ki'inyá zu Wort kommen zu lassen, sei hier ein letztes Mal das Buch Altino Berthier Brasils zitiert: »Da lag ein Beispiel vor für das, was die rasche Umgestaltung Amazoniens gewesen war. Eine totale Entwurzelung, hervorgerufen durch das, was wir Fortschritt zu nennen pflegen. Eine glorreiche und selbstbewußte Eingeborenenbevölkerung, die sich früher auf 6 000 Seelen belief, jetzt reduziert auf

125 27:8
126 3:3
127 4a:47

350 kranke, demoralisierte und von der öffentlichen Wohlfahrt abhängige Individuen. Ein einziger Waimiri-Atroari, den ich am Straßenrand sitzen sah, bestätigte mir jene deprimierende, durch die offizielle Statistik verlautbarte Wirklichkeit.«[128]
»Ich war empört über den Prozeß der Assimilierung, welchem einige wenige Verbliebene des Waimiri-Atroari-Volkes unterworfen waren. Er war sehr viel unmenschlicher und bedrückender als die Zusammenstöße der Integrationsphase, die ich damals als Zeuge erlebt hatte.«[129]

Am 14. Juli 1987 vergrößerte Staatspräsident Sarney per Dekret 94 606 die Reservation der Waimiri-Atroari um einige Areale,[130] obschon nicht in dem gleichen Ausmaß, in dem sie zuvor beschnitten worden war. Wie sehr jedoch die betreffende Gesetzgebung auf Wahrung äußeren Scheins ausgerichtet ist, und wie wenig das durch sie verbriefte Landrecht tatsächlich gilt, enthüllt ein 1988 vom Ökumenischen Dokumentations- und Informationszentrum (CEDI) in Zusammenarbeit mit dem Nationalen Koordinationsausschuß der Geologen (CONAGE) veröffentlichtes Dossier, das die Vergabe von Erzabbaukonzessionen auf indianischem Land untersucht hat. Anhand von Unterlagen des brasilianischen Bergbaudezernats kann diese Studie detailliert nachweisen, daß seit 1983 rund ein Dutzend Bergbauunternehmen Schürfrechte für weit mehr als zweitausend Quadratkilometer und somit über zehn Prozent des Waimiri-Atroari-Reservats zugeteilt bekommen und zusätzliche vierzig Prozent zur Konzessionsfreigabe beantragt haben.[131] In ganz ähnlicher Weise ist in den Bundesstaaten des brasilianischen Amazonasgebietes der Landbesitz von weiteren 76 indigenen Völkern durch die Verteilung von Prospektionsrechten an nationale und multinationale Minengesellschaften bedroht.[132] Auf der Grundlage eines 1983 verabschiedeten Gesetzes, durch das laut CEDI auch zuvor illegal erteilte Konzessionen nachträglich legalisiert worden sind, hat das staatliche Bergbaudezernat (DNPM) entsprechende Verträge in bereits 560 Fällen rechtskräftig abgeschlossen.[132] Weit höher noch ist die Zahl der von den Firmen eingereichten Zulassungsgesuche; allein ein Drittel des ehemaligen Yanomami-Parkes wurde bis zum Januar 1987, verteilt auf 363 Konzessionen, jede durchschnittlich neunzig Quadratkilometer umfassend, zur Freigabe beantragt.[133]
Hier nun schließt sich der Kreis meiner Betrachtungen. Brasilien hat sein in den sechziger Jahren anvisiertes Ziel der Erschließung des Amazonasraumes und der Nutzbarmachung seiner Bodenschatzvorkommen zur Zeit teilweise schon erreicht, teilweise steht es unmittelbar vor der Verwirklichung jenes Zieles. Weil praktisch alle für diesen Entwicklungsprozeß charakteristischen Phänomene auch in der jüngsten Akkulturationsgeschichte der Waimiri-Atroari in Erscheinung getreten sind, darf man die zivilisatorische Annektion

128 2:108
129 2:112
130 8 f.
131 6:11, 60–65 / vgl.: 26:7 / 27:5
132 6:1–6
133 6:11

ihres Gebietes geradezu als einen Präzedenzfall für die generelle, industrielle Erschließung Amazoniens betrachten: So wie die Straße von Manaus nach Boa Vista durchschneidet ein immer ausgedehnteres Netz von Fernverkehrsrouten die tropischen Regenwälder, deren noch vor wenigen Jahrzehnten schier unermeßlich scheinende Weiten heute durch menschliche Einwirkung offenbar ernstlich im Bestand gefährdet sind. Denn so, wie entlang der BR-174 neu entstandene Kolonisationsprojekte die ursprüngliche Vegetation durch großflächige Brandrodung vielfach zerstörten, so ließen auch andernorts extensiv wirtschaftende Viehzüchter und die zu Hunderttausenden eingewanderten Kleinsiedler allein im Jahre 1987 Waldareale von mehr als zwanzig Millionen Hektar – das entspricht achtzig Prozent der Fläche der Bundesrepublik Deutschland – in Flammen aufgehen, was anhand von Satellitenbildern des US-amerikanischen Wettersatelliten NOAA-9 festgestellt werden konnte.[134] Bei anhaltender Tendenz wird die derzeit noch größte Tropenwaldregion der Erde bis zur Jahrtausendwende mit Ausnahme weniger Naturschutzgebiete eingeäschert worden sein. Sollte es ferner der brasilianischen Regierung gelingen, den im ›*Plano 2010*‹ festgeschriebenen Ausbau der Wasserkraftnutzung zu finanzieren, so würden innerhalb der kommenden zwei Jahrzehnte, verteilt auf diverse Amazonas-Nebenflüsse, über siebzig Stauseen entstehen, viele von ihnen gleich Balbina mit riesigen Überschwemmungsbereichen.[135] Da Straßenbau, Kolonisation, Staudammprojekte, Bergbau und die durch sie hervorgerufenen, unkontrollierten ökologischen Zerstörungen oftmals in nur wenig berührte Rückzugsgebiete unvermittelt vorgedrungen sind, werden durch diesen fast ungehemmt und mit eigengesetzlicher Dynamik ablaufenden Industrialisierungsprozeß verschiedene Stämme gleich den Waimiri-Atroari unweigerlich aufgerieben. So sind nach jüngsten Informationen des katholischen Indianermissionsrates (CIMI) lediglich im Bundesstaat Rondônia zwölf indianische Volksgruppen Übergriffen von Seiten der Einwanderer, zum Teil auch der Behörden, ausgesetzt.[136] Der Präsident des CIMI, Bischof Erwin Kräutler, appellierte in einer 1988 publizierten Note an die Weltöffentlichkeit: »Die Ausrottung der brasilianischen Indianer ist nicht nur ein Skandal für Brasilien, sondern ein Weltskandal am Ende des 20. Jahrhunderts. Es geht wirklich um Leben und Tod. Wer dazu schweigt, wird mitverantwortlich an der Ausrottung der Völker.«[137]

Um einer undifferenzierten Betrachtungsweise der Problematik vorzubeugen, möchte ich an dieser Stelle nicht unerwähnt lassen, daß die wirtschaftliche Erschließung Amazoniens durchaus im Interesse der führenden Industrienationen erfolgt ist, welche sich damit Optionen auf günstige Rohstoffe haben sichern können, und ohne deren finanzielle Unterstützung und technische Hilfe zahlreiche Großprojekte erst gar nicht hätten durchgeführt werden können. Als jedoch – unter dem Druck ernstzunehmender wissenschaftlicher Prognosen über eine drohende Weltklimaveränderung – Regierungsvertreter der Vereinigten Staaten und der Europäischen Gemeinschaft, namentlich

134 16:12, 13
135 15
136 14:(2)
137 14:(1)

unter anderen der französische Ministerpräsident Michel Rocard und der niederländische Minister Willem de Korte, der brasilianischen Regierung vor geraumer Zeit Vorschläge unterbreiteten, die 118 Milliarden US-Dollar hohe Auslandsverschuldung des Landes größtenteils zu erlassen, falls die Gelder dem Zwecke einer international kontrollierten Überwachung des Umweltschutzes und der Menschenrechte im Amazonasgebiet zugeführt werden könnten, lehnte Brasiliens Staatspräsident Sarney dies in seiner ›überaus kategorischen‹ Erklärung vom 10. Februar 1989 grundsätzlich ab.[138] Schon tags zuvor hatte Justizminister Dias Correa auf einer Pressekonferenz zynisch geäußert: »Sie dezimierten die Dritte Welt, und jetzt nennen sie sich Verteidiger der Menschheit und wollen die Menschheit ausgerechnet in unserem Amazonasgebiet schützen.«[139]
So kann man bedauerlicherweise nur konstatieren, daß Brasilien an der Politik einer schonungslosen Exploitation natürlicher Ressourcen und der sogenannten ›Integration der Indianer in die nationale Gesellschaft‹ ganz bewußt festhält, einer Politik, deren historische Wurzeln bis tief in die koloniale Eroberungsphase zurückreichen, und die auch nach der Unabhängigkeit des Staates, 1822, von der weiterhin herrschenden weißen Oberschicht über die Epoche des Kautschukbooms hinweg bis zur Gegenwart fortgeführt worden ist. Zwar läßt sich die heutige Situation der rund zweihundert noch existierenden Indianerstämme Brasiliens schon auf Grund ihrer unterschiedlich langen Kontaktgeschichte zur Zivilisation keineswegs vereinheitlichen, auch gibt es auf lokaler Ebene sicherlich vereinzelt positive Ansätze in der Arbeit der Indianerbehörde FUNAI zu entdecken, doch zielen die übergeordneten Richtlinien der staatlichen Eingeborenenpolitik zweifelsohne auf eine bedingungslose kulturelle und sprachliche Assimilierung der Ureinwohner ab und nehmen in jenen Fällen, bei denen die indianische Bevölkerung der bisweilen gigantomanischen Wirtschaftsplanung des Landes im Wege steht, auch den Tatbestand des Völkermordes billigend in Kauf. Letzteres, meine ich, konnte mit Hilfe der vorliegenden Quellen am Beispiel der Waimiri-Atroari ausreichend dokumentiert werden. Der gegenüber der brasilianischen Regierung erhobene Vorwurf des Genozids sei abschließend in drei Punkten konkretisiert:

- Sie verletzt, unter Mißachtung der eigenen, im Indianerstatut festgelegten Gesetze, die Integrität des indianischen Landes, indem sie es an Dritte, seien es Unternehmen (Minengesellschaften) oder Privatpersonen (Goldsucher) zur wirtschaftlichen Ausbeutung vergibt, ohne angemessene Entschädigungen zu gewährleisten.
- Sie versagt den betroffenen Bevölkerungsgruppen oftmals eine den Umständen gemäße medizinische Betreuung oder verhindert sogar die Fortführung bereits angelaufener Hilfsmaßnahmen, indem sie humanitäre Organisationen (z. B. MAREWA, CCPY), regimekritische Missionare und Anthropologen aus den jeweiligen Indianergebieten ausweist, bzw. indem sie ihnen die Einreise von vornherein verweigert, wodurch sie auch zu

138 20
139 20, v. 14. 2. 1989

unterbinden sucht, daß Nachrichten über die dort herrschenden, z. T. besorgniserregenden Zustände an die Öffentlichkeit gelangen können.
- Sie duldet oder begeht aktiv durch die ihr unterstellten Organe zahlreiche Menschenrechtsverletzungen an den Indianern.

Zu schwach, um die eigene Situation innerhalb der nationalstaatlichen Gesellschaft selbst maßgeblich verändern zu können, dürfen die Ureinwohner Brasiliens nur auf eine Neuorientierung der politischen Verhältnisse im Lande hoffen, welche die Wahrung der Menschenrechte und die Anerkennung der sprachlichen und kulturellen Sonderstellung autochthoner Minderheiten einleitet. Ein solcher Schritt ist indessen bislang nicht abzusehen, und man muß daher wohl befürchten, daß sich bei jenen unter vergleichbaren situativen Bedingungen lebenden Indianervölkern Amazoniens das historische Schicksal der Waimiri-Atroari wiederholen wird. Deren Vernichtung hatte ein FUNAI-Mitarbeiter 1975 in einem Interview mit einer der führenden Zeitungen des Landes – und gleichsam als Bestätigung der von Pater Schwade später erhobenen Vorwürfe – mit folgenden Worten knapp zusammengefaßt: »Die Waimiri-Atroari fielen in der Stille des Waldes und wurden unauffällig in Zeit und Raum begraben und vergessen.«[140]

140 O Estado de S. Pãulo v. 26. 10. 1975, zit. n. 26:2 / 27:6 / 32:8 / vgl.: 25:(1)

Literatur

Die mit Asteriskus * gekennzeichneten Titel haben mir nicht vorgelegen und mußten daher aus Sekundärquellen zitiert werden. Das nämliche gilt auch für eine Reihe von Dokumenten und Zeitungsartikeln, welche hier nicht mehr gesondert aufgeführt werden. Die durchlaufende Numerierung der Literaturangaben korrespondiert mit den in den Fußnoten des Textes genannten Zahlen. Fotokopien der Manuskripte können auf Anfrage vom Autor bezogen werden.

1 A Crítica vom 22. Januar 1983. Manaus.
2 Brasil, Altino Berthier: O Pajé da Beira da Estrada. Porto Alegre 1986.
3 Brasilien-Info: Nr. 3; März 1989. Klagenfurt 1989.
4a Brasilien-Nachrichten: 8. Jg.; Nr. 79; ›Armut in Brasilien‹; pp. 47–50. Osnabrück 1983.
4b Brasilien-Nachrichten: 10. Jg.; Nr. 89; ›Brasilien: Verschuldung und Exportpolitik‹; pp. 55–59. Osnabrück 1985.
*5 Carvalho, José Porfírio Fontenele de: Waimiri-Atroari – a História que ainda não foi contada. Brasília 1982.
6 CEDI/CONAGE (Centro Ecumênico de Documentação e Informação / Coordenação Nacional dos Geólogos): Empresas de Mineração e Terras Indígenas na Amazônia. São Paulo 1988.
7 Comando Militar da Amazônia: Of. No. 042-E2–CONF / Assunto: Trabalhos na BR 174 (Befehlserlaß vom 21. November 1974 an den Kommandanten des Sechsten Baubataillons; unterzeichnet von Generalmajor Gentil Nogueira Paes). Manaus (1974).
8a Diário Oficial da União: Decreto N°. 68.907 – de 13 de julho de 1971 (Médici). Brasília 1971.
8b Diário Oficial da União: Decreto N°. 74.463 – de 26 de agosto de 1974 (Geisel). Brasília 1974.
*8c Diário Oficial da União: Decreto N°. 75.310 – de 25 de janeiro de 1975 (Geisel). Brasília 1975.
8d Diário Oficial da União: Decreto N°. 85.898 – de 13 de abril de 1981 (Figueiredo). Brasília 1981.
8e Diário Oficial da União: Decreto N°. 86.630 – de 23 de novembro de 1981 (Figueiredo). Brasília 1981.
8f Diário Oficial da União: Decreto N°. 94.606 – de 14 de julho de 1987 (Sarney). Brasília 1987.
9 Eletronorte (Centrais Elétricas do Norte do Brasil SA): UHE Balbina. Brasília 1987.
10a FUNAI (Fundação Nacional do Índio) – NAWA (Núcleo de Apoio Waimiri/Atroari):

Relatório a Respeito da Saída de Sr Egidio Swade da Area Indígena Waimiri/Atroari. (Dokument vom 23. Dezember 1986; gez. Raimundo Nonato Nunes Correa; Bl.: 1, 2). Manaus (1986).
10b FUNAI (Fundação Nacional do Índio) – NAWA (Núcleo de Apoio Waimiri/Atroari): Parecer. (Dokument vom 30. Dezember 1986; Bl.: 1, 2). Manaus (1986).
11 FUNAI/Eletronorte (Fundação Nacional do Índio/Centrais Elétricas do Norte do Brasil SA): Waimiri-Atroari. o. O. (Brasília), o. D. (1987).
12 Hübner, Georg und Koch-Grünberg, Theodor: Die Yauperý. In: Zeitschrift für Ethnologie; 39. Jg.; pp. 225–248. Berlin 1907.
13a Jornal do Brasil vom 23. September 1973. Rio de Janeiro.
13b Jornal do Brasil vom 6. November 1974. Rio de Janeiro.
14 KIM aktuell: 23. Jg.; Nr. 3 (3. Quartal 1988). Ingolstadt 1988.
15 Leite, Marcelo: Stauseen im Dutzend. In: bild der wissenschaft; 26. Jg.; Nr. 7; p. 20. Stuttgart 1989.
16 Leite, Marcelo: An einem Tag 8500 Brände am Amazonas. In: bild der wissenschaft; 26. Jg.; Nr. 9; pp. 12, 13. Stuttgart 1989.
17 Lobgesang, Bernd: Opfer des Fortschritts. Die Ausrottung der Waimiri–Atroari. In: Brasilien-Dialog; Nr. 1/84; pp. 27–35. Mettingen 1984.
18 Loukotka, Čestmír: Classification of South American Indian Languages. Los Angeles 1968.
19 Martius, Carl Friedrich Philipp von: Zur Ethnographie Amerika's zumal Brasiliens. Bd. I. Zur Ethnographie. Leipzig 1867.
20 Deutsche Welle, Monitor-Dienst vom 14./15. Februar 1989. Köln.
21 Nimuendajú, Curt et al: Mapa Etno-Histórico de Curt Nimuendajú. Rio de Janeiro 1981.
22 O Globo vom 6. Januar 1975. Rio de Janeiro.
23 Payer, Richard: Reisen im Jauapiry-Gebiet. In: Dr. A. Petermanns Mitteilungen aus Justus Perthes' Geographischer Anstalt; Bd. 52; pp. 217–222, Taf. 15. Gotha 1906.
24 Schwade, Egydio: Erlaß des Präsidenten weiterer Schritt im Genozid an den Waimiri und Atroari. In: Brasilien-Nachrichten, 7. Jg.; Sondernummer (November 1982); o. Seitenang. pp. (3–9). Osnabrück 1982.
25 Schwade, Egydio: ›Waimiri-Atroari: A História que ainda não foi contada‹ – José Porfírio de Carvalho. Daktylographiertes Manuskript; 28. Dezember 1982; pp. (1, 2). Itacoatiara (Amazonas) (1982).
26 Schwade, Egydio: Calha Norte. Waimiri/Atroari: Uma experiência ilustrativa. Daktylographiertes Manuskript; 3. Juli 1987; pp. 1–8. Presidente Figueiredo (Amazonas) (1987).
27 Schwade, Egydio: Os grandes Empreendimentos na Amazônia e seu Custo social. Waimiri-Atroari um exemplo ilustrativo. Daktylographiertes Manuskript; 21. November 1987; pp. 1–27. Presidente Figueiredo (Amazonas) (1987).
28 Schwade, Egydio: Ohne Titel. Daktylographiertes Rundschreiben vom 18. Mai 1989; 4 Bl.; o. Seitenang. pp.(1–7). Presidente Figueiredo (Amazonas) (1989).
29 Schwade, Egydio und Müller-Schwade, Doroti: As Terras Waimiri-Atroari no Ciclo do Minério. Daktylographiertes Manuskript; 21. April 1985; pp. 1–12. Presidente Figueiredo (Amazonas) (1985).
30 Schwade, Egydio und Müller-Schwade, Doroti: ohne Titel. Daktylographiertes Manuskript; 7. Dezember 1986; pp. (1–8). Presidente Figueiredo (Amazonas) (1986).
31 Schwade, Egydio und Müller-Schwade, Doroti: Relatório: 1ª Experiência de Alfabetização entre os Waimiri/Atroari. Daktylographiertes Manuskript; 15. Dezember 1985; pp. 1-8. Presidente Figueiredo (Amazonas) (1986).
32 Schwade, Egydio; Santos Pereira, Verenilde; Heringer, Ezequias; Lange, Ana. MAREWA (Movimento de Apoio à Resistência Waimiri-Atroari): Resistência Waimiri/Atroari. Itacoatiara (Amazonas) 1983.
33 Schwade, Egydio et al. MAREWA (Movimento de Apoio a Resistência Waimiri-Atroari): Balbina. Ameaça e Destruição na Amazônia. Manaus 1987.
34 Schwade, Egydio et al. (Arbeitsgruppe Indianer-Pastoral der Prälatur Itacoatiara): Systematische Ausrottung der Waimiri und Atroari (Deutsche Übersetzung einer Protestnote vom 7. Juli 1982). In: Brasilien-Nachrichten, 7. Jg.; Sondernummer (November 1982); o. Seitenang. pp. (10, 11). Osnabrück 1982.
35 Schwade, Egydio et al. (Arbeitsgruppe Indianer-Pastoral der Prälatur Itacoatiara): Balbina und die Indianer (Deutsche Übersetzung einer Dokumentation vom 13. Januar 1983). In: Brasilien-Nachrichten, 8. Jg.; Nr. 78; pp. 53–57. Osnabrück 1983.
36 White, Max G.: Probing the unknown in the Amazon Basin . . . A roundup of 21 mineral exploration programs in Brazil. In: Engineering and Mining Journal; Mai 1973; pp. 72–76. New York 1973.

Kurze Geschichte der Mission Catrimani (1965–1989)

Giovanni Saffirio

1965 bis 1971: Aufbau der Station Catrimani

Im Oktober 1965 fuhren zwei Missionare, Pater Giovanni Calleri und Pater Bindo Meldolesi, Mitglieder des »Instituto Missioni Consolata« Turin (Italien), mit drei Booten den Fluß Catrimani hinauf. Gegenüber der Stromschnelle Cujubim gründeten sie die Mission Catrimani. Nach kurzer Zeit siedelte sich eine Gruppe Yanomami, die heute *Wakathautheri* genannt werden, am Flußufer an. Sie bauten eine Maloca gegenüber dem Missionshaus, auf der rechten Seite des Flusses. Ende 1966 wechselten die *Wakathautheri* ans linke Ufer, in die Nähe des Missionshauses, wo sie heute noch leben. Von 1968 bis 1988 erneuerten sie ihre Maloca mehrmals, oft nahe beim alten Standort. Gegenwärtig ist der Stamm in zwei Gruppen aufgeteilt. Die Arbeitsequipe der Mission bestand aus zwei Missionaren (Pater Giovanni Saffirio und Bruder Carlos Zacquini), einer Krankenschwester und zwei Hausangestellten.

Im August–September 1971 konnten die Missionare mit einer Spende des kanadischen Hilfswerks »Development and Peace« eine Hilfsstation für Krankenpflege errichten. Seit Februar 1971 wurden der FUNAI monatlich die Rapporte über die ärztliche Hilfe an die Indianer (Spritzen, Pflege, Besuche, Geburten und Todesfälle) zugestellt. Es wurde auch eine medizinische Arbeit mit individuellen Krankengeschichten begonnen und Nachforschungen über Verwandtschaft und Migration der Stammesgruppen vom Rio Catrimani in den letzten fünfzig Jahren gemacht. Eine Zählung der Indianer in dieser Region ergab etwa dreihundert Menschen.

1972 bis 1977: Erste Eindringlinge und Krankheiten

Im Februar 1972 kamen Forscher vom Projekt Radam-Brasil mit Helikoptern und Flugzeugen und blieben über zwanzig Tage in der Mission Catrimani. Sie sammelten geologische Daten und untersuchten Vegetation und Wasser von Flüssen der Regionen Ajarani, Catrimani und Alto Demini. Im August und September des selben Jahres führte ein Grenzbataillon Manöver in der Gegend der Flüsse Catrimani und Alto Ajaram durch. Die Mission wurde als Hauptquartier verwendet.

Der Bau der Bundesstraße, der sogenannten »Perimetral Norte«, begann im September 1973. Sie führte mitten ins Gebiet der Yanomami. Die »Perimetral Norte« war Teil eines Entwicklungsprojektes aus den sechziger Jahren und sollte die östliche Küste von Brasilien mit den Grenzen von Kolumbien verbinden. Im Januar 1974 führte die Straße circa drei Kilometer an der Mission Catrimani vorbei.

Durch den Kontakt mit den »Weißen« brach die erste Masern- und Grippe-Epidemie unter den Stämmen der Yanomami aus. Hunderte von Arbeitern bahnten sich damals den Weg durch den Wald und kamen mit fast allen Stammesgruppen in Kontakt. Das Institut für Agrarreform (INCRA) gab im

Gebiet der Yanomami 45 Kilometer entlang der »Perimetral Norte« Parzellen für die Besiedlung durch Kolonisten frei. Eine Untersuchung der Anthropologen Ken Taylor und Alcida Ramos (Kommission für den Yanomami-Park, CCPY) ergab, daß von den 250 Yanomami, die in der Region des Flusses Ajarami vor dem Bau der »Perimetral Norte« siedelten, *nur 81 Leute* überlebten. Und immer wieder traten neue Epidemien auf: Masern 1974 und 1977, Malaria, Magen-Darm-Infekte, Grippewellen, Tuberkulose und Geschlechtskrankheiten.
1977 wurde ein kleines Krankenhaus, eine Empfangsstation und zwei Häuser für Krankenschwestern und Ärzte gebaut.
Es hätte noch viel mehr Todesfälle gegeben, wenn die Missionare nicht geimpft und Hunderte von Yanomami gepflegt hätten. Wegen Geldmangels wurde die Bauarbeit der »Perimetral Norte« im August unterbrochen. Der Druck auf die Yanomami ließ vorübergehend nach.
Seit der Gründung der Mission Catrimani bestand die wesentliche Tätigkeit der Missionare im Gesundheitsdienst. Mit der »Perimetral Norte« und der Kolonisation der ersten 45 Kilometer wurde die Gesundheit der Indianer akut gefährdet, da den eingeborenen Völkern die Immunität gegen viele für uns »banale« Krankheiten fehlt. Deshalb wurde eine diplomierte Krankenschwester angestellt und eine Ärzte- und Zahnärzte-Equipe gebildet. Für die Betreuung entlang der Straße wurden Autos, ein Saurer-Lastwagen (Baujahr 1940), Motorfahrräder und Velos angeschafft sowie zwei Aluminiumboote mit Außenbordmotoren, um die Yanomami-Gemeinschaften am Flußufer zu erreichen.

1979 bis 1986: Die Begegnung der Kulturen

Die zweite Aufgabe der Missionare war das Studium der Sprache und Kultur der Indianer und die Alphabetisierung der Yanomami-Jugend. Die ersten Lehrmittel entstanden anfangs 1970. Im Jahre 1975 erarbeitete die CCPY ein Lehrbuch der Yanomami-Sprache. 1982 gab Bruder Carlos Zacquini mit der Laienmissionarin Loretta Emivi eine Grammatik und ein kleines Wörterbuch Yanomami-Portugiesisch heraus. Als Lesestoff für Yanomami-Schüler wurden ausschließlich Mythen, Sagen und ihre eigene Geschichte gewählt.
Die Mission Catrimani ist seit über zwanzig Jahren eine Basis für viele wissenschaftliche Forschungen. Sechs Anthropologen (Judith R. Shapiro, Edson Diniz, Bruce Albert, Alcida R. Ramos, Kenneth I. Taylor, Giovanni Saffirio) und drei Linguisten (Ernest Migliazza, James Poli, Casimiro Beksta), publizierten Studien über die Yanomami des Rio Catrimani. Von 1971 bis 1974 untersuchten hier zahnärztliche und medizinische Equipen die Zahnabnützung, Blutcharakteristiken und den Stoffwechsel der Yanomami, die bei der Mission lebten.
Die Missionare führten die Indianer in neue Anbaumethoden ein und lehrten sie neue Techniken für den Fischfang und die Haustierhaltung. 15 neue Kulturpflanzen wurden eingeführt. Einige Yekuana-Indianer wurden eingeladen, um den Yanomami den Bau ihrer Boote zu lehren. Schließlich wurden die Indianer in den Grundbegriffen der Hygiene und Anatomie unterrichtet.
Seit Oktober 1965 tauschten die Missionare mit den Yanomami Waren aus. Die Gegenstände, welche die Indianer brauchten, wurden gegen handwerkli-

che Produkte getauscht oder mit Arbeit abgegolten. Medikamente jedoch bekamen sie gratis. Anfänglich waren die Missionare sehr vorsichtig mit dem Tausch von Waren, um den heiklen Prozeß der Akkulturation nicht zu beschleunigen. Von 1965 bis 1970 wurde nur mit zehn Gegenständen gehandelt: Äxten, Macheten, Messern, Scheren, Angeln, Kämmen, Spiegeln, Glasperlen, Salz und Zündhölzern. Bis zum Bau der »Perimetral Norte« kamen weitere sieben Artikel dazu: Aluminiumtöpfe, Metallsiebe, Schnüre, Seife, Schleifsteine, Zahnbürsten und Zahnpasta. Danach stieg die Zahl der Tauschgegenstände der Yanomami mit den Arbeitern und den Kolonisten auf über vierzig: Netze, Kleider, Gewehre, Munition, Laternen, Plastiksäcke und so weiter, kamen hinzu. Seit dem Beginn des Goldrausches in den Yanomami-Gegenden (1986) wurden weitere Gegenstände mit den Yanomami getauscht, wie Uhren, Radios und Stoffe.
In den 23 Jahren bei den Yanomami haben die Missionare nie eine direkte Evangelisation angestrebt, sondern durch ihren Lebensstil und ihre Arbeit gewirkt. Deshalb sehen die Yanomami des Rio Catrimani die Missionare nicht als Vertreter der katholischen Kirche und interessieren sich nicht für den Beitritt zum katholischen Glauben. Wenn die Missionare den Yanomami Bibelunterricht erteilt hätten, so hätten die Indianer vielleicht zugehört, aber nur um den Patres einen »Gefallen« zu tun und dafür mehr Waren und Medikamente im Austausch zu erhalten. In dieser chaotischen Phase der Kollision der Kulturen können die Indianer den christlichen Werten nicht auf eine freie Art begegnen. Sie brauchen ihre traditionelle Religiosität, um ihre Identität zu verteidigen. Der alte Kurem Usi sagte selbstbewußt: »Wir Yanomami machen es so, ihr Ausländer macht es anders.«
Im Wissen um ihre eigene Kultur finden die Yanomami den Sinn ihrer Existenz, die Grundlage für Erfahrungen in der Zukunft und die Garantie ihrer Identität. Die grundlegenden Verschiedenheiten zwischen ihrer mystisch-spirituellen Welt und unserer technologisch-materiellen Welt führen zu Schwierigkeiten. Eine oberflächliche und schnelle Evangelisation kann diesem Volk im Zusammenleben mit den Goldsuchern, Siedlern und Farmern Schwierigkeiten bereiten.

1987 bis 1989: Militärs und Goldsucher

Seit anfangs 1987 arbeitet die FUNAI mit dem militärisch-wirtschaftlichen Machtkomplex zusammen. Die FUNAI hat aufgehört, die Rechte der Indianer zu wahren und wurde zum Werkzeug des Projektes Calha Norte. Die gegenwärtigen Angestellten der FUNAI sind Befehlsvollstrecker, die ein Projekt durchziehen wollen, das gegen die Indianer gerichtet ist. Das Calha-Norte-Projekt schließt die Yanomami in 19 »kleine Inseln« ein, die gleichsam von feindlichen Wassern umgeben sind, von Goldsuchern, Großgrundbesitzern, Siedlern und Bergwerksarbeitern, welche alle Ressourcen rücksichtslos ausbeuten. Daher sind die Yanomami gezwungen, sich an die neuen Gegebenheiten anzupassen, um zu überleben, das heißt für billigen Lohn zu arbeiten. Die Mächtigen der Region Amazonien (Politiker, Geschäftsleute, Militärs), nützen die Schwächen der Regierung aus und sind entschlossen, in die letzten Grenzräume Brasiliens vorzustoßen. Das einzig gültige »Entwicklungsmodell« bedeutet die Ausbeutung und die Zerstörung der natürlichen und menschlichen Grundlagen der Region, genau wie vor fünf Jahrhunderten, bei der »Entdeckung« Brasiliens.

Beginn der Endphase

In Catrimani wurden wir Zeugen vom Anfang des Untergangs der Yanomami. Am 14. August 1987 wurden vier Yanomami im Gebiet Couto de Magalhães bestialisch ermordet, von Goldsuchern, die in das Gebiet der Yanomami eingedrungen waren. Während dieses Gemetzels starb auch ein Goldsucher. Die Presse von Roraima aber verdrehte diese Vorfälle. Sie behauptete, daß wilde Indianer acht Goldsucher getötet und 48 verletzt hätten. In der Tagesschau des Lokalfernsehens Roraima machte der Stellvertreter der Goldschürfergewerkschaft die Padres der Diözese von Roraima für die Morde verantwortlich. Die Goldsucher sagten, daß sie die Konfliktgegend erst verlassen würden, nachdem die subversiven »ausländischen« Padres aus dem Gebiet verbannt seien.
Der damalige Gouverneur von Roraima, Getúlio de Souza Cruz, wurde von den Missionaren aus Catrimani bei der FUNAI angezeigt, weil er im gesperrten Bezirk der Yanomami illegal Goldsucher eingelassen hatte. Dazu hatte er einen Hubschrauber der Polizei benutzt. Unter Vorgabe patriotischer Gründe wies er alle ausländischen Padres an, den verbotenen Bezirk zu verlassen. Den Befehlen der Obristen, die im Projekt Calha Norte involviert sind gehorchend, wies die FUNAI auch die brasilianische Ärzteequipe der CCPY aus.
Die FUNAI »übernahm« die Mission für die Zeit von 15 Monaten (bis 27. November 1988). Am 24. August 1987 besetzte diese Indianerschutzbehörde die Mission mit Hilfe der Zivil- und Militärpolizei von Boa Vista. Der Verantwortliche der Mission, Pater Guilherme Damioli, wurde von der Polizei nach Boa Vista gebracht und durfte nur seine Kleider mitnehmen. Die FUNAI plünderte die Mission, Gegenstände aus der Küche, dem Spital und der Apotheke, Fahrzeuge und auch das Radio der Mission wurden entwendet, das Archiv wurde zerstört. Sogar Dinge aus dem persönlichen Besitz der Missionare wurden gestohlen oder den Indianern gegeben. Sra. Florença A. Lindey, seit 1980 Krankenschwester der Mission, wurde angeklagt, die Indianer gegen die FUNAI aufzuhetzen und wegen »subversiver und revolutionärer« Aktivitäten am 28. August 1987 aus Catrimani ausgewiesen.
Während den 15 Monaten wechselten sich 18 Beamte ab, von diesen verstanden nur zwei die Sprache der Yanomami. Am traurigsten war, wie diese »Beamten« die Indianer erniedrigten: die meisten Yanomami bekommen nun das Gnadenbrot von der FUNAI, vor zwei Jahren waren sie wirtschaftlich noch unabhängig. Alle »Beamten« der FUNAI haben zwar eine erstklassige Berufsausbildung erhalten, ihr Lebensmotto aber ist: immer dem Patron gehorchen, um am meisten Gunst zu erhalten, nie etwas gegen den Patron sagen, und immer mit dem Stärksten sein.
Die Not hat die Yanomami-Gemeinschaften gespalten. Einige Indianer finden, die FUNAI sei der neue Meister, andere glauben, daß die Rückkehr der Patres besser sei und daß man zu ihnen stehen soll. Noch andere meinen, daß die Goldsucher die neuen Herren seien, und wenn man auf ihrer Seite sei, könne man mehr Gegenstände und Nahrungsmittel erhalten.

Am 24. November 1988 erlaubte der Richter des Ersten Amtsgerichtes den Missionaren die Rückkehr nach Catrimani. 1989 profitierte die FUNAI von einem neuen Gerichtsurteil: die Equipen der FUNAI und der Diözese werden zusammen in der Mission arbeiten, bis der Richter in Brasilia den Schlußentscheid fällt.

Die Invasion der Goldschürfer

Im Oktober 1988, bevor die Missionare in die Mission Catrimani zurückkamen, erlaubte die FUNAI die Landung von neun Flugzeugen auf der Piste der Mission, über hundert Goldsucher stiegen aus. Diese »Garimpeiros« waren durch einen gewissen Goiano betrogen worden und mußten über achtzig Kilometer weit zu Fuß bis zum Demini-Gebirge gehen, um Gold zu suchen. Da sie nichts fanden, kamen sie enttäuscht in die Mission Catrimani zurück, warteten tagelang vergeblich auf die versprochenen Flugzeuge und kehrten schließlich zu Fuß nach Boa Vista zurück.

Die schlimmste Invasion begann Ende Dezember 1988. Elias Pessoa, FUNAI-Chef der Station Catrimani, hatte dem Unternehmer Severino die Erlaubnis gegeben, die Autostraße »Perimetral Norte« wieder befahrbar zu machen und eine Brücke über den Fluß Ajarani zu reparieren. Er berechtigte ihn, mit vier Floßen im Fluß Catrimani Gold zu suchen. Aber es kamen 250 Leute mit 15 Booten. Alle Goldsucher verwenden Quecksilber, um das Gold zu gewinnen, und sie verschmutzten den Fluß mit verbrauchtem Öl. In der Umgebung des Gebietes der Goldsucher leben 200 Yanomami in neun Gemeinschaften. Sie brauchen den Fluß, um zu fischen, um Trink- und Kochwasser zu holen, und um sich zu waschen.

Seit anfangs Dezember 1988 bezichtigen die Missionare die FUNAI und andere Behörden öffentlich der Willkür, Unterlassungen und Gesetzesverstößen. Aber bis jetzt wurde nichts unternommen! Möglicherweise sucht die mit den Goldsuchern verquickte FUNAI nach neuen Vorwänden – wie Ende August 1987 – damit sie die Missionare wieder aus der Mission Catrimani vertreiben kann.

Wir schätzen die Zahl der Garimpeiros in Roraima auf ungefähr 150 000. Sie benützen 120 Pisten und ungefähr 350 Sportflugzeuge. Allein im Fluß Uraricuera arbeiten über 850 Floße, wobei jedes Boot mindestens sechs Personen trägt.

Wenn nicht bald etwas geschieht, um ein wenig Ordnung zu schaffen in diesem Chaos, werden noch vor dem Jahr 2000 die letzten Yanomami-Indianer verschwunden sein, und mit ihnen einer der letzten Regenwälder der Welt.

Die Yanomami Brasiliens vor dem Genozid

Pierrette Birraux

Die Goldsucher vergewaltigen und töten. Die Armee setzt sich fest und vertreibt. Mit der militärischen Aktion »Calha Norte« hat Brasilien den Angriff auf die letzte Grenze im Amazonas begonnen.
In der Morgendämmerung des 3. Novembers 1988 gehen zwei jugendliche Yanomami auf die Jagd, dem Ufer des Rio Parima entlang, unweit der Grenze zu Venezuela. Der Pfeil des einen hat sein Ziel verfehlt und der Junge klettert nun auf einen Baum, wo sich sein Pfeil verfangen hat. Da kommt eine Gruppe Goldsucher, die beim Anblick des Indianers auf dem Baum in schallendes Gelächter ausbricht, ihn als Affen verhöhnt und ihn schließlich mit dem Jagdgewehr vom Baum schießt. Mit schwersten Schrotverletzungen am Bauch hat er das Glück, von einem Dschungelpiloten geborgen und in das 340 Kilometer entfernte Spital nach Boa Vista geflogen zu werden. Ich habe ihn dort kennengelernt. Er hat überlebt.

1987 war ich das letzte Mal für eine ethno-geographische Forschungsarbeit bei den Yanomami in Brasilien. Damals war ich in der Gegend von Surucucus, einem Hochplateau im Herzen des Yanomami-Territoriums. Mein Ziel war die Kartographierung der Waldgebiete, welche die Yanomami für ihren Lebensunterhalt aufsuchen, ihrer Migrationen und der Beziehungen zwischen den Gemeinschaften.
Während sieben Monaten haben wir die unzähligen Wege zu den Rodungsplätzen für die Gärten, zu den Jagdgebieten und zu den Plätzen, wo Früchte und Pflanzen gesammelt werden sowie die Verbindungspfade zu den verbündeten Dörfern durchwandert und aufgezeichnet. Die Yanomami haben den Sinn meiner Arbeit genau erfaßt, nämlich den Nachweis zu erbringen, welch große Ausdehnung die Fläche aufweist, die sie für ihren Lebensunterhalt durchziehen müssen und von welcher ihre Existenz abhängt. Mit anderen Worten, der Wald ist nicht unberührt, sondern die Frucht einer jahrhundertealten wirtschaftlichen Nutzung.
Das außerordentlich weite, mit Zeichen versehene Wegnetz beweist dies. Vom Flugzeug aus unsichtbar sind die zahlreichen Verzweigungen, welche sich unter dem lückenlosen Blätterdach ausdehnen. Nur da und dort wird dieses durchbrochen von den kleinen Rodungsplätzen der Yanomami. Der Regenwald läßt lediglich einen Wander-Feldbau zu. Nach zwei, drei Jahren ist die Erde ausgelaugt und wird wieder von Gestrüpp überwuchert. Ein neues Stück Land muß urbar gemacht werden, die Indianer ziehen weiter. Wie groß muß die Waldfläche sein, damit die Yanomami sich davon ernähren können? Für eine Gemeinde von achtzig Personen hat man eine Fläche von 64 000 Hektar berechnet. Das Sekretariat des nationalen Verteidigungsrates SADEN) will dies nicht wahrhaben. Die Militärs, nur gewohnt, das Yanomami-Gebiet im Norden Brasiliens zu überfliegen, betrachten es als menschenleer oder »virtuell besiedelt von indigenen Völkern«. Für sie geht der Raum der

Indianer nicht über das Gemeinschaftshaus und dessen nächste Umgebung hinaus.
1985 wurde unter höchster Geheimhaltung das Projekt »Calha Norte« ausgearbeitet, ein riesiger Verteidigungsplan, der 6500 Kilometer der Grenze Brasiliens mit Guyana, Surinam, Venezuela und Kolumbien umfaßt. Nach General Rubens Bayma Denis, dem Chef des Militärkabinetts, zielt das Projekt auf »die Verstärkung des nationalen Machtbereichs, die Überprüfung der Grenzführung, die Integration und Entwicklung der nördlichen Region« ab.
Das heißt, daß künftig 14 Prozent des Staatsgebietes jeglicher demokratischen Kontrolle entgleiten und 65 000 Indianer, also 25 Prozent der autochthonen Bevölkerung des ganzen Landes, sich plötzlich in einer »grünen Wüste« befinden, die darauf wartet, militärisch besetzt und von Siedlern bevölkert zu werden.
Im Brennpunkt dieses Planes stehen die 10 000 Yanomami, das größte autochthone Volk Amerikas, das seine kulturelle und ökonomische Autonomie bewahrt hat. Da sie nicht in das nationale Produktions- und Konsumsystem integriert sind, werden sie als nutzlose Wesen betrachtet. Ihre ethnische Verschiedenartigkeit und die Tatsache, daß weitere 12 000 ihrer Brüder in Venezuela, jenseits der Grenze leben, läßt sie den Aposteln der nationalen Sicherheit als potentielle Gefahr erscheinen, eine »Gefahr« die lächerlich, ja geradezu grotesk anmutet, doch von den brasilianischen Geostrategen offensichtlich sehr ernst genommen wird. Im Laufe einer »Conversa« mit Obristen des Landheeres wurde ich, gestützt auf Kartenmaterial, zu einem vermuteten Plan für die Schaffung eines »unabhängigen Yanomami-Staates« auf Kosten von Brasilien und Venezuela befragt. Eine wahrhaft ernste Bedrohung, dieser »Yanomami-Staat« mit 22 000 Einwohnern, die mit Pfeil und Bogen bewaffnet sind! Selbstverständlich ist das Ganze eine Machenschaft internationaler Agenten, die es auf die Bodenschätze im Amazonas-Gebiet abgesehen haben. Das Landheer und die Luftwaffe setzen sich als die neuen Herren im Gebiet fest. Der Bau von vier Militärbasen mit Landepisten ist vorgesehen. In diesen Stützpunkten sollen sich jeweils siebzig Mann mit ihren Familien niederlassen. Während der sieben Monate in Surucucus konnte ich den Bau eines zukünftigen Militärlagers, eines kleinen hydro-elektrischen Stauwehrs und die Vergrößerung der bereits bestehenden Landepiste mitverfolgen. Ich habe die Angst und die Wut der Indianer gesehen. Sie konnten nicht verstehen, was vorging und mit wem sie es zu tun haben würden. Eines Tages ist eine Gruppe von Yanomami-Männern in schwarzer Kriegsbemalung auf dem militärischen Gelände erschienen und hat gedroht, alle Soldaten zu vertreiben. Am 16. März 1987 landete eine Delegation von drei Obersten, um zu beschwichtigen, darunter ein Vertreter des nationalen Informationsdienstes. Ich erinnere mich noch der Worte dieses Obersten, die vom Vorstand der nationalen Stiftung für die Indianer (FUNAI) in die Yanomami-Sprache übersetzt wurden: »Wir sind nicht eure Feinde. Wir sind Freunde. Wir werden euch euer Land nicht nehmen, nur dieses kleine Stück, auf dem wir das Militärlager bauen. Wir werden nicht jagen. Unsere Nahrung wird mit dem Flugzeug von Boa Vista eingeflogen. Unsere Männer werden nicht in eure Häuser gehen und nicht eure Frauen nehmen. Ihr Anführer wird es Ihnen verbieten. Wir werden euch beschützen und die Goldsucher davon abhalten, in euer Gebiet einzu-

dringen. Ein Arzt wird zur Verfügung stehen mit Heilmitteln, um euch zu helfen.«
Und schon ist alles geregelt. In den folgenden Monaten werden wir Zeugen eines mehr als seltsamen Schauspiels: Ganze Yanomami-Gemeinschaften, Männer, Frauen und Kinder, erscheinen auf dem Gelände des Lagers und des Kraftwerks. Sie wollen im Austausch für die Gegenstände, die sie begehren, arbeiten. Der Vorstand des Postens verteilt die Arbeit und die Entlohnung: Messer, Taschenlampen, Stoffe, Angelschnüre und -haken, Glasperlen, Beile und Baumwollschnüre. Die Indianer kommen mit den brasilianischen Arbeitern in Kontakt. Einige von ihnen haben die Malaria oder die Syphillis und allen gemeinsam ist eine tiefe Verachtung gegenüber den Yanomami. Die undankbarste und härteste Arbeit wird diesen aufgebürdet: der Transport von Bauholz für die Militärbaracken und von Sand- und Steinsäcken, die für das Stauwehr bestimmt sind, und dies über beträchtliche Distanzen. Obwohl die Yanomami ihren Arbeitgebern gegenüber in einem sklavenartigen Verhältnis stehen, herrscht zunächst ein Klima des gegenseitigen Einvernehmens. So fühlen sich die Yanomami bald sicherer und unterstützen jene, die ihnen Schutz versprochen haben.
Am 12. August 1987 kommt es zur ersten heftigen Auseinandersetzung zwischen den Yanomami und den Garimpeiros, den Goldsuchern in Paapi-u, etwa 50 Kilometer Fluglinie entfernt von Surucucus. Vier Indianer und ein Goldwäscher werden dabei getötet.
Von diesem Tag an überstürzen sich die Ereignisse: Eine Untersuchung vor Ort durch die Bundespolizei fördert zutage, daß bereits seit einigen Monaten Goldsucher illegal die Landepiste der FUNAI in Paapi-u benutzen, welche kurz zuvor im Rahmen des Projekts Calha Norte erweitert wurde. Die FUNAI entfernt darauf »provisorisch« und »zu ihrem eigenen Schutz« die vier Ärzte, welche bei den Yanomami arbeiteten. Das Personal einer katholischen Mission wird ausgewiesen, die Pflegestation geschlossen. Als Ausländerin erfahre ich eine besondere Behandlung. Mein Forschungsmaterial wird im Laufe einer »militärischen Operation« konfisziert. Abwechselnd werde ich der Spionage oder des Schürfens nach Erz verdächtigt. Nach sechsmonatiger Einschüchterung wird die Bundespolizei eingeschaltet. Erst nach Intervention brasilianischer Persönlichkeiten erhalte ich meine Forschungsmaterialien zurück. Man entschuldigt sich, es habe sich um ein Mißverständnis gehandelt. Der Rückzug von unangenehmen Zeugen sollte gleichzeitig mit der Entfernung der Garimpeiros erfolgen. Ein Dekret des Präsidenten von 1982 verbietet ja jede Form von Kolonisation oder Ausbeutung bei den Yanomami. Vom Gouverneur von Roraima, einem ehemaligen General, wird eine Säuberungsaktion von seltener Wirkungslosigkeit angeordnet. Die Armee hat die Aufgabe, alle Goldsucher, die auf einer Fläche von 90 000 Quadratkilometern verstreut sind, einzeln aufzuspüren. Im Dezember 1987 befinden sich 400 Goldsucher, die mühsam aufgegriffen wurden, in Boa Vista, um alsbald wieder zu den Minen zurückzukehren. Die FUNAI kündigt eine Treibstoffsperre für die Flugzeuge an, welche die Eindringlinge transportieren. Diese Maßnahme wäre wohl sehr wirkungsvoll gewesen, doch genügt ein Rekurs beim Gericht in Roraima, um sie zu verhindern. Boa Vista verwandelt sich in eine Pionierstadt im Goldrausch. Der Flughafen von Boa Vista ist bald einer der

verkehrsreichsten des Landes: 100, 200, ja sogar 300 Transportflugzeuge starten pro Tag zu den Garimpos, den Minen.
Die Goldankaufstellen vermehren sich von Tag zu Tag und bilden heute schon ein ganzes Quartier. Doch es ist nur eine Illusion von Wohlstand. Für die Staatskasse ist es ein harter Verlust, denn nach Angaben des Verantwortlichen des Departementes für Bergbau verlassen achtzig Prozent des Goldes, das bei den Yanomami geschürft wird, das Land auf dem Schmuggelweg. Es wird also die Staatsschuld nicht vermindern, wie es die wenigen Profiteure der Plünderung, die Minenbesitzer, Piloten und Kaufleute in der Stadt verkünden. In Boa Vista fragte mich einmal ein Yanomami-Häuptling: »Wohin geht eigentlich das Gold aus meinem Land?«
Ein wahrer Schwall von offiziellen Deklarationen und Presse-Communiqués kündigt nun Monat für Monat den baldigen Rückzug der Goldsucher an. Aber weder die FUNAI noch die Polizei, noch der Gouverneur von Roraima, noch die Militärs bemühen sich darum, was sie angeblich beabsichtigen mit geeigneten Maßnahmen in die Tat umzusetzen. Von 20 000 Goldwäschern im März 1988 stieg die Zahl auf 50 000 im Oktober und heute spricht man bereits von 80 000. Wieviele von den 10 000 Yanomami sind schon gestorben? Wir alle wissen, daß ihr Leben auch deshalb auf dem Spiel steht, weil sie keine Immunabwehr besitzen gegen die Krankheiten, die von den Garimpeiros eingeschleppt werden. Doch hütet man sich, davon zu sprechen.
Es bleibt uns nur das Zeugnis der Goldsucher, die bei ihrer Rückkehr in die Stadt bereit sind, Auskunft zu geben. Sie sind bis an die Zähne bewaffnet und rotten die Yanomami, die sich ihnen in den Weg stellen und ihre Frauen vor Vergewaltigungen schützen wollen, aus. Einige haben mit Maschinenpistolen auf die Gemeinschaften geschossen, nachdem sie deren Pflanzungen geplündert haben. Sie töten das Wild, und die terrorisierten Yanomami wagen sich nicht in neue Jagdgebiete vor. Der Hunger macht sie für Krankheiten noch anfälliger. Eine Gemeinschaft am Rio Buut-u, dem »Honigfluß« ist schon verschwunden. Im selben Gebiet erlitten noch zwei weitere Gemeinschaften das gleiche Schicksal: Fast alle ihre Mitglieder erlagen den Epidemien, und die wenigen Überlebenden sind verstreut.
Die Ausplünderung des Yanomami-Territoriums geht einher mit der Zerstörung des Regenwaldes. Im September 1988 betrieben die Goldsucher 8000 Motorpumpen, welche unter hohem Druck den Boden mit Wasserstrahlen aufwühlen und die goldhaltige Erde auswaschen. Dies ist die Methode der Goldgewinnung mit den schlimmsten Konsequenzen: Unerbittlich wird der Boden zerstört, und jede Möglichkeit zur Regeneration ist ausgeschlossen. Das Wasser, der Schlamm und schließlich die Nahrungsketten werden mit Quecksilber vergiftet. Für jedes Gramm Gold werden 1,5 Gramm Quecksilber verwendet, um den Goldstaub, der im Schlamm verteilt ist, zu binden. Sobald die Minenarbeiter ein Goldlager abgebaut haben, verlassen sie es einfach, und zurück bleibt eine verwüstete Landschaft, bestehend aus einigen Bäumen und Kratern, die mit abgestandenem Wasser gefüllt sind. Diese sind auch die Ursache für die bestürzende Wiederausbreitung der Malaria in allen Minengebieten Brasiliens.
In Genf wurde im Juni 1988 die brasilianische Regierung vom internationalen Arbeitsamt (IAA) zu ihrer Politik den indigenen Völkern gegenüber befragt.

(Als einzige regierungsübergreifende Organisation hat die IAA Normen für die Behandlung von autochthonen Völkern herausgegeben, Brasilien ist Signatarstaat.) Die brasilianische Erklärung zum »Calha Norte«-Projekt lautet: »Das Projekt wird die indigenen Völker, die im äußersten Norden des Landes leben, nicht von ihrem Territorium vertreiben, sondern ihnen auf die Dauer ein Leben in diesen Territorien zusichern und sie vor unrechtmäßigen Invasionen schützen.«

In Brasilia kündigt im August 1988 der Präsident der FUNAI, Romero Juçá Filho der Presse eine »historische Verwirklichung der Eingeborenen-Politik in Brasilien« an: die Abgrenzung einer Fläche von 82 169 Quadratkilometern für einen »Yanomami-Park«, das bedeutet, daß fast das ganze traditionell besiedelte Gebiet der Yanomami betroffen ist. Betrachtet man diesen Beschluß näher, so stellt er sich als reiner Betrug heraus. Nur dreißig Prozent dieser Fläche haben den Status eines indigenen Gebietes, wie es vom Gesetz her definiert ist. Die beiden anderen Drittel werden zum Nationalpark und zu nationalen Waldreservaten. Das indigene Territorium wird nicht mehr zusammenhängend sein, sondern sich auf 19 kleine Inseln aufsplittern, deren Fläche für die Jagd-, Fischerei- und Sammelgebiete der 124 Yanomami-Gemeinschaften in keiner Weise genügt. Ein Archipel, der nicht mehr den notwendigen Raum für den regelmäßigen Standortwechsel der Rodungsplätze bietet. Auf dem Silbertablett wird den Yanomami ein zerstückeltes Territorium offeriert. Dies ist nicht alles: Die nationalen Waldreservate, welche die 19 Inseln umgeben, und »grüne Zonen für die Erhaltung der Flußquellen von Roraima« genannt werden, haben mit Ökologie nichts zu tun, denn das Brasilianische Institut für Waldentwicklung erlaubt dort in Tat und Wahrheit die Ausbeutung der Bodenschätze!

In abgegrenzten Gebieten sollen die Yanomami seßhaft gemacht und um Anziehungspunkte herum angesiedelt werden, damit ihr Land für die Ausbeutung der Bodenschätze frei wird. All dies paßt genau in die Pläne der Verantwortlichen für die Nationale Sicherheit. Umso mehr, als in 37 Prozent des Yanomami-Territoriums bereits Konzessionsgesuche für die Ausbeutung des Untergrundes anhängig sind. In Roraima hat M. Romero Juçá Filho, der inzwischen Gouverneur geworden ist, den Garimpeiros vorgeschlagen, sich in Kooperativen zu vereinigen, um sich dort die Schürfrechte zu erwirken, wo sie sich bereits schon niedergelassen haben. Die Militärs schaffen auf dem Yanomami-Gebiet einen Zustand der Verunsicherung und Illegalität, was nie der Fall war, solange die Yanomami die eigenen Meister in ihrem Territorium waren. Die sogenannte »Unterstützung«, die den Yanomami versprochen wurde, hat alle Charakteristika eines Genozides, mit welchem sich die Regierung sehr wohl abfindet.

Übersetzung aus dem Französischen: Franziska Schiltknecht

Die Situation der Yanomami in Venezuela

Gabriele Herzog

Der vorliegende Artikel befaßt sich mit der Situation der Yanomami auf venezolanischer Seite, wo sie eine Fläche von knapp 40 000 Quadratkilometern bewohnen. Ihre Zahl wird allein in Venezuela auf über 10 000 geschätzt. Sie leben in mehr als 150 Gemeinschaften aufgeteilt.
Hier soll eine Darstellung der politischen Bedingungen versucht werden, die das Leben dieser Indianer bestimmen und die Bedrohung aufgezeigt werden, denen sie sich gegenübersehen.

Zur Geschichte Venezuelas

Ende des 15. Jahrhunderts wurde Venezuela von den Spaniern entdeckt, unter deren Herrschaft das Land bis zur Unabhängigkeit 1810 fast ohne Unterbrechung blieb. 1830 löste sich Venezuela auch von Großkolumbien ab. Im letzten Jahrhundert wurde Venezuela jahrzehntelang von heftigen Bürgerkriegen zwischen Föderalisten und Unitaristen geschüttelt, und in der ersten Hälfte dieses Jahrhunderts zumeist durch Diktatoren beherrscht. In neuerer Zeit verhalf die Erschließung reicher Ölfelder dem Land zu wirtschaftlichem Wachstum und Reichtum, der freilich mit starker Landflucht und Verstädterung bezahlt werden mußte.
Um von der einseitigen Wirtschaftsstruktur loszukommen, begann man 1960 damit, Pläne für den Abbau zahlreicher anderer Rohstoffe zu entwerfen. Ziel war die Gewinnung von Eisen, Mangan, Asphalt, Nickel, Bauxit, Zink, Gold, Diamanten, Kupfer und Kohle. Diese Bodenschätze lagen zumeist auf bis dahin unerschlossenem Gebiet, das heißt in vielen Fällen auf Indianerland. 1960 wurde nach dem Sturz des Diktators Perez Jiménez und dem Wahlsieg der sozialdemokratischen Acción Democrática unter Romulo Betancourt eine Landreform eingeleitet, um die Landflucht zu verhindern und damit in ländlichen Gebieten Neuentwicklungen in Gang zu bringen. Ziel dieser Politik war es, die Versorgung des Landes mit selbst produzierten Lebensmitteln zu gewährleisten. Diese Reform scheiterte, und die Bauern wanderten weiterhin zunehmend in die Städte ab, um sich in den Slums von Caracas und Maracaibo anzusiedeln. In den späten siebziger Jahren erlebte Venezuela durch die Verdoppelung des Erdölpreises einen erneuten Aufschwung, um gleich danach von der Weltwirtschaftskrise empfindlich getroffen zu werden. Auf Grund massiver Mißwirtschaft und Geldflucht in die USA gehört Venezuela heute zu den höchstverschuldeten Ländern Südamerikas.
Die wirtschaftliche Entwicklung hat in vielen Fällen auch das Leben der indigenen Bevölkerung beeinflußt. Wie war die Lage für die Indianer im Verlauf der Geschichte und in welcher Situation befinden sie sich heute?
Die Hochlandindianer in den Anden wurden schon durch die erste Invasionswelle zur Zeit der spanischen Herrschaft assimiliert oder ausgelöscht.
Die Tieflandindianer genossen unter der Herrschaft der Spanier einen gewissen Schutz. Nach der Ablösung von Großkolumbien schaffte man für die

indigene Bevölkerung den rechtlichen Sonderstatus ab und betrachtete sie, juristisch, als gleichberechtigte Bürger. Nicht anerkannt wurde jedoch ihr Recht auf das von ihnen bewohnte Land. Es wurde zu »tierra baldás«, ungenutztem Niemandsland erklärt. Damit stand es der Besiedlung durch »criollos« – so wird die nichtindianische Bevölkerung in Venezuela genannt – offen. Über neunzig Prozent der venezolanischen Indianer lebten und leben noch heute in den in erster Linie von den Missionaren verwalteten Regionen. Daß die Landnahme im Süden des Landes nur in geringem Umfang erfolgte, ist zum einen dem vergleichsweise geringen Bevölkerungsdruck in Venezuela zu verdanken, zum anderen dem unbarmherzigen Klima, ein Umstand, der den Waldindianern, wie beispielsweise den Yanomami, ein Überleben in ihrer ursprünglichen Lebensweise bis weit in dieses Jahrhundert hinein ermöglichte. Als zu Beginn dieses Jahrhunderts an der Küste die Ölquellen zu sprudeln begannen, wurde die einsetzende Entwicklung für die dort ansässigen indianischen Völker zu einer großen Belastung. Den Ethnien des Hinterlandes, also auch den Yanomami, wurde aber ein Aufschub vor dem unausweichlich scheinenden Zusammenprall mit der sogenannten »weißen Zivilisation« gewährt, denn die Arbeitssuchenden orientierten sich nach Norden, den Ölfeldern zu, oder sie profitierten in städtischen Gebieten am Wohlstand, den der Ölboom auslöste.

1915 stattete der Militärdiktator Gómez die katholischen Missionsorden mit fast uneingeschränkter Macht über Gebiete aus, die von Indianern bewohnt waren. Die indianische Bevölkerung wurde zu den Verträgen oder Gesetzen, die sie betrafen weder befragt, noch fand man es nötig, das Land, über das man bestimmte, von ihnen zu erwerben. Das sogenannte »Missionsgesetz« sicherte der Kirche die alleinige Vollmacht zur Kolonisierung des Amazonas, des Delta- und des Amacuroterritoriums, wie auch die uneingeschränkte Machtbefugnis über die Bundesstaaten Bolívar, Zulia, Apure und Monagas. Ihr war die »Unterwerfung« und »Zivilisierung« der dort lebenden Völker aufgetragen worden. Im Rahmen einer Agrarreform, die der Eindämmung der Landflucht dienen sollte, wurde den Indianern das Recht auf die gemeinschaftliche Nutzung »von Wald, Land und Wasserstellen, die sie in Besitz halten oder die zu Gebieten gehören, in denen sie gewohnheitsmäßig siedeln« garantiert. Jetzt, wie auch in späteren Vorschlägen, geht man allerdings nicht auf die kulturellen Charakteristika der einzelnen Ethnien ein. Begriffe wie Landnutzung werden eng gesehen, zu eng und an den kulturellen Bedürfnissen der ansässigen Völker vorbei, wenn man nur die Notwendigkeit einer halbseßhaften Lebensweise bedenkt, die das natürliche Habitat von vielen Waldindianern fordert, oder die Unsinnigkeit eines Zaunes, der laut Gesetz gegeben sein muß, um einen bestimmten Bereich als Eigentum kenntlich zu machen. Auch gibt es juristisch kein Verfahren, einer ethnischen Gruppe oder einem Dorfverband ein Gebiet zuzueignen. Dieses Recht kann nur an Einzelpersonen bzw. Familien vergeben werden. Darüber hinaus gelten Bodenschätze, die sich unter der Erdoberfläche befinden, ohnehin als nationales Eigentum und nicht als das der Landbesitzer, etwa der Indianer, die hier seit Generationen siedeln.

Seit Mitte dieses Jahrhunderts wuchs das Interesse des Staates an der Entwicklung und militärischen Sicherung seiner Urwald- und Grenzregionen, also

Die Graspiste von Catrimani: Kontakt zwischen zwei Welten. Die italienischen Missionare schützen die Yanomami vor kultureller Überrumpelung und importierten Krankheiten.

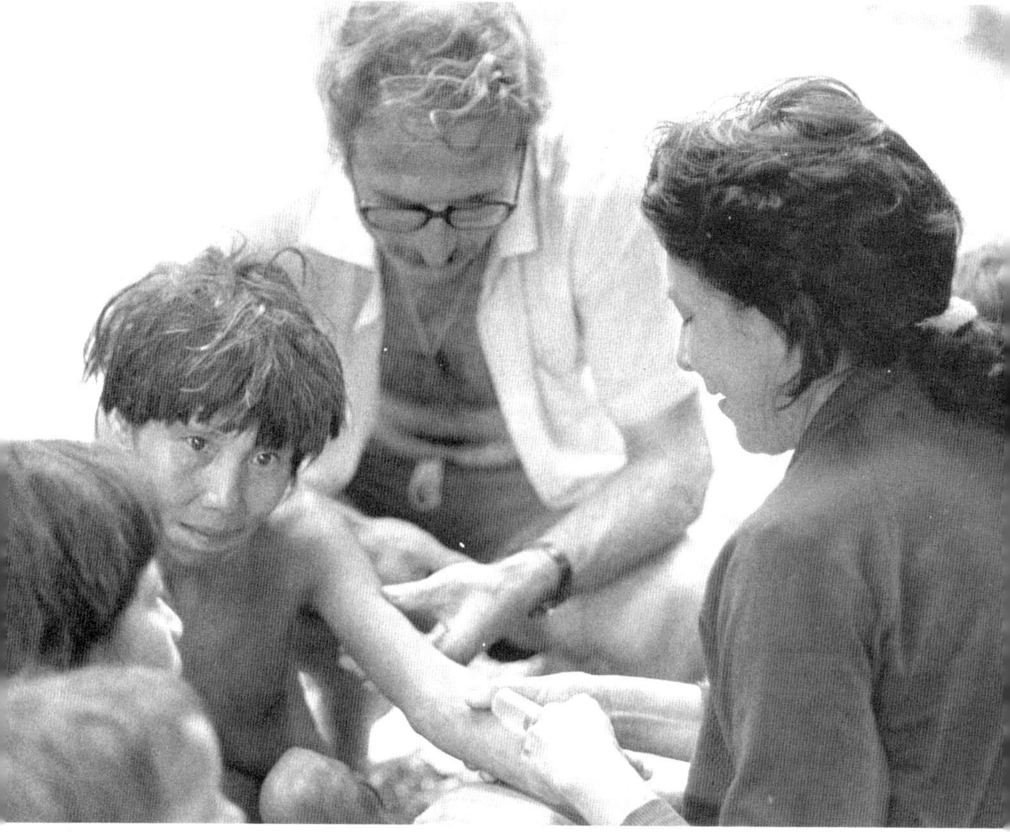

Pater Guilherme Damioli und sein Krankenpflegeteam kämpfen ständig gegen die von Weißen eingeschleppten Krankheiten. Malaria und Grippe wirken bei den Yanomami noch immer verheerend, die Masern sind durch Impfaktionen eingedämmt.

Seite 91 oben: Einziges Fahrzeug auf der Perimetral Norte ist ein Berna-Lastwagen Jahrgang 1941, welcher den Missionaren gehört.

Seite 91 unten: Lagebesprechung der Macuxi-Abgesandten bei Dom Mongiano (rechts).

FUNAI-Präsident Romero Juçá (links) spannt Indianer für seine wirtschaftlichen Interessen ein: eine »Delegation« verlangt die Öffnung der Reservate für Bergbaukonzerne.

Dank dem Viehzuchtprojekt der Missionare verteidigen die Macuxi-Indianer ihr Land entschlossener gegen die Fazendeiros.

Ein Denkmal für die Goldgräber krönt den Hauptplatz von Boa Vista. Die Garimpeiros rücken den Indianern zusehends zu Leibe.

Oben links: Nachdem die Polizei in der Macuxi-Siedlung Santa Cruz 19 Indianer verhaftet hat, versammeln sich Verletzte und Davongekommene.

Oben rechts: Ein Garimpeiro mit seinen Waffen vor einem Kleinflugzeug auf der Flugpiste von Malaria.

Jenseits der Goldgräberromantik: Schwerstarbeit im Schlamm der Schürflöcher.

auch dem von Yanomami bewohnten Gebiet, zunehmend, nicht zuletzt, weil der Druck der nationalen Expansion Brasiliens zunahm. Auf der brasilianischen Seite der Grenze drängten Siedler ins Gebiet; die seit den sechziger Jahren vermuteten Bodenschätze zogen Suchtrupps von Firmen an, die das Land auf mögliche Schürfgründe hin inspizierten; und auch die Atom-Industrie begann Standorte für atomare Anlagen zu sichern. Ab 1973 trieben die Brasilianer dann mit großem Aufwand die Perimetral 210, das nordamazonische Pendant zur südlich des Stromes gelegenen Transamazonica, beides gigantische Großbauprojekte, durch den Wald. Die zunehmenden Aktivitäten in Grenznähe des südlichen Landesteils zwangen Venezuela im Zusammenhang mit Überlegungen zur Grenzsicherung, sich wiederum mit der Indianerfrage zu beschäftigen. 1948 war die Comisión Indigenista Nacional (CIN) gegründet worden, eine dem Innenministerium unterstellte staatliche Einrichtung, deren Aufgabe es war, die Indianer, die das Land bewohnten, zu erforschen. Dabei arbeitete man mit den unter Vertrag genommenen Missionen zusammen. 1952 wurde die CIN durch das Büro für Indianerangelegenheiten (OCAI) ergänzt. Diese stellten die Indianergebiete unter einen gewissen Schutz, so daß beispielsweise Expeditionen in dieses Gebiet nur nach erteilter Genehmigung der zuständigen Behörden durchgeführt werden konnten.

Erst 1959 erhielt die nationale Indianerkommission die autonomen Rechte über die Siedlungsgebiete der Indianer; die Missionen wurden damit nominell ihrer alten Rechte enthoben. Weiterhin blieb aber die Eingliederung der Ureinwohner in das nationale Staatsgefüge, das heißt aber auch die Auflösung der indianischen Kulturen, eine vordringliche Aufgabe. 1977 wurde die nationale Indianerkommission von der OMAFI, der »Organisation für Grenzfragen und Indianerangelegenheiten« abgelöst und dem Verteidigungsministerium unterstellt.

Während die Macht der katholischen Missionen beschnitten wurde, blieb der Status der »Nuevas Tribus«, der »New Tribes Missions«, protestantischer Missionare aus den USA, die ihre Ziele mit fanatischem Eifer durchzusetzen versuchen, ungeregelt.

In Venezuela wurden auf Yanomami-Territorium Bodenschätze bislang nur in sehr geringem Umfang und nur vorübergehend ausgebeutet. Der gesamte Süden des Landes soll als sogenannte »nationale Reserve« geschont werden und erst dann genutzt werden, wenn das Öl an der Küste für die Versorgung der Nation nicht mehr ausreicht. Anfang der achtziger Jahre wurde einmal eine Schürfkonzession für eine Zinkmine vergeben, die aber nach dem massiven Protest der Kirche und einiger Ethnologen wieder zurückgezogen wurde.

Zur Situation der Yanomami in Venezuela

Spricht man über die Situation der Yanomami in Venezuela, so spricht man zugleich von dem Prozeß der Akkulturation, von den Kontakten, die diese Indianer mit der venezolanischen Gesellschaft unterhalten, denn von der Geschichte der Yanomami in der Zeit vor den ersten Begegnungen weiß man, wie bei vielen schriftlosen Kulturen nur sehr wenig. Der Kontakt mit den »nape«, wie die Yanomami Nicht-Yanomami nennen, bestimmt allmählich zunehmend die Lebensbedingungen der Yanomami und wirft Probleme auf, mit denen diese Ethnie in Zukunft fertigwerden muß. Die unmittelbaren

Begegnungen finden in erster Linie entlang der größeren Flüsse statt, die das Stammesgebiet der Yanomami auf der venezolanischen Seite durchfließen, entlang des Orinoko also und seiner Nebenflüsse Padamo, Ocamo, Mavaca und Manaviche. Die an diesen Flüssen gelegenen Siedlungsstationen wurden alle von katholischen und protestantischen Missionaren errichtet. Neben den Missionaren selbst drangen Vertreter der staatlichen Gesundheitsbehörde, zahlreiche Fotografen, Filmer, einige Touristen und Wissenschaftler aller Art in das Stammesgebiet der Yanomami ein. Seit der Rodung mehrerer Landepisten für ein- oder zweimotorige Flugzeuge dauert die Einreise in das Stammesgebiet von der letzten Provinzstadt Puerto Ayacucho aus nicht mehr mehrere Wochen, sondern drei bis vier Stunden. Dies stellt für den Eintritt in dieses Gebiet auf den ersten Blick eine Erleichterung dar, de facto muß man aber von verschiedenen Behörden Genehmigungen einholen, die nur ausgegeben werden, wenn eine plausible Begründung für eine Expedition in das gegebene Gebiet vorgebracht werden kann. Obgleich es einzelnen Reisenden immer wieder gelingt, auf nicht legale Weise einzureisen, konnte der Tourismus bislang glücklicherweise erfolgreich abgewehrt werden.
Über die Arbeit der protestantischen »Nuevas Tribus«-Missionen in Venezuela ist nicht sehr viel bekannt. Die Missionare teilen sich ungern offen mit und man kann nur ahnen, welcher Art ihre Bemühungen sind. Als gesichert kann angenommen werden, daß der Faktor Angst in ihre Anstrengungen, die Indianer zu guten Christen zu erziehen, vehement mit eingesetzt wird. Sie bekehren die Indianer mit fanatischem Eifer zu ihrem Glauben und scheuen sich nicht, erpresserische und inhumane Mittel anzuwenden. In ihrer Einstellung den Indianern gegenüber sind nicht selten rassistische Züge zu erkennen, so glauben sie beispielsweise, daß sich eine Abkehr von der »primitiven« Lebensweise dieser Indianer in jedem Fall positiv auswirken muß, ungeachtet der Probleme, die eine Zerstörung der Kultur für Menschen bewirkt.
Die protestantischen Missionen Padamo, Orinoquito und Parima halten an ihren Stationen Schulunterricht ab und stellen den Yanomami ambulante medizinische Versorgung zu Verfügung. An den drei katholischen Salesianer-Missionen wird ebenfalls Schulunterricht erteilt, und hier wird ebenso, wie an den Nuevas-Tribus-Stationen bei Krankheit ambulante Hilfe angeboten. Die Malaria hat im gesamten Gebiet stark zugenommen und als eine ihrer Folgen auch die Hepatitis. In den frühen siebziger Jahren, zu der Zeit, als auf dem brasilianischen Teil des Siedlungsgebiets verstärkt Weiße eindrangen, wurden auch die venezolanischen Yanomami von mehreren Epidemiewellen überrollt. An Masern und Grippe starben in manchen Dörfern mehr als ein Viertel der Bevölkerung. Auch Ruhr und Tuberkulose sowie Onchozerkose breiteten sich aus. So sind die Yanomami auch durch die von den Weißen eingeschleppten Krankheiten von ihnen abhängig geworden, das heißt von ihren medizinischen Methoden.
Das Gesundheitsministerium hat für den venezolanischen Bundesstaat »Territorio Federal Amazonas« Pläne ausgearbeitet, nach denen ein weitverzweigtes Netz von Ambulanzen und Medikamentenstationen eine effiziente Versorgung der Bewohner dieses Gebietes gewährleisten soll. Malaria- und Parasitologiestationen sowie Verteilungsbasen für Medikamente, die alle der staatlichen Gesundheitsfürsorge unterstehen, sind in unmittelbarer Nähe der

katholischen Missionsstationen Ocamo, Mavaca und El Platanal errichtet worden. Diese Posten sind allerdings nur sehr unregelmäßig besetzt, teilweise sogar wieder aufgegeben worden.
Als ein weiteres Ziel dieser Einrichtungen war vorgesehen, die Yanomami selbst als Sanitäter auszubilden. Die Anwärter für diese Aufgabe erhalten eine zwei- bis sechsmonatige Ausbildung, die leider nicht ausreichend auf die konkreten medizinischen Probleme abgestimmt ist, die im tropischen Klima auftreten. Sie werden nicht gezielt genug geschult, um schwere Krankheitsfälle von eher banalen Infekten unterscheiden zu können. Nicht selten wird von diesen medizinischen Pflegern ein Medikament an alle Patienten ausgegeben, ungeachtet der vorliegenden Beschwerden. Impfaktionen werden gelegentlich, jedoch nicht konsequent durchgeführt.
Zunächst waren zum Teil Männer aus anderen, benachbarten Ethnien als Sanitäter eingesetzt worden. So verrichtete 1983 z. B. ein Makiritare-Indianer in El Platanal den medizinischen Hilfsdienst. Animositäten zwischen den beiden Gruppen mögen erklären, warum die Leute um El Planatal kein Vertrauen zu dem Sanitäter aufbringen konnten. Zur Zeit besetzt dort ein Yanomami die Stellung des Sanitäters. Er erhält einen monatlichen Lohn vom Staat für seine Arbeit, was ihm ein vergleichsweise hohes Prestige einbringt. Das Vertrauen der Yanomami in seine medizinischen Fähigkeiten ist allerdings sehr gering. Sie erbitten sich im Falle von Krankheit Hilfe weiterhin von der Mission. Die allermeisten Dorfgemeinschaften sind, was Hilfe bei Krankheiten angeht, wie eh und je auf die spirituellen Fähigkeiten ihrer Zauberärzte angewiesen.
Als eine ihrer hauptsächlichen Aufgaben verstehen die katholischen Missionare, die Yanomami auf die Konfrontation mit der sogenannten Zivilisation vorzubereiten und zwar in der Weise, daß sie bestimmte Werte der kreolischen, das heißt der nichtindianischen Gesellschaft Venezuelas, annehmen können, ohne aber ihre eigene Kultur völlig ablehnen zu müssen. Diese Ziele verfolgen die Salesianer und die Schwestern des Maria-Hilf-Ordens durch Vermittlung von Schulbildung, das heißt das Lehren von Lesen, Schreiben und Rechnen und die Einrichtung einer Handelskooperative.
Seit Mitte der siebziger Jahre erlebt das Salesianervikariat in Puerto Ayacucho, das auch für die Stationen auf Yanomami-Gebiet verantwortlich ist, eine Phase der geistigen Erneuerung. Die fortschrittlichen Ideen, die nicht zuletzt durch einen Dialog mit Sozialwissenschaftlern und Ethnologen entstanden sind, wirkten sich auf den von der Kirche eingeschlagenen schulpädagogischen Weg aus. Eine Reihe phantasievoll gestalteter Schulbücher, die der Forderung des Erziehungsministeriums nach Zweisprachigkeit entsprechen, zeugen von dieser neuen Richtung.
Die Kooperative baut auf von Yanomami hergestellten Ethnographika auf, für die es in den Großstädten an der Küste einen Markt gibt. Auch Maniokmehl, das längere Zeit gelagert werden kann, wird hergestellt. Die Kooperative ist in den Räumen der drei katholischen Missionsstationen mit einem Laden vertreten, in dem der Umgang mit Geld gelernt wird. Von dem Geld, das erwirtschaftet wird, kauft die Kooperative Gebrauchsgegenstände, die das Leben der Yanomami »bereichern« können. Das sind vor allem Metallwerkzeuge, Angelhaken, Stoff, Messer und auch, in Zeiten von Lebensmittel-

knappheit, das von den eigenen Leuten produzierte Maniokmehl. Allmählich wollen sich die Missionare aus der Organisation zurückziehen und die Kooperative den jungen Yanomami überlassen. Ein Hauptproblem in der Organisation der Kooperative sind die teilweise feindlichen Beziehungen zwischen den verschiedenen Yanomami-Gemeinschaften. Die Missionare sehen durchaus die Problematik, daß eine Befriedung der Gesellschaft nur mit gewaltigen Eingriffen in die Kultur der Yanomami einhergehen kann und betrachten dieses Eingreifen kritisch. Andererseits wird jedoch ein kollektives Stammesbewußtsein von Nöten sein, wenn diese Ethnie der nationalen Gesellschaft begegnet. Wenn die Yanomami keinen Stolz auf ihre Kultur entwickeln, der sie Loyalität untereinander empfinden läßt, kann man sich ein Überleben ihrer Kultur in Zukunft kaum vorstellen.

In der Vergangenheit wurden verschiedene Pläne ausgearbeitet, die das physische und kulturelle Überleben der Yanomami sichern sollten. Die Vorschläge für die Einrichtung eines Reservats wurden unter dem Schlagwort »Yanomami-Park« zusammengefaßt. Bezüglich des Umfanges des zu schützenden Areals unterscheiden sich die verschiedenen Projekte erheblich. In einigen wird vorgeschlagen, die Grenze zwischen Venezuela und Brasilien zugunsten dieses Parks zu öffnen und so ein binationales Reservat zu gründen. Die Verwirklichung dieses hohen Ziels erwies sich angesichts der schlechten Beziehungen zwischen den Ländern als unerfüllbar. Vor sechs Jahren wurde der Öffentlichkeit von verschiedenen Ethnologen und Vertretern der Kirche ein Vorschlag für einen venezolanischen Yanomami-Park vorgelegt, der auch im Ausschuß »Man and Biosphere« der UNESCO diskutiert wurde, sich auf nationaler Ebene aber als nicht durchsetzbar erwies. Es konnte jedoch erreicht werden, daß sich Vertreter des »Instituto Agrario Nacional« unter Berufung auf die Agrarreform für eine Landrechtssicherung von 37 275 Quadratkilometern engagierten.

In einer Zeit, in der Menschen, ethnische Gruppen und das Überleben ihrer Kulturen noch immer keinen Anlaß darstellen, eine Region zu schützen, gilt Venezuela in seiner Behandlung der Yanomami, trotz verschiedener Kritikpunkte im Detail, als vorbildlich. Wenngleich der Verdacht aufkommt, das Land schütze vielleicht nur die Bodenschätze, die sich auf dem Gebiet der Yanomami befinden und der Schutz der »ersten Venezolaner« sei nur ein willkommener Vorwand, so muß doch festgestellt werden, daß die Yanomami auf der venezolanischen Seite des Stammesgebietes heute noch immer, wenn man von der unmittelbaren Umgebung der sechs Missionsstationen absieht, vergleichsweise ursprünglich und ungestört leben.

Die Politik Venezuelas begegnet seinen 140 000 Indianern mit einer positiven Ideologie. In der städtischen Bevölkerung herrscht ein Bewußtsein des Stolzes auf die Ureinwohner ihres Landes. Die Tatsache, daß Indianer im eigenen Land leben, wird hier nicht, wie in anderen südamerikanischen Ländern verdrängt oder negiert. Allerdings fällt eine Art Spaltung dieses Bewußtseins auf, die sich dadurch ausdrückt, daß außer den Militärs Venezolaner kaum je die Gebiete, in denen die Indianer leben, betreten, oder daß es beispielsweise wenige venezolanische Ethnologen gibt. Bezeichnenderweise rekrutieren sich auch die Missionsleute zum geringsten Teil aus Venezolanern. Dieser Umstand stellt ein großes Problem bei der Durchführung gut gemeinter und

vielleicht ebenso gut konzipierter Hilfsprogramme dar, denn es fehlt schlicht am nötigen Personal, um sie durchzuführen. Die von staatlicher Seite eingerichteten Stationen zur medizinischen Versorgung der Yanomami beispielsweise, sind, wie bereits gesagt wurde, kaum je besetzt, waren zum Teil bereits kurz nach ihrer Erbauung verwaist und zerfallen nun rasch im tropischen Klima. Die katholischen Missionen, obgleich selbst ebenfalls in personellen Nöten, bieten noch immer die effektiveren Dienste für die Indianer.
Zur Zeit geht die größte Bedrohung auch der venezolanischen Yanomami direkt, wie auch indirekt von den brasilianischen Goldsuchern aus, die die unbefestigte Grenze ohne große Probleme überwinden können. Venezolanische Militäreinheiten der »Guardia Nacional« sollen erst im Frühsommer dieses Jahres an die 3000 Schatzsucher aus ihrem Land gewiesen haben. Um die Grenzen des Landes auch längerfristig schützen zu können, werden die Truppenverbände im südlichen Teil wohl weiter verstärkt werden. Fast scheint es, daß auch den Yanomami in Venezuela die brutale Konfrontation mit der sogenannten »Zivilisation« nicht mehr erspart werden kann. So sind sic den Suchern von Bodenschätzen ausgeliefert oder aber den Kräften, die sie zu schützen trachten. Die verstärkte Präsenz des Militärs im Indianerland aber wird sich ganz sicher nicht positiv auswirken.
Für uns bleibt zu hoffen, daß Venezuela eine rasche Lösung für die neu entstehenden Probleme der Yanomami findet und daß sich auch die brasilianische Regierung endlich zu einem menschenwürdigen Umgang mit ihren Indianern entschließt.

Literatur
Comité para la creación de la Reserva Indígena Yanomami: Los Yanomami Venezolanos, Propuesta para la creación de la Reserva Indígena Yanomami, Caracas 1983.
Seithel, F. u. Stähler, D.: »Yo hablo a Caracas . . .«, Indianerpolitik und Indianerbewegung in Venezuela. In: Pogrom, Zeitschrift für bedrohte Völker, Nr. 129, 1987.

Kurze Ethnographie der Yanomami

Jörg Helbig

Über kaum eine Ethnie des indigenen Südamerika ist in den letzten Jahrzehnten so viel in den verschiedensten Sprachen publiziert worden, wie über die Yanomami.[1] Die Themenvielfalt reicht von Fallstudien über Siedlungsweise und Verbreitung, Wirtschaftsform und Kriegführung bis hin zu zahlreichen Dorfmonographien und schließlich der minutiösen Analyse ihrer gesamten Kultur. Diese Publikationsflut läßt sich zum einen darauf zurückführen, daß es sich um eine recht große Ethnie handelt, die noch nicht lange bekannt ist und von der viele Gruppen noch bis vor wenigen Jahren kaum Kontakt mit der Kultur der sie umgebenden Weißen hatten. Zum andern aber, mögen die Autoren das eingestehen oder nicht, liegt sie an der Faszination, die ihre kulturelle Sonderstellung auf die Wissenschaftler ausübte. Um mit der Wirtschaftsform zu beginnen: Die Yanomami kennen zwar den Gartenbau, aber mit der Kochbanane als Hauptanbaupflanze, nicht dem bitteren Maniok, der für die Waldlandkultur des östlichen Südamerika typisch ist.[2] Zwar sind sie im üblichen Maße der tropischen Waldlandkultur seßhaft, das heißt sie behalten ihre Siedlungen oft über lange Jahre bei, bis der sie umgebende Boden vom Anbau erschöpft ist. Doch gehen in der Trockenzeit ganze Dorfgruppen auf Wanderschaft, errichten provisorische Waldlager und leben vom Jagen und Sammeln, so daß das ganze Leben mit einem Male einen wildbeuterischen Zuschnitt bekommt.

Über das Alter des Anbaus, über die Bewertung der wildbeuterischen Komponente gehen die Meinungen der Wissenschaftler weit auseinander. In einem Punkt jedoch sind sich die meisten Autoren einig: Die Yanomami besitzen keine vollentwickelte Waldlandkultur, als deren typische Vertreter beispielsweise ihre aruakischen und karaibischen Nachbarn genannt seien. Allzuviele Kulturelemente fehlen. Die Weberei ist gänzlich unbekannt. Zwar wird in neuerer Zeit von vielen Gruppen Baumwolle angepflanzt und versponnen, doch fertigt man daraus lediglich Schnüre, wulstige Gürtel und kleine Fransenschürzen. Es dürfte sich hierbei, wie bei den einfachen geknüpften Baumwollhängematten um eine Übernahme von den Karaiben handeln. Die Flechterei ist von der einfachsten Art. Töpferei ist zwar den meisten Gruppen bekannt, doch sind die Töpfe schlecht gebrannt und leicht zerbrechlich. Die eindrucksvollen Rundsiedlungen der Yanomami, in Südamerika ohne Beispiel, sind im Grunde nichts weiter als eine – freilich geniale – Weiterentwicklung der

1 Für diese Veröffentlichung wurde die Form Yanomami als Gesamtbezeichnung gewählt, da sie die gängigste Bezeichnung für die brasilianischen Gruppen ist. Es sei aber darauf hingewiesen, daß eine große Zahl von Autoren im Anschluß an Zerries und Schuster die Form Yanoama verwendet, wie beispielsweise Migliazza (in der leichten Abweichung: Yanomama), Smole 1976, und Taylor 1974. Auch die Eintragung bei »Human Relations Area Files« ist mit Yanoama betitelt (Smole 1976: 217, Anm. 1).

2 Zur Waldlandkultur gehören u. a. größere Siedlungen, entwickelte Weberei und Töpferei, bitterer Maniok als Hauptanbaupflanze und Benutzung der Flüsse als Verkehrswege.

einfachen Windschirme, die kreisförmig angeordnet werden. Die Reihe der Besonderheiten ließe sich fortsetzen. Hier soll nur noch angemerkt werden, daß die großen Flußsysteme, für Karaiben und Aruaken Verkehrswege, die das Land erschließen, für die Yanomami lediglich Hindernisse bilden, denn Wasserfahrzeuge waren ursprünglich gänzlich unbekannt, und ihre Lianenbrücken sind äußerst einfach und nicht besonders haltbar. Die Siedlungen liegen ursprünglich auch nicht an den Flüssen, wie die der Waldlandkulturen, sondern an deren Oberläufen oder im bergigen Innern in der Nähe kleiner Bäche oder Quellen. Im Gegensatz zu ihren Nachbarn sind die Yanomami typische Landindianer, und ein Netz von dem unkundigen Auge kaum wahrnehmbaren Pfaden durchzieht ihr riesiges Territorium.
Bis vor kurzem waren die Yanomami eine der lebenskräftigsten indianischen Ethnien in Südamerika und ihre Bevölkerung nahm langsam aber stetig zu. Erst die Bedrohung durch die moderne Zivilisation trifft ihren Lebensnerv, besonders brutal in Brasilien. Aber auch die Jahre scheinbarer Ruhe in Venezuela sind vorüber. Vieles von dem, was hier im ethnographischen Präsens berichtet wird, gehört bereits der Vergangenheit an.

Allgemeine Daten

Das Siedlungsgebiet der Yanomami ist die bergige heiße und feuchte Urwaldlandschaft des südlichen Venezuela und nordöstlichen Brasilien. Es erstreckt sich rund um die Serra Parima ungefähr vom Río Cunucunama im Nordwesten über den Río Paraguá im Nordosten, den Oberlauf des Río Uraricoera im Osten und schließlich über die Nebenflüsse des Río Negro im Süden bis zum Río Casiquiare und Río Mavaca im Westen. Das gewaltige äquatornahe Gebiet zwischen 0° 30' bis 5° nördlicher Breite und 62° bis 65° westlicher Länge umfaßt ungefähr achtzig- bis hunderttausend Quadratkilometer (vgl. Karte 1).[3] Fast das ganze Gebiet ist mit dichtem Urwald bedeckt. Eine Ausnahme bildet lediglich die Serra Parima mit größeren Savannengebieten. Die Regenzeit dauert ungefähr von Mai bis November, die Trockenzeit von Dezember bis März. Die Niederschläge sind sehr reichhaltig, und auch in der sogenannten Trockenzeit vergehen selten einige Tage, ohne daß es regnet. Die Unterscheidung ist trotzdem wichtig, da längere Fußreisen und die Brandrodung nur in der Trockenzeit unternommen werden können. Auch die großen Feste finden in der Trockenzeit statt. Die Temperaturen betragen tagsüber zwischen 25 und 30 Grad. Nachts sinken sie um fünf bis zehn Grad ab. Auf den Hügeln der Serra Parima sind die Temperaturen deutlich niedriger.
Über die Bevölkerungszahlen liegen nur Schätzungen vor, so daß die Angaben dazu in der Literatur sehr stark schwanken. Die realistischsten Zahlen dürften bei 12 000 bis 15 000 Yanomami liegen.[4] Sie leben in weitverstreuten Siedlungen, sogenannten *shabono,*[5] die jeweils von 40 bis 250 Personen bewohnt

3 Smole 1976: 3, 10, 30 und 218, Anm. 2 gibt 30 000 Quadratmeilen an und nennt die Zahl konservativ. Migliazza (ebd.) spricht von 150 000 Quadratmeilen.
4 Die höchsten Zahlen stammen von Wilbert (1972: 16), der 10 000 für Venezuela und 15 000 bis 20 000 für Brasilien nennt.
5 *Shabono* heißt eigentlich Lichtung und bezeichnet ursprünglich den freien Platz im Zentrum der Siedlung. Der Ausdruck hat sich inzwischen, auch bei den Yanomami selbst, als Bezeichnung für die gesamte Siedlung eingebürgert.

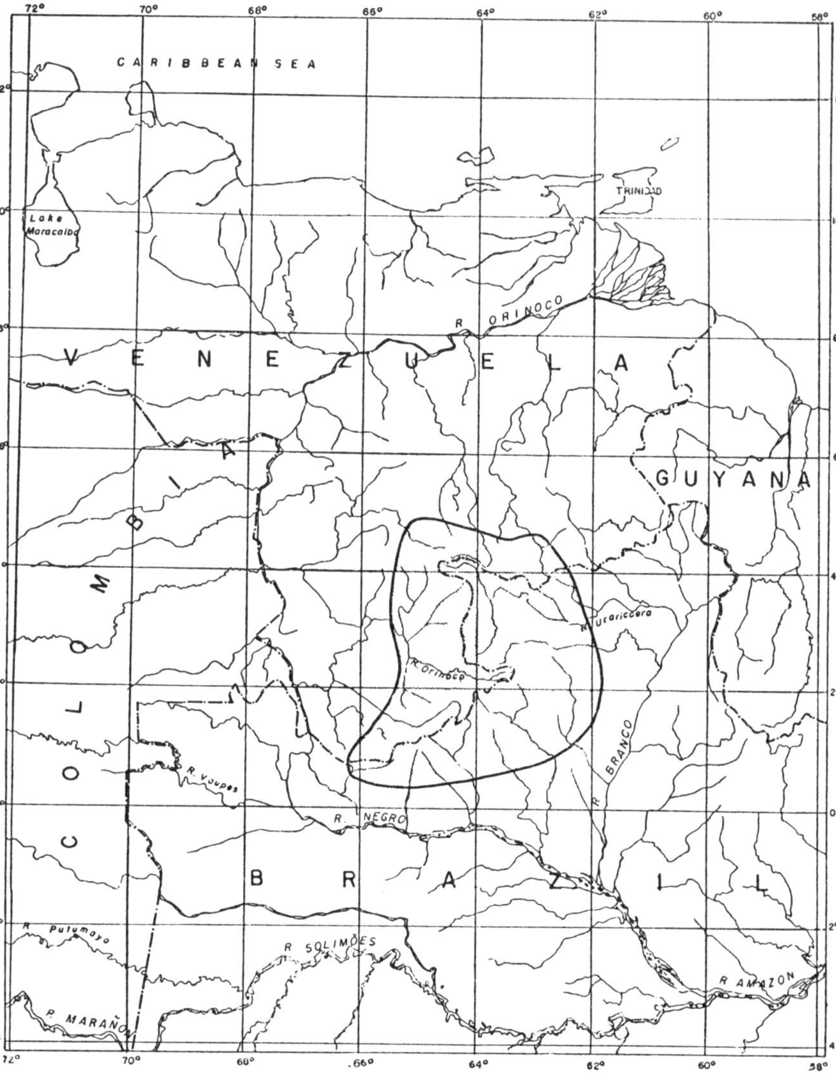

Karte 1: Das Wohngebiet der Yanomami. Nach Taylor 1974.

werden. Die *shabono* werden nach bestimmten Eigenheiten der Umgebung, z. B. nach Tieren oder Pflanzen, die dort vorkommen, benannt, nie nach Personen. Die Schlußsilben *-teri, -tedi* oder *-tari* bedeuten Dorf, Siedlung. Die Dorfnamen dienen gleichzeitig zur Bezeichnung der Bewohner, bisweilen auch als Bezeichnung ganzer Stammesgruppen, so daß in der Literatur eine große Vielfalt von Namen gebraucht wird; durch Dorfspaltung oder -verlegung mit Namensänderung wird die Situation noch verwirrender. Hier soll zur Bezeichnung der Yanomami-Gruppen die relativ einfache Einteilung von

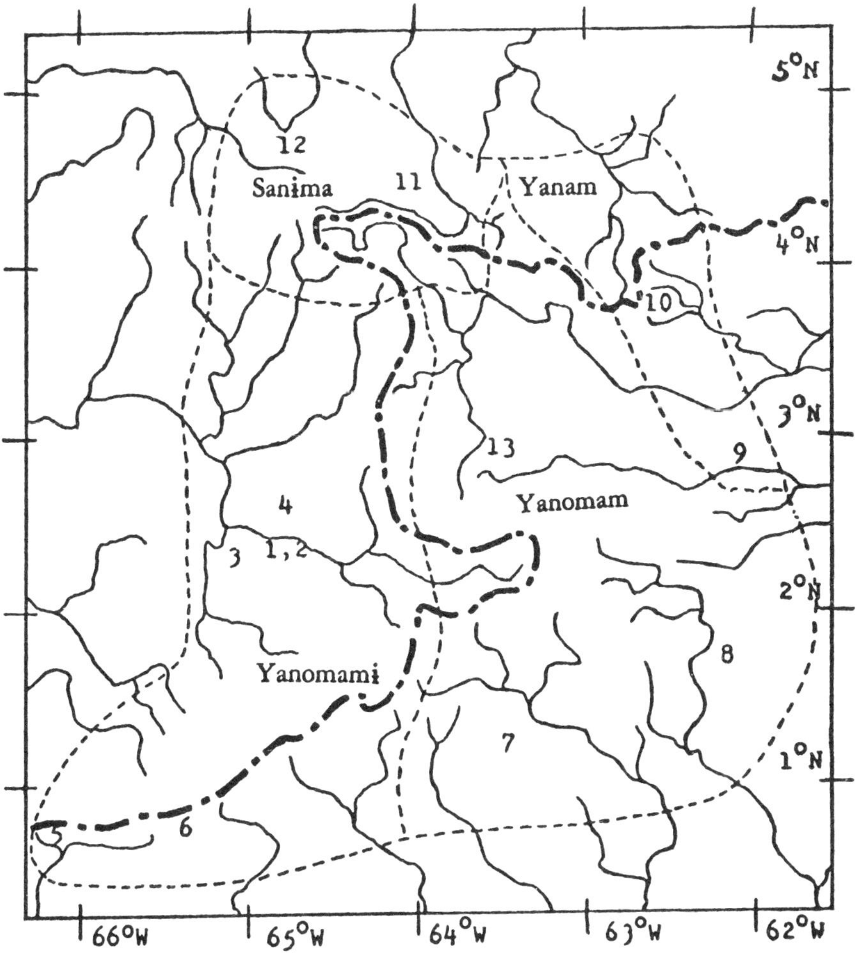

Karte 2: Die Untergruppen der Yanomami und die wichtigsten Ethnologen, die bei ihnen arbeiteten. Nach Taylor 1974.

1	*Barker*	*6*	*Polykrates*	*11*	*Barandiarán*
2	*Zerries*	*7*	*Becher*	*12*	*Wilbert*
3	*Chagnon*	*8*	*Diniz, Shapiro*	*13*	*Shapiro*
4	*Lizot*	*9*	*Montgomery*		
5	*Knobloch*	*10*	*Migliazza*		

Ernesto Migliazza dienen, die nach linguistischen Kriterien erfolgte.[6] Er unterscheidet folgende vier Untergruppen, die jeweils ein geschlossenes Gebiet bewohnen (vgl. Karte 2):

1. die Yanomami, im Parima-Hochland sowie westlich und südlich davon mit zwei Hauptdialekten;[7]

6 Hier zitiert nach Taylor 1974: 16 ff.

7 Außer im Parima-Hochland am Padamo, Ocamo, Manaviche und oberen Orinoko; südlich des Orinoko bis nach Brasilien hinein.

2. die Yanomam im Osten des Siedlungsgebietes mit drei Hauptdialekten;[8]
3. die Yanam, eine sehr kleine Gruppe im äußersten Nordosten;[9]
4. die Sanima (Sanumá) im Nordwesten mit wahrscheinlich drei Dialekten.[10]

Es hat nicht an Versuchen gefehlt, die Sprache der Yanomami an die eine oder andere südamerikanische Sprachfamilie anzuschließen, doch wird sie von der Mehrheit der Wissenschaftler als isoliert betrachtet (vgl. die Aufsätze von Herzog und Goodwin-Gomez in diesem Buch).

Auch körperlich unterscheiden sich die Yanomami von ihren indianischen Nachbarn. Sie sind ausgesprochen klein[11] und hellhäutig. Auffällig ist auch eine Vielfalt der Körpertypen.

Zum ersten Male erwähnt werden Yanomami-Gruppen in spanischen Quellen des ausgehenden 18. Jahrhunderts, in denen von »Oayacas« (Waika) die Rede ist.[12] Das ganze 19. Jahrhundert hindurch gibt es nur flüchtige Begegnungen mit einzelnen Gruppen. Erwähnt seien nur die beiden berühmten Forschungsreisenden Alexander von Humboldt (1799 bis 1800) und Robert Schomburgk (1838 bis 1839), die Kontakte mit den »Guaicas« (Waika) respektive »Kirishana« (Schiriana) hatten. Berichte über die kriegerischen Indianer des Landesinnern hielten sie von einer weiteren Erforschung ihres Territoriums ab.

Im Verlaufe seiner Reise durch Guayana in den Jahren 1910 bis 1911 traf der Ethnologe Theodor Koch-Grünberg auf einige Schiriana und berichtete vom Hörensagen über weitere Yanomami-Gruppen. Von da an gibt es zahlreiche, doch immer nur kurze Kontakte. Der amerikanische Missionar James Barker schließlich war der erste, dem es 1947 gelang, eine dauerhafte Beziehung mit der Gruppe der Mahekodotedi am oberen Orinoko herzustellen. Die erste Feldforschung von zwei Ethnologen, Otto Zerries und Meinhard Schuster, von 1954 bis 1955 in eben diesem Dorf war der Beginn der wissenschaftlichen Erforschung der Yanomami, die bis heute andauert.

Wirtschaft und materielle Kultur

Die Yanomami betreiben Brandrodungsfeldbau. Während der Trockenzeit wird ein Stück Wald vom Unterholz befreit und gerodet, wenn die gefällten Bäume und das Unterholz ausgetrocknet sind, werden sie verbrannt (siehe Abb. S. 123 oben).

Die Yanomami roden stets unberührten Wald, nie sogenannten Sekundärwald, der an früheren Gartenplätzen wächst.[13] Die Rodung wird von Männern mit eisernen Macheten und Äxten durchgeführt. Einziges sonstiges Arbeitsgerät ist ein Grabstock, beziehungsweise meist ein alter zerbrochener Bogenstab zur Hilfe bei der Pflanzung der Schößlinge. Letztere werden aus den alten Gärten herbeigeholt, wobei die Männer helfen. Die Gartenarbeit ist vor allem Männersache, geerntet wird dann wieder von Frauen. Die Gärten sind Besitz der einzelnen Familienväter. Die Größe einer Pflanzung hängt von der des

8 Am oberen Uraricoera und unteren Parima, in Brasilien am Catrimani und Demini.
9 An den Flüssen Mucajai und Uraricaa in Brasilien und am Paragua in Venezuela.
10 Am oberen Padamo, Ventuari und Caura in Venezuela und am Auaris in Brasilien.
11 Die Männer in Mahekodotedi waren im Durchschnitt 152 Zentimeter groß, die Frauen 141,5 Zentimeter (Zerries/Schuster 1974: 33).
12 Waika sind eine Untergruppe der Yanomami, wie die weiter unten folgenden Shiriana.
13 Vgl. dazu Chagnon 1973: 127.

Dorfes ab. In Mahekodotedi am oberen Orinoko mit seinen ungefähr 120 Bewohnern war die Pflanzung 200 mal 300 Meter groß.[14]
Angebaut werden vor allem Mehlbananen oder Planten, daneben auch Eßbananen; beide Arten kultivieren die Yanomami in vielen Sorten.[15] Bananen spielen auch im religiösen Leben eine große Rolle (siehe unten), doch gibt es bemerkenswert wenig religiöse Zeremonien in Verbindung mit dem Gartenbau. An zweiter Stelle im Anbau stehen die verschiedenen Knollenfrüchte, wie Taro, süßer und bitterer Maniok.[16] Doch hängt die Häufigkeit gerade der zuletzt genannten Pflanze in der Ernährung sehr stark von lokalen Gegebenheiten ab. So wird bitterer Maniok von manchen brasilianischen Gruppen in stärkerem Maße angebaut, was übrigens auch von den Missionen gefördert wird.
Eine große Rolle spielen auch verschiedene Fruchtbäume, die zum Teil kultiviert werden. Am wichtigsten davon ist die Pupunha oder Pijiguao-Palme, die sehr kalorienreiche Früchte besitzt und zu deren Erntezeit ein großes Fest gefeiert wird. Als wichtiges Genußmittel wird der Tabak sorgsam aus Samen gezogen. Die Blätter werden übrigens nicht geraucht, sondern zusammen mit etwas Asche zu einer kleinen Rolle verarbeitet, die man hinter die Unterlippe schiebt und stundenlang aussaugt. Tabak wird nicht nur nicht geraucht, er spielt auch im Gegensatz zu vielen indianischen Ethnien im Medizinmannwesen keine Rolle. In diesem Zusammenhang sei als weitere Besonderheit der Yanomami erwähnt, daß alkoholische Getränke völlig fehlen.
Neben dem Anbau ist noch das Sammeln von Wildfrüchten, vor allem von den schon aufgeführten Fruchtbäumen, zu erwähnen. Von Zeit zu Zeit bezieht sogar die gesamte Bevölkerung eines Dorfes ein Waldlager, in dem man in größerem Umfange vom Sammeln und Jagen lebt, sich daneben aber auch aus der Pflanzung versorgt. Oft werden zur Reifezeit bestimmter Fruchtbäume an deren Standort solche Lager aufgeschlagen. Gesammelt und gegessen werden auch zahlreiche Kleintiere, von Insekten bis hin zu Eidechsen.
Die Jagd, im Alltag von den Männern individuell, vor großen Festen gemeinsam durchgeführt, spielt in der Vorstellungswelt eine große Rolle, der tatsächliche Anteil von Wildbret an der Ernährung ist allerdings nicht sehr hoch. Jagdwaffen sind die über zwei Meter langen Bogen aus hartem Palmholz und die ebenfalls überlangen Pfeile, an deren Ende man verschiedene Spitzen befestigt. Eine Bambusspitze dient zur Jagd auf Großwild, wie zum Beispiel den Tapir, wird aber auch im Krieg verwendet. Eine Knochenspitze mit Widerhaken wird für kleinere Beute aufgesteckt und in einem Köcher führt man mit Curare vergiftete Pfeilspitzen aus Palmholzsplittern mit sich, die man zur Jagd auf Baumtiere und ebenfalls im Kriege benutzt. Die einzigen weiteren Waffen der Yanomami sind lange Keulen: einfache Stabkeulen,

14 Zerries/Schuster 1974: 284. Lizot (1984: 155) gibt etwa 3000 Quadratmeter pro Haushalt an, doch haben wichtige Männer größere Gärten.
15 Heute scheint der Tenor der Forschung dahin zu gehen, daß beide Sorten Bananen altweltlichen Ursprungs sind, also erst nach der Conquista nach Amerika kamen (Smole 1976: 218, Anm. 7). Das ist auch die Ansicht von Chagnon (1983: 60).
16 Chagnon (1983: 16) nimmt an, daß die Yanomami vor Einführung der Bananen stärker von bitterem Maniok und Mais abhängig gewesen seien.

deren eines Ende spitz ist und scharfkantige Flachkeulen, deren beide Enden zugespitzt sind. Beide Typen werden aus hartem Holz hergestellt. Eine nur geringe Rolle spielt der Fischfang, den man mit Gift und mit Pfeil und Bogen durchführt; Angelhaken und -schnüre sind erst in jüngster Zeit eingeführt worden.[17]

Steinbeile werden nicht mehr hergestellt. Die Steinklingen, die noch gebraucht werden, sind nicht geschäftet und offenbar durchweg Bodenfunde. Sie werden gesammelt, sorgfältig aufbewahrt und lediglich zum Reiben des halluzinogenen Schnupfpulvers (siehe unten) verwendet. Ein Indiz für den alten Gebrauch dieser Beile ist allerdings die Tatsache, daß Bruchstücke von eisernen Macheten gelegentlich mit einem Holzstiel in alter Weise durch Schnurbefestigung verbunden werden.

Früher gehörte zur Grundausstattung eines jeden Mannes ein Quirlfeuerzeug aus dem Holze des wildwachsenden Kakaobaumes, dessen zwei Teile als männlich und weiblich betrachtet werden und das man am Köcher befestigt bei sich trug.[18] Das Gerät ist heute durch Streichhölzer fast völlig verdrängt worden. Ebenfalls am Köcher oder um den Hals hängend trägt man ein kleines Universalwerkzeug: den Zahnmeißel oder das Zahnmesserchen. Es besteht aus dem Zahn eines Aguti, eines einheimischen Nagetieres, der mit einem hohlen Holzstab durch Schnurbefestigung verbunden ist. Mit diesem Gerät kann man vor allem schaben und bohren, und man verwendet es unter anderem zum Schärfen der Pfeilspitzen oder zum Bohren von Löchern. Als eine Art Hobel, beispielsweise für die Herstellung der Bögen aus hartem Palmholz, dient der zahnbesetzte Unterkiefer eines Wildschweines. Zum Haareschneiden benutzt man scharfkantigen Bambus, zum Rasieren der charakteristischen Tonsur (siehe S. 119 unten) ein scharfes Schilfrohr; eine stachelige Fruchtschale schließlich dient zum Kämmen der Haare.

Zur Ausrüstung der Frauen gehört ein großer, in Zwirntechnik[19] geflochtener Tragekorb, ungefähr vierzig Zentimeter hoch und vierzig Zentimeter breit, mit einem Tragegurt, der um die Stirn gelegt wird (Abb. S. 124). In diesen Körben tragen die Frauen gewaltige Lasten von Brennholz oder Bananen über Stunden hinweg im Gänsemarsch. Im Gegensatz dazu sind die Männer, nur mit Pfeil und Bogen in den Händen, unterwegs leicht beweglich, müssen freilich auch jederzeit zur Verteidigung bereit sein.

Ein Großteil der Flechterei ist Frauenarbeit. Sie fertigen neben den Tragekörben in der gleichen Technik noch Korbschüsseln in verschiedenen Größen und kleine Hängekörbe an. Alle Körbe werden mit verschiedenen Mustern bemalt, bisweilen wird der ganze Korb rot eingefärbt (Abb. S. 116). Die

17 Zerries/Schuster (1974: 301) schätzen den Anteil der Feldfrüchte an der Ernährung auf sechzig Prozent, der gesammelten Wildfrüchte auf zwanzig Prozent, des Wildes und Kleingetiers auf fünfzehn Prozent, der Fische schließlich auf fünf Prozent.

18 Mit dem senkrecht gestellten Holzteil quirlt man in einer Vertiefung des liegenden Holzes, darunter legt man trockene Späne. Durch die Reibung entstehen Hitze und Rauch, bis sich das Brennmaterial entzündet.

19 Zwirntechnik gilt als altertümlich. Um Längsstreifen, die von der Mitte des Bodens kreisförmig nach oben führen, werden jeweils zwei Querstreifen in Zwirntechnik eingeflochten, vgl. Zerries/Schuster 1974: 376–377.

Männer flechten weitmaschige große Körbe, die unter anderem zum Transport der Pijiguao-Früchte gebraucht werden.
Die eindrucksvolle Siedlungsweise wurde schon erwähnt: ein Kreis von Hütten mit mehr oder weniger weit vorstehenden Dächern rund um eine große freie Lichtung, den *shabono* im eigentlichen Sinne. Der ovale Platz in der Mitte ist zwischen dreißig und hundert Meter lang und wird im allgemeinen von allem Bewuchs freigehalten. Viele Dörfer sind mit einem Palisadenring, der gleichzeitig die Rückwand der Hütten bildet, umgeben, und die Dorfeingänge werden nachts geschlossen. Der Hüttenkreis ist eine Weiterentwicklung der Waldhütten, die man während der Waldlager, auch hier bisweilen im Kreis, errichtete. Die Waldhütten sind im Grunde bloße Dachkonstruktionen oder Windschirme: Ein dreieckiges Blätterdach ruht auf drei Stützen.
Bisweilen finden sich auch Großhäuser vom Typ der runden Maloca, besonders bei brasilianischen Gruppen. Fremder Einfluß zeigt sich auch in den gelegentlich anzutreffenden Giebeldachhäusern.
Doch bleiben wir bei der typischen Rundsiedlung (Abb. S. 114 oben). Der Hüttenkreis ist zum *shabono* hin offen. Auf dem Platz finden die großen Feste statt, der Eintanz der geladenen Gäste (Abb. S. 117 unten, 118), die Aufstellung der versammelten Krieger vor einem Kriegszug, die Rituale der Medizinmänner und schließlich die Verbrennung der Verstorbenen.
Im Hintergrund des Hüttenkranzes befinden sich die Wohnabteile der einzelnen Familiengruppen, jedes mit einer eigenen Feuerstelle, über der die Hängematten aufgeknüpft werden. Die Wichtigkeit des ständig brennenden Feuers kann für die Yanomami kaum überschätzt werden. Man ißt fast nichts roh; die Nahrung wird gedünstet, geröstet oder gekocht, besonders lang das Fleisch, da man vor Blut Abscheu empfindet. Über den Feuerstellen hängt man in kleinen Körben verschiedene leicht verderbliche Gegenstände, wie beispielsweise Federschmuck auf. Auch die anderen Haushaltsgegenstände und die Waffen des Mannes bleiben in der Nähe des Feuers funktionstüchtig: in dem feucht-heißen Klima, das Schimmelbildung begünstigt, unschätzbar. Nachts ist das Feuer als Wärmequelle wichtig, da die Temperaturen stark abfallen und die Schläfer nackt in den Hängematten liegen.
In die Feuerstelle, gestützt von ringsum angeordneten Holzscheiten, setzte man auch die plumpen Kochtöpfe aus Ton, die heute vollkommen durch Aluminiumtöpfe ersetzt sind. Ihre Herstellung in der altertümlichen Wulsttechnik[20] war Sache der Männer, sie besorgten auch das Kochen in diesen leicht zerbrechlichen Gefäßen und überließen sie auf den Wanderungen ins Waldlager nur ungern den Frauen. Zum Haushalt gehören noch zahlreiche Kalebassengefäße, in denen man Wasser holt und aufbewahrt und schließlich die Hängematten, von denen es mehrere Typen gibt. Die beiden einfachsten bestehen entweder aus einem breiten oder mehreren schmalen Rindenbaststreifen mit Aufhängeschlaufen. Ein weiterer, recht verbreiteter und schnell herzustellender Typ besteht aus Streifen gespaltener Lianen und ist bis zu

20 Auf einen Tonboden werden am Rand einzelne Tonringe aufgesetzt und verstrichen. Ist die gewünschte Gefäßhöhe erreicht, wird das Ganze mit einem Kalebassenstück geglättet und geweitet, vgl. Zerries/Schuster 1974: 382.

zwei Meter lang. Auf den Einfluß der karaibischen Makiritare schließlich wird der letzte Typ, eine Baumwollhängematte, zurückgeführt. Viele Yanomami-Gruppen pflanzen Baumwolle an, die von den Frauen versponnen wird (Abb. S. 113). Die Hängematte wird von Männern zwischen zwei senkrecht in die Erde eingelassenen Stäben geknüpft (Abb. S. 114 unten).
Die Tracht ist dem feucht-heißen Klima angemessen, aber deutlich einfacher als bei den Karaiben oder Aruaken. Die Männer tragen lediglich eine Schnur aus Baumwolle oder einer Wildfaser um die Taille, mit der der Penis hochgebunden wird. Zu diesem unverzichtbaren Trachtbestandteil tritt noch ein wulstiger Gürtel aus Baumwolle, der aber nicht stets getragen wird. Bei festlichen Gelegenheiten werden Baumwollarmbänder und Federschmuck angelegt. Die Federn werden zum Teil in die Armbänder gesteckt, zum Teil in kleine Bambusröhrchen, die in den Durchbohrungen von Ohren und Unterlippen getragen werden. Bisweilen trägt man am Oberarm ganze Vogelbälge. Flaumfedern einer Geierart werden bei Festen gern als Schmuck im Haar verteilt (Abb. S. 117 unten, 118), auch um anzudeuten, daß man friedliche Absichten hegt. Als Kopfschmuck ist noch der Schwanz des Kapuzineraffen zu nennen, den man um Stirn und Hinterkopf wickelt. Eine Art Kopfreif aus Palmblattgeflecht wird von jungen Männern gern getragen und steht bei manchen Gruppen in Zusammenhang mit dem Medizinmannwesen.
Die Baumwolltracht der Frauen ist etwas vielfältiger als die der Männer, aber gleichfalls sehr schlicht. Sie besteht aus einem Baumwollschürzchen, das schon kleine Mädchen tragen, einem gekreuzten Bruststrang und einem Hüftstrang. Heute sind für die Männer rote Schurze aus Baumwollstoff in Mode gekommen, die eingehandelt werden. Auch Frauen tragen gern rote Schurze und färben das Schürzchen und die gekreuzten Brustbänder rot ein (Abb. S. 119 oben, 123 unten). Als Schmuck tragen die Frauen Nasen- und Ohrenstäbchen und vielfältigen anderen Schmuck aus pflanzlichem Material, bei manchen Gruppen auch Federn.
Beide Geschlechter tragen verschiedenartige Gesichts- und Körperbemalung in Rot, Dunkelblau und Schwarz (Abb. S. 117 oben, 119 unten), einzelne Gruppen kennen auch die Tatauierung.
Ein auffälliges Merkmal, das man fast als eine Art Stammesabzeichen betrachten könnte, ist die sorgfältig rasierte Tonsur beider Geschlechter.[21]

Lebenszyklus und Sozialstruktur

Spürt eine Frau das Einsetzen der Geburtswehen, begibt sie sich in den Wald, um dort ihr Kind zur Welt zu bringen. Als Beistand begleiten sie ihre Mutter, Schwester oder enge weibliche Verwandte ihres Mannes. Die Geburt erfolgt in kniender Stellung auf einem Blätterlager. Die Nabelschnur wird mit einem Bambusmesser zerschnitten, der noch einige Tage beim Kind verbleibende Teil mit einem Blätterpfropf verschlossen. Die Nachgeburt wird in Blätter gewickelt und im Walde verwahrt, um später verbrannt zu werden.[22] Das

21 Die runde Tonsur der Yanomami wird »Petrus-Tonsur« genannt.
22 Nach Zerries/Schuster 1974: 128. Die beiden Forscher beschreiben die Geburt als ein »öffentliches Ereignis« mit zahlreichen Frauen und Kindern als Zuschauer. Männer waren allerdings nicht zugegen.

Kind wird nach der Geburt gewaschen und ins Dorf gebracht. Die Yanomami praktizieren in manchen Fällen die Kindstötung; vor allem verkrüppelte Kinder werden sofort nach der Geburt umgebracht.[23] Auch von Abtreibungen wird berichtet.
Nach erfolgter Geburt nehmen sämtliche Bewohner des Dorfes ein Bad. Die Mutter ißt am ersten Tage nach der Geburt nichts und trinkt nur Wasser. Bei einigen Yanomami-Gruppen muß der Vater einige Tage in der Hängematte verbringen, da jegliche Aktivität dem Neugeborenen schaden könnte.[24]
Nach einigen Tagen werden dem Kinde die Ohrläppchen durchbohrt und es bekommt einen Namen. Namen werden nach Tieren vergeben, seltener nach Pflanzen, nach bestimmten Vorkommnissen bei der Geburt oder nach körperlichen Besonderheiten. Yanomami geben nur ungern ihren Namen preis. Zur Anrede von Erwachsenen bedient man sich der Verwandtschaftstermini oder der sogenannten Teknonymie, wie beispielsweise Vater des Soundso. Namen von Verstorbenen dürfen nicht genannt werden.
Die Eltern sind sehr stolz auf ihre Kinder und lassen ihnen die größten Freiheiten. Für Mädchen allerdings ist die Kindheit eher zu Ende, als für Jungen. Schon früh müssen sie sich um ihre kleineren Geschwister oder Kinder enger Verwandter kümmern (Abb. S. 115), während die Knaben offenbar selbst entscheiden können, wann die Phase, in der sie spielerisch in die Beschäftigungen der Männer hineinwachsen, ein Ende hat.
Für Mädchen findet nach der ersten Menstruation ein Übergangsritus statt, der sie in das Leben der Frauen überführt. Das Mädchen wird in einem kleinen Raum, der sorgfältig vor den Blicken Außenstehender mit Blättern abgeschirmt wird, isoliert. Es sollte nicht sprechen und nicht weinen; trinken darf es nur durch ein Röhrchen und zum Kratzen muß ein Stäbchen benutzt werden. Erst nach drei Tagen Fasten darf das Mädchen einige geröstete Bananen essen. Die Seklusion kann bis zu vier Wochen dauern. Im Anschluß daran werden dem Mädchen bei manchen Gruppen die Haare geschnitten. Danach darf das Mädchen sein Abteil verlassen, wird zeremoniell gebadet, schön bemalt und dem Dorf in seiner neuen Rolle als Frau vorgestellt.
Für Knaben gibt es keine besonderen Pubertätsriten. Von einem gewissen Alter an wird ein Knabe von seinem Vater lediglich angewiesen, den Penis wie die Männer hochzubinden. Bisweilen wird auch von einigen Tagen Fasten berichtet. Während dieser Zeit liegt der Junge still in der Hängematte und anschließend wird ihm die Tonsur geschoren.
Was die Ehe anbelangt, so gibt es einmal die normale friedliche Form der Verheiratung. Ein junger Mann tut bei den Eltern seiner künftigen Frau einige Zeit Dienst, das heißt er jagt und fischt für sie und erhält im Gegenzug Feldfrüchte, bis das Paar schließlich zusammenzieht. Die zweite Form ist die Raubehe: die künftige Frau wird als Kriegsbeute entführt.
Bleiben wir bei der ersten Form. Partner, die vorzugsweise geheiratet werden sollten, sind für einen Mann bzw. eine Frau die sogenannten Kreuzbasen

23 Neugeborene Mädchen werden häufiger getötet als Jungen, die sehr begehrt sind (Wilbert 1972: 51).
24 Eine Sitte, die mit der sogenannten Couvade, dem Männerkindbett zusammenhängt.

respektive Kreuzvettern, das heißt entweder die Kinder der Brüder der Mutter oder der Schwestern des Vaters. Kinder der Brüder des Vaters oder Schwestern der Mutter, die sogenannten Parallelvettern und -basen, dürfen nicht geheiratet werden. Möchte also ein Mann heiraten, sucht er sich eine Frau aus der Zahl der Kreuzbasen und verrichtet bei deren Eltern, also einem Onkel mütterlicherseits und dessen Frau, oder einer Tante väterlicherseits und deren Mann den Schwiegerelterndienst. Will ein Mann bei seiner Werbung Erfolg haben, muß er sich der Zustimmung des Vaters oder der Brüder des Mädchens, die über deren Eheschließung bestimmen können, sicher sein. Im allgemeinen unterhalten lokale Abstammungsgruppen wechselseitige Heiratsbeziehungen, sei es innerhalb des Dorfes, oder zwischen verschiedenen Dörfern.

In der Wirklichkeit gibt es natürlich zahlreiche Abweichungen von diesem idealen Modell. Daß es dennoch das Grundmuster der Heiratsregeln ist, zeigt die Verwandtschaftsterminologie. Die Bezeichnungen von Parallelvettern und -basen und Geschwistern, alles verbotene Ehepartner, fallen in eine Kategorie, Kreuzvettern und -basen in eine andere.[25] Ein Mann nennt seine Kreuzbase »Frau«, ganz gleich, ob er mit ihr verheiratet ist oder nicht. Ein Mann wirbt ungefähr im Alter von sechzehn bis achtzehn Jahren um seine erste Frau. In späterem Alter kann er andere Frauen hinzuheiraten, gewöhnlich Schwestern. Ein jüngerer Bruder kann die Frauen eines älteren nach dessen Tode übernehmen.[26] Die umworbenen Mädchen sind oft noch sehr jung, ungefähr neun bis zehn Jahre alt. Wird der Mann akzeptiert, hängt er seine Hängematte neben der des Mädchens auf, sexuelle Beziehungen dürfen aber erst nach der ersten Menstruation und dem Durchlaufen der entsprechenden Riten aufgenommen werden. Eine Zeremonie der Eheschließung gibt es nicht. Bindende Vorschriften für den Wohnsitz des jungen Paares fehlen ebenfalls.

Das eindrucksvolle Totenritual sei in der Form, wie es die zentralen Yanomami feiern, berichtet. Tritt ein Todesfall ein, erhebt sich im ganzen *shabono* Klagen und Weinen. Die guten Eigenschaften des Verstorbenen werden gelobt: »Er war wild und tapfer, er fürchtete sich weder vor Schlägen noch vor dem Schmerz, immer war er der erste, wenn es galt, die Feinde zu bekämpfen. Er war ein vollkommener Jäger.«[27] Noch am gleichen Tag oder am Morgen des nächsten wird auf dem Dorfplatz ein großer Scheiterhaufen errichtet, auf dem der Tote verbrannt wird. Die Frauen tragen inzwischen schwarze Trauerbemalung. Danach werden von den nächsten Verwandten die halbverkohlten Knochenreste sorgfältig aus der Asche geborgen und in Blätter gewickelt. Die Habseligkeiten des Verstorbenen werden zerstört und ebenfalls verbrannt, bisweilen werden auch seine Pflanzen vernichtet. Aus Holz wird ein länglicher Trog angefertigt, in dem mit langen Holzmörsern von den engsten männlichen Verwandten die Knochenreste zu Pulver zerstampft werden.

25 Eine kommentierte Beschreibung der Verwandtschaftsterminologie gibt Herzog (1989: 16 ff).
26 Sororat und Levirat genannt.
27 Nach Lizot 1982: 36.

Seite 113: Alte Frau beim Baumwollspinnen, Patanoeteri.

Spielende Kinder, Patanoeteri.

Seite 114 oben: Der shapono der Patanoeteri.

Seite 114 unten: Junger Mann bei der Herstellung einer Hängematte, Patanoeteri.

Ein Frauenkorb wird mit dem roten Farbstoff nara (Bixa orellana) bemalt, Patanoeteri.

Seite 117 oben: Geladene Gäste bemalen sich außerhalb des shapono der Patanoeteri.

Seite 117 unten: Eintanzen der geladenen jungen Krieger.

Kollektives Eintanzen.

Seite 119 oben: Festtanz der Frauen am Abend zu Ehren der Gäste, Patanoeteri.

Seite 119 unten: Ein Gast der Patanoeteri beim Austausch von Nachrichten.

Die Medizinmänner blasen sich gegenseitig das halluzinogene Schnupfpulver in die Nase, Patanoeteri.

Seite 121 oben: Ein Medizinmann hält Ausschau nach seinen Hilfsgeistern, Patanoeteri.

Seite 121 unten: Zwei geschmückte Männer zerstampfen im Beisein der Dorfgemeinschaft die nach der Leichenverbrennung zurückgebliebenen Knochen, Patanoeteri.

Junger Mann beim Honigsuchen, Patanoeteri.

Seite 123 oben: Die Pflanzungen werden durch Brandrodung gewonnen, Patanoeteri.
Seite 123 unten: Jäger mit erlegten Pekaris, Patanoeteri.

Rundum sitzen die klagenden weiblichen Verwandten und in einem Halbkreis stehen die Männer und Knaben in vollem Schmuck und mit ihren Waffen (Abb. S. 121 unten). Das Pulver wird in geschmückte Kalebassen gefüllt, die von den Frauen unter dem Dach aufbewahrt werden. Danach nimmt das ganze Dorf, wie nach einer Geburt, ein Bad, um sich vom Rauch des Feuers zu reinigen. Im Rauch fährt die Seele des Verstorbenen ins Jenseits (siehe unten). Ungefähr nach einem Monat wird in einem feierlichen Ritual ein Teil des Pulvers von den engsten Verwandten in Bananensuppe gegessen, der Rest wieder sorgsam verwahrt. Das Ritual wird in längeren Abständen wiederholt, bis die Kalebassen geleert sind. War der Verbrannte im Krieg umgekommen, wird von den Kriegern des Dorfes ein Rachefeldzug unternommen, der mit der Einnahme des Knochenpulvers eingeleitet wird.[28] Aber auch im Falle eines Todes durch Krankheit sucht man nach Schuldigen, die man meist in den Medizinmännern feindlicher Dörfer findet, die die Krankheit schickten. Von verschiedenen Yanomami-Gruppen wird berichtet, daß die Leiche vor dem Verbrennen einige Zeit bis zur Verwesung eingewickelt auf einem hohen Baum bleibt. Danach werden die Knochen gesammelt, gereinigt und verbrannt.

Das Häuptlingstum ist im allgemeinen nicht institutionalisiert, obwohl erbliches Häuptlingstum bei einigen Gruppen vorkommt. Meist ist es Sache der Durchsetzungskraft und des langsam erworbenen persönlichen Prestiges, die den Weg zum Häuptlingstum bilden, das mit wenig faktischer Macht verbunden ist. Bisweilen kommt auch eine Aufteilung in Kriegshäuptling und Friedenshäuptling vor, wobei ersterer auf dem Kriegszug einige Autorität besitzt. In einem Dorf wohnen zwei bis fünf lokale Abstammungsgruppen, die Teile von Linien sind, die sich über ein größeres Stammesgebiet verteilen und exogam sind, das heißt innerhalb dieses Verbandes darf nicht geheiratet werden. Die lokalen Abstammungsgruppen besitzen einen fähigen Mann als Sprecher oder Führer, der *pata* genannt wird. Die *pata,* aus deren Kreis gewöhnlich auch der Häuptling kommt, und weitere wichtige Männer bilden eine Art Rat. In zeremoniellen Dialogen, *patamou,* werden Entscheidungen, die den ganzen *shabono* betreffen, ausgehandelt.

Ein *shabono* ist mit einem oder mehreren anderen durch wechselnde Allianzen verbunden. Man leistet sich im Kriegsfalle gegenseitig Hilfe, sei es durch Beteiligung der eigenen Krieger an einem Kriegszug der Verbündeten, sei es, daß man eine bedrohte verbündete Gruppe für einige Zeit im eigenen *shabono* aufnimmt und aus der eigenen Pflanzung versorgt. Verbündete lädt man auch zu Festen ein, wie beispielsweise zur Reifefeier der Pijiguao-Palme im Januar und Februar. Es ist das große Jahresfest der Yanomami mit einer vorausgehenden Zeremonialjagd, dem Sammeln der Palmfrüchte, verschiede-

28 Das Verzehren der Knochenasche wird als Endokannibalismus bezeichnet, da man Teile des Körpers von Angehörigen der eigenen Gruppe aufnimmt. Im Grunde ist die Bezeichnung natürlich nicht ganz angebracht. Es geht ja eigentlich darum »ein Zugehöriges zurückzunehmen« (Zerries/Schuster 1974: 154).

Seite 124: Eine schwerbepackte Frau kommt aus der Pflanzung, Wakatauteri.

nen rituellen Tänzen und dem zeremoniellen Verzehr der Knochenasche der jüngst Verstorbenen. Den Schluß bilden schließlich ein *wayamo,* eine Art ritueller Zwiegesang, und schließlich die Verteilung von Geschenkkörben mit geräuchertem Fleisch und Palmfrüchten an die Gäste, *leahumo* genannt.[29]
Folgt dem Fest ein Rachefeldzug, versucht man Männer des feindlichen Dorfes entweder außerhalb des *shabono* aus dem Hinterhalt zu töten, oder den *shabono* selbst zu überfallen. Ein wichtiges Ziel ist es, Frauen zu rauben. Es gibt auch Berichte darüber, daß man geladene Gäste umbrachte und deren Frauen behielt. Die Yanomami führen keine Kriege zur territorialen Expansion, etwa aus Mangel an bebaubarem Boden. Boden für den Gartenbau ist genügend vorhanden. Dennoch ist es häufig das Ergebnis langandauernder Kriege, daß die unterlegene Gruppe weiter wegzieht. Der Hauptanlaß für Krieg ist der Wunsch nach jungen Frauen. Eindrucksvolle Berichte der mitunter sehr grausamen Kriegsführung der Yanomami enthält der Lebensbericht von Helena Valero. Doch sollte nicht vergessen werden, daß dies nur eine Seite des Lebens der Yanomami ist.[30]
Formen der Auseinandersetzung von Männern im *shabono* sind wechselseitige Faustschläge auf die Brust, bis einer der Teilnehmer aufgibt, und Keulenduelle. Letztere können zu Todesfällen führen, mit dem Ergebnis, daß sich Verwandtschaftsgruppen zerstreiten, das Dorf sich spaltet und die beiden neuentstandenen Gruppen miteinander auf Kriegsfuß stehen.
Hat ein Mann getötet, muß er bestimmte Gebote beachten, zum Beispiel leise reden und einige Zeit in Seklusion verbringen, ähnlich der Initiandin zu ihrer ersten Menstruation.

Religiöse Vorstellungen, Medizinmannwesen und Mythologie

Die Yanomami haben eine Vorstellung von mehreren verschiedenen Seelen. Bei der Verbrennung des Leichnams wird die Totenseele, *nobolebe,* frei und vereinigt sich mit der Schattenseele, *noneshi;* beide steigen zum Himmel auf. Die *nobolebe,* übersetzt »Wolke, Rauch«, verläßt zu Lebzeiten den Körper nicht und bildet sich dort langsam aus. Kinder bis zum Alter von ungefähr fünf Jahren besitzen noch keine *nobolebe.* Ohne ordnungsgemäße Bestattung kann diese Seele nicht ins Jenseits gelangen und irrt als gefährlicher Totengeist, *bole* oder *pore* auf der Erde umher. Nicht nur die Verbrennung und deren Rauch ist für die Jenseitsreise wichtig, sondern auch der Verzehr des Knochenpulvers. Wird doch auch berichtet, daß die Seele solange auf der Erde bleibt, wie noch Pulver übrig ist. Die Totengeister, *bole,* bringen Krankheiten und man muß sich auf verschiedene Weise vor ihnen schützen.
Die Bezeichnung der zweiten Seele, *noneshi,* bedeutet »Schatten«. Zu Lebzeiten eines Erwachsenen hält sie sich meist im Walde in Tiergestalt auf. Es

29 Chagnon (1983: 158, Anm. 6) hält die Früchte der Pijiguao-Palme für nicht besonders wichtig, ja hält das ganze Fest gar nicht für ein Erntefest. Man vergleiche dagegen Zerries und Schuster (1974: 289), die überzeugend nachweisen, daß es sich wirklich um ein Reifefest dieser Palme handelt, um von den zahlreichen Parallelen aus dem indigenen Südamerika ganz zu schweigen.
30 Der Bericht von Helena Valero ist in Biocca (1972) enthalten, vgl. die »Kleine Bibliographie« in diesem Band.

wird aber auch berichtet, daß sie sowohl im menschlichen Körper, wie in einem Tiere im Walde enthalten ist. Das entsprechende Tier ist ein zweites Ich, ein Alter ego, und zwischen Mensch und Tier besteht Lebensgleichlauf, das heißt, stirbt das Tier, stirbt auch der Mensch und umgekehrt. Alter ego von Männern sind zum Beispiel Harpyen. Ein Jäger, der einen solchen Adler tötet, tötet gleichzeitig einen Menschen und muß sich den Riten eines Töters unterziehen. Man stellt sich das eigene Alter ego bzw. die der eigenen Gruppe als weit entfernt vor, so daß bei einem solchen Vorfall auch nur ein weit entfernter Mensch getötet wird, nicht ein Mitglied der eigenen Gruppe oder gar der Jäger selbst.

Alter ego der Frauen ist eine Fischotterart. Es werden aber noch weitere Tiere erwähnt, zum Beispiel Affen für Männer, Hunde für Frauen, Alter-ego-Tiere, die sich für Männer in väterlicher, für Frauen in mütterlicher Linie vererben.

Das andere Ich eines Kindes ist nach einem Bericht aus Mahekodotedi in einer Eidechse enthalten, doch handelt es sich nicht um die Schattenseele, sondern um die Bildseele, *noudibe,* des Kindes. Der klarste Bericht über die Bildseelen stammt von den Sanumá.[31] Alle Tiere und alle Menschen besitzen eine solche Seele, die ein verkleinertes Abbild ihrer selbst ist, im Innern ihres Körpers. Stirbt ein Tier, wird diese Seele frei und zu einem selbständigen Geistwesen, das für Menschen gefährlich werden kann. Eine besondere Gefahr bilden sie offenbar für Kinder.

Auf ihrer Jenseitsreise nach dem Tod gelangen die vereinigten Seelen zunächst vor einen Totenrichter, der beim Sohn des Donners residiert, bisweilen selbst als Donner bezeichnet wird. Die Seelen der nach einem Leben von normaler Länge Verstorbenen bleiben bei diesem Totenrichter im zentralen Himmel und leben in einer ähnlichen Umgebung wie auf der Erde vom Jagen und Sammeln. Auffällig ist, daß bisweilen ausdrücklich gesagt wird, daß es keine Feldfrüchte in diesem Jenseits gibt und daß die Seelen nicht in Gärten arbeiten. Die Seelen im Kriege Umgekommener kommen in den östlichen Himmel, der als nicht sehr angenehm betrachtet wird. Die Seelen von Kindern und Jugendlichen kommen in den Himmel im Süden. Eine interessante Strafe erleben die Seelen von Geizigen: sie werden in ein Feuerloch gestoßen, in dem sie verbrennen. Geiz ist für die Yanomami verachtenswert. Von brasilianischen Gruppen gibt es Berichte von einem Seelenkreislauf. Die Seelen gehen erst in den Himmel bzw. zum Monde und kehren nach einiger Zeit verjüngt wieder zur Erde zurück, um in einem Menschen wiedergeboren zu werden.

Der einzige religiöse Mittler bei den Yanomami ist der Medizinmann. Innerhalb des Medizinmannwesens gibt es keine Spezialisierung, wohl aber erfahrene bedeutende Einzelne, die viele Hilfsgeister ihr eigen nennen, und eine große Menge weniger kenntnisreicher und mächtiger Medizinmänner. Ihre Tätigkeit wird nur von Männern ausgeübt. Die *hekula* oder *hekura,* Geister des Medizinmannes, mögen den Geruch von Frauen nicht. Ein Medizinmann oder *shaboliwa* muß sehr viele Gebote hinsichtlich der Sexualität beachten,

31 Taylor 1974: 32 f.

will er seine *hekula* nicht verlieren. Auffällig ist die große Zahl der Medizinmänner; in manchen Gruppen gehört fast jeder erwachsene Mann dazu.
Ein guter *shaboliwa* weiß über die mythologischen Traditionen am besten Bescheid. Er ist zuständig für spirituelle Gefahren, die der ganzen Gemeinschaft drohen und kann Geister vertreiben. Er ist vor allem Heiler von Krankheiten mit Hilfe seiner *hekula.* Er kann aber auch durch eben diese *hekula* Krankheit und Tod senden. Er ist ambivalenter Natur, wie die Geister selbst, deren er sich bedient, und es ist einleuchtend, daß er selbst gelegentlich *hekula* genannt wird.
Unerläßlicher Bestandteil des Medizinmannrituals ist der Gebrauch eines halluzinogenen Schnupfpulvers. Es wird aus verschiedenen pflanzlichen Ingredienzien zubereitet, beispielsweise aus der Rinde von Virola elongata und den Samen von Anadenthera peregrina, die mit einem Stein oder Steinbeil fein zerrieben werden. Das Pulver wird *yopo* oder *epena* genannt und durch ein Bambusrohr geschnupft. Ein Mann hält es sich abwechselnd an beide Nasenlöcher, und ein anderer bläst ihm das Pulver mit aller Kraft ein (Abb. S. 120). Es führt zu Halluzinationen, und zu starke Dosen können eine Ohnmacht bewirken. Doch ist ein erfahrener *shaboliwa* trotz des Rauschzustandes »zu gezielten und kontrollierten Handlungen fähig.«[32]
Die Hilfsgeister sind meist Naturgeister, zum Beispiel Speziesgeister von Pflanzen und vor allem Tieren. Manche dieser *hekula* existieren von Anbeginn, manche entstehen neu. So kann beispielsweise die Bildseele eines toten Tieres, wenn von den Menschen alle Nahrungsvorschriften beachtet wurden, zu einem *hekula* werden und deren Wohnsitze in Bergen, Wasserfällen und Flüssen aufsuchen. Wurden die Gebote nicht beachtet, bleibt die Bildseele im Walde als Geist und kann Krankheiten bringen. Mächtige alte *hekula* sind die der Sonne und des Mondes, des Donners oder des Wasserstrudels.
Es gibt zahlreiche Berichte über die Initiation des Medizinmannes. Hier soll kurz die der Zentral-Yanomami geschildert werden.[33] Drei Medizinmänner sind im *shabono* um den Initianden versammelt. Man beginnt mit einer Schnupfsitzung und der Anrufung der *hekula.* Der Initiand befindet sich in der typischen Sitzposition mit gespreizten Beinen. Zu ihm hin wird ein »Weg der Geister« eröffnet, auf dem die Medizinmänner tanzend und gestikulierend hin- und herlaufen, um die *hekula* in die Brust des Neulings zu geleiten. Nach dieser ersten Phase muß der Initiand Sätze seines Lehrers, die Anrufung der *hekula,* wiederholen. Die ganze Initiationszeremonie dauert acht Tage. Die Geisteranrufungen, verbunden mit exzessivem Schnupfen, werden stets nur nachmittags und nachts durchgeführt. Der Initiand muß fasten und schläft in einer Hängematte aus Lianenstreifen. Er muß ähnliche Meidungsgebote einhalten wie ein Töter oder ein Mädchen anläßlich ihrer Initiation.
Am fünften Tage bekommt der Initiand einen Palmblattring als Kopfbedekkung, der mit Raubvogeldaunen geschmückt ist und ein Symbol des Jaguar-*hekula* darstellt. Am achten Tage wird von einem armdicken Baum ein ungefähr zwei Meter langes entrindetes Stück ins *shabono* gebracht und mit Federn,

32 Zerries/Schuster 1974: 359.
33 Nach Lizot 1982: 115–145.

Flaum und Blätterbüscheln geschmückt. Der Baum ist ein Symbol für die Felsen, wo die *hekula* leben. Sie gehen in die Brust des Medizinmannes und verlassen sie erst wieder nach seinem Tod. Höhepunkt der Initiation ist eine Prozession mit dem Baum, der schließlich vor dem sitzenden Initianden zwischen dessen gespreizte Beine in den Boden gerammt wird. Damit ist die Initiation beendet. Der neue Medizinmann kann wieder normal essen und trinken, muß aber noch lange Zeit sexuell enthaltsam sein, um die neuerworbenen *hekula* nicht wieder zu verlieren. Die *hekula* kommen zu ihm und lehren ihn ihre Gesänge, die zu seinen eigenen werden: »Er probiert seine Gesänge aus und tanzt: er *ist* selbst *hekura*.«[34]

Die Krankheitsursachen sind vielfältig, aber stets mit der Welt der Geister verknüpft. Sehr gefährlich sind die verschiedenen Arten des Seelenverlustes. Einmal der Verlust der Schattenseele *noneshi* oder der von *mi-amo,* einer Art Lebensprinzip. Entsteht auf diese Weise Krankheit durch einen Verlust, kann auch ein Eindringen der Geister oder einer Krankheitssubstanz in den Körper Krankheit bewirken. Schließlich kann noch die bloße Gegenwart von Geistern, zum Beispiel der schon erwähnten Totengeister *bole,* krank machen. In allen diesen Fällen greifen die Medizinmänner ein, deren Rituale kurz beschrieben seien. Nach der Bemalung des Körpers und dem Einnehmen der Drogen werden die *hekula* angerufen. Ein gestenreicher Tanz begleitet die Anrufung (Abb. S. 121 oben). Gehen Gesang und Tanz in quietschende oder brüllende Laute und die Nachahmung von Tierbewegungen über, sind die *hekula* angekommen. Jetzt richtet sich das weitere Ritual nach dem jeweiligen Fall. Ist ein Kranker zu behandeln, in dessen Körper ein Geist oder eine Substanz eingedrungen sind, streicht der *shaboliwa* von oben nach unten den Körper entlang und wirft danach ostentativ etwas Unsichtbares weg. Er kann auch am Körper saugen oder ihn anblasen und danach die unsichtbare Substanz ausspucken. Auch schlagende und stechende Bewegungen mit einer Machete oder mit Bogen und Pfeil über dem Patienten werden berichtet. Letzteres wird auch bei einer Geistervertreibung dramatisch vorgeführt, meist von mehreren Medizinmännern. Im Falle des Seelenverlustes suchen die Medizinmänner, manchmal sogar alle Bewohner des *shabono,* das Dorf oder die Umgebung nach ihr ab. Auch dabei werden Laute ausgestoßen und Macheten geschwungen, bis man einen oder mehrere Gegenstände, in denen man offenbar die Seele vermutet, im Triumph zum Patienten bringt und damit seinen Körper berührt – möglicherweise das Wiedereinsetzen der Seele.

Ein Medizinmann kann schließlich noch seine *hekula* zu feindlichen Gruppen schicken und ihnen damit Krankheit und Tod bringen. Die *shaboliwa* der Gegner mobilisieren dann ihrerseits ihre *hekula* zur Geistervertreibung.

Wenn es auch von manchen Yanomami-Gruppen Berichte über ein höchstes Wesen, beziehungsweise einen Gott gibt, so von den venezolanischen Sanemá und brasilianischen Gruppen,[35] fallen sie doch so aus dem Rahmen, daß sie nicht als typisch betrachtet werden können. Die religiösen oder mythischen

34 Lizot 1982: 143.
35 Barandiarán 1965; Becher 1960 und 1974.

Gestalten, denen die Yanomami die meiste Bedeutung zumessen, sind eher als Kulturbringer oder Kulturheroen zu charakterisieren, die in der Urzeit wirkten und den Menschen ihre wichtigsten Kulturgüter brachten. Zu ihnen gehört der Heros Horonami einiger brasilianischer Gruppen, dem sie ihrer Überlieferung nach die Bananen zu verdanken haben, die er für sie aus dem Garten eines Urzeitwesens stahl. Auch der Omaua der zentralen Yanomami ist ein solcher Kulturheros, freilich schon eher mit göttlichen Eigenschaften, wird ihm doch die Erschaffung der Erde zugeschrieben. Anders als Horonami, dessen Wirken mit der Urzeit endet, greift Omaua ins gegenwärtige Leben der Menschen ein, indem er beispielsweise Regen schickt und mit ihm die Krankheiten.

Wie die Erde geschaffen wurde, wird nicht berichtet, wohl aber von Katastrophen in der Urzeit, bis der Kosmos in seiner jetzigen Form entstand. Die Erde, auf der die Menschen heute leben, ist ein früherer Himmel, der herabstürzte. Er drückte die alte Erde mitsamt deren Bewohnern in die Tiefe. So entstand die Unterwelt, und über dem Ganzen bildete sich ein neuer Himmel. Es gibt also drei Weltschichten übereinander, nach der Meinung mancher sogar vier. Die Erde stellt man sich als Scheibe vor, über der sich der Himmel wölbt. Die Erdfläche ist rund und ihr Rand berührt sich mit dem Himmel. Der *shabono* der Yanomami ist ein kleiner Nachbau des großen Kosmos.

Literatur

Barandiarán, Daniel de: Mundo espiritual y shamanismo Sanemá. In: Anthropológica, No. 15: 1–28. Caracas 1965.
Barandiarán, Daniel de: Vida y muerte entre los indios Sanemá-Yanoama. In: Anthropológica, No. 21: 1–65. Caracas 1967.
Barker, James: Memoria sobre la cultura Guaica. In: Boletin Indigenista Venezolano, No. 1: 433–489. Caracas 1953.
Becher, Hans: Die Surára und Pakidái. Zwei Yanonámi-Stämme in Nordwestbrasilien. Hamburg 1960.
Becher, Hans: Poré/Perimbó. Einwirkungen der lunaren Mythologie auf den Lebensstil von drei Yanonámi-Stämmen – Surára, Pakidái und Ironasitéri. Hannover 1974.
Biocca, Ettore: Yanoama. Ein weißes Mädchen in der Urwaldhölle. Frankfurt/Berlin 1972.
Chagnon, Napoleon A.: Yanomamö. The Fierce People. New York 1968.
Chagnon, Napoleon A.: Die soziale Organisation und die Kriege der Yanomamö-Indianer. In: Fried, M; M. Harris und R. Murphy (Hg.), Der Krieg. Frankfurt 1971.
Chagnon, Napoleon A.: The Culture-Ecology of Shifting (Pioneering) Cultivation among the Yanomamö Indians. In: Gross, D. R. (ed.), Peoples and Cultures of Native South America, pp. 126–142. Garden City, N. Y. 1973.
Chagnon, Napoleon A.: Studying the Yanomamö. New York 1974.
Chagnon, Napoleon A.: 1983. Yanomamö. The Fierce People. Third Edition. New York 1983.
Cocco, Luis: Iyewei-teri. Qzince años entre los Yanomamos. Caracas 1972.
Diniz, Edson Soares: Aspectos das relações sociais entre os Yanomamö do Rio Catrimani. In. Boletim do Museu Paraense Emilio Goeldi, n. s. Antropologia No. 39: 1–21. Belém-Para 1969.
Herzog, Gabriele: Patanoetheri. Eine Dorfgemeinschaft der Yanomami-Indianer im südlichen Venezuela. Magisterarbeit, Universität München, 1989.
Knobloch, Franz: Die Aharaibu-Indianer in Nordwest-Brasilien. St. Augustin 1967.
Lizot, Jacques: Im Kreis der Feuer. Aus dem Leben der Yanomami-Indianer. Frankfurt/Main 1982.
Lizot, Jacques: Les Yanomami Centraux. Paris 1984.
Migliazza, Ernesto: Yanomama Grammar and Intelligibility. Unpublished Ph. D. Dissertation. Indiana 1972.
Montgomery, Evelyn Ina: With the Shiriana in Brazil. Dubuque/Iowa 1970.
Münzel, Mark: Mittel- und Südamerika. In: Lindig, Wolfgang und Mark Münzel: Die Indianer. Kulturen und Geschichte. Bd. 2. München 1985.

Polykrates, Gottfried: Wawanaueteri und Pukimapueteri. Zwei Yanonámi-Stämme Nordwestbrasiliens. Kopenhagen 1969.
Polykrates, Gottfried: Beiträge zur Religionsfrage der Yanonámi-Indianer. Kopenhagen 1974.
Smole, William J.: The Yanoama Indians. A Cultural Geography. Austin und London 1976.
Steinvorth-Goetz, Inga: Uriji jami! Die Waika-Indianer in den Urwäldern des Oberen Orinoko. Düsseldorf, Köln 1970.
Taylor, Kenneth I.: Sanuma Fauna: Prohibitions and Classifications. Caracas 1974.
Wilbert, Johannes: Indios de la Región Orinoco-Ventuari. Caracas 1963.
Wilbert, Johannes: Survivors of Eldorado. Four Indian Cultures of South America. New York 1973.
Zerries, Otto: Waika. Die kulturgeschichtliche Stellung der Waika-Indianer des oberen Orinoco im Rahmen der Völkerkunde Südamerikas. München 1964.
Zerries, Otto: Zum Problem der Wirtschaftsform der Yanoama (Südamerika). In: Ethnologische Zeitschrift Zürich II, 1976: 85–90, 1976.
Zerries, Otto: Yanoama. In: Müller, Klaus E. (Hg.), Menschenbilder früher Gesellschaften, pp. 143–177. Frankfurt, New York 1983.
Zerries, Otto und Meinhard Schuster: Mahekodotedi. Monographie eines Dorfes der Waika-Indianer (Yanoama) am oberen Orinoco (Venezuela). München 1974.

Die Sprache der Yanomami

Gabriele Herzog

Die Sprache der »Yanoama« bzw. »Yanomami« konnte bisher noch nicht erfolgreich klassifiziert werden. Sie ordnet sich weder dem Chibcha noch der Carib-Sprachfamilie zu. Auch der letzte Versuch Migliazzas, die Sprache mit dem Pano in Verbindung zu bringen, hat sich nicht als haltbar erwiesen (vgl. Migliazza 1980: 102).
Die neuesten Ergebnisse der Erforschung des Yanoama legte Emmerich Weißhar 1982 in seiner Dissertation nieder. Eine eindeutige Zuordnung zu einer der größeren Sprachfamilien Südamerikas kann auch nach ihm nicht vorgenommen werden. Beim derzeitigen Forschungsstand muß die Sprache der Yanomamɨ als isolierte Sprache verstanden werden.[1]
Grundsätzlich liegt noch nicht genügend brauchbares linguistisches Datenmaterial vor, um eine stichhaltige Analyse der Gesamtsprache leisten zu können.[2] Die Sprache ist in der Tendenz agglutinierend, was bedeutet, daß sie auf der morphologischen Ebene relativ einfach strukturiert ist. Sie zeichnet sich durch eine geringe Anzahl von Präfixen aus, während im Verbal- wie auch im Nominalkomplex der jeweilige Stamm um eine Vielzahl von Suffixen erweitert wird. Dabei nehmen die grammatischen Morpheme Juxtapositionen ein, das heißt sie werden nebeneinandergeordnet und an den Stamm gehängt, während sinnverändernde Einschübe innerhalb des Wortes nicht vorkommen. Der komplexeste Satzteil ist das Verb. Bemerkenswert ist in kognitiver Hinsicht, daß der Verbkomplex sehr detailliert Auskunft erteilt über die räumlichen Verhältnisse, in denen sich eine Handlung oder ein Prozeß abspielt. Ebenso informationsträchtig ist der Verbkomplex in bezug auf die Verlaufsphase des Prozesses, den er beschreibt. Er erteilt Auskunft darüber, ob ein Prozeß bereits begonnen hat, ob er abgeschlossen wird, oder auch ob der Sprechende die feste Intention hat, ihn zu beenden, in Unterscheidung zu einer eher allgemein gehaltenen Aussage über die Möglichkeit seines Endes. Im Vergleich dazu ist der nominale Kern des Satzes relativ einfach strukturiert, zeichnet sich allerdings in bezug auf Wortbildung durch hohe Produktivität aus. Als Beispiel sei hier nur auf das Lexem »no« verwiesen, das »Spur« bedeutet oder auch »etwas, was vorüber ist«. Dieses Lexem findet man in zahlreichen Begriffen, wie beispielsweise in »noreshi« = Bild, Schatten oder auch Schattenseele; »noporepɨ« = ein Teil des Seelenkomplexes; »nopatapɨ« = Vorfahre, Ahne; »nohaɨ« = folgen.

1 In seinem neuesten Buch »Language in the Americas« (1987) ordnet Greenberg das Yanoama dem Chibchan-Paezan-Zweig der Amerind-Sprache zu, doch ohne neue Daten zu präsentieren oder seine Zuordnung zu begründen.

2 Ich beziehe mich hier, wie auch im folgenden auf zahlreiche Gespräche, die ich mit Frau Prof. Mattéi-Muller führte. Frau Mattéi-Muller beschäftigt sich seit etwa sechs Jahren mit der Sprache der zentralen Yanomamɨ. Ihre Arbeit begann in Kooperation mit Jacques Lizot; zur Zeit forscht sie als freie Mitarbeiterin der Forschungsstelle für Humanethologie in der Max-Planck-Gesellschaft in Erling (vormals Seewiesen).

In der Yanoama-Sprache ist kein Passiv vorgesehen, eine Relation, die, wie auch das Aktiv, morphologisch im Verb ausgedrückt wird. Das Yanoama benötigt insofern eine Markierung, die in bestimmten Zweifelsfällen Agens bzw. Patiens bezeichnet. Hier tritt der Ergativ-Fall in Kraft, der den Handlungsträger durch Anfügen des Suffix »-nɨ« ans Subjekt des transitiven Verbs kennzeichnet.

Auf der phonologischen Ebene der Sprachbetrachtung sind zunächst sieben Vokale zu unterscheiden. Diese sind »a, e, ë, i, ɨ, o« und »u«. Der Laut »ë« entspricht dem zentralen Vokal, der im internationalen Phonetischen Alphabet durch ein auf dem Kopf stehendes »e« ausgedrückt wird. Er wird wie das »e« am Ende von »heute« oder das »a« im englischen »about« gesprochen. Der Laut »ɨ« ist ein geschlossener zentraler Vokal, der auch im Russischen vorkommt.

Darüberhinaus muß man zwischen nasalisierten Vokalen und Nasalvokalen unterscheiden. Das bedeutet: In einem konsonatorisch nasalen Kontext werden, der phonologischen Regel der Nasalassimilation entsprechend, die folgenden Vokale automatisch auch nasalisiert. Neben diesem phonetisch erklärbaren Vorgang treten im Yanoama noch vier Nasale auf, von denen vor allem zwei ganz besonders wichtig sind, da sie funktional unterscheidend wirken, nämlich »ê« (das nasalisierte »ë«) und »ã«. Demgegenüber sind die beiden Laute »ã« und »ẽ« Allophone eines einzigen Phonems. Sie werden entsprechend dem phonetischen Kontext verschieden realisiert, leisten aber keine semantischen Unterscheidungen.

Bei den plosiven Konsonanten sind »b« und »p« sowie »d« und »t« Allophone, darüberhinaus treten »r« und »l« als Phonemvarianten auf. In der Regel werden die Verschlußlaute stimmlos gesprochen, die stimmhafte Variante tritt im stimmhaften Kontext auf, so z. B. zwischen zwei Vokalen.[3] Diese Unterscheidung ist aber semantisch nicht relevant. Wichtig ist der Hinweis auf die Unterscheidung zwischen dem stimmlosen »t« und dem aspirierten »th«.[4]

Literatur

Greenberg, J. H.: Language in the Americas. Stanford, California, 1987.

Migliazza, E. C.: Yanomama Grammar and Intelligibility. Doctoral Dissertation, Bloomington; Indiana University, Dept. of Linguistics, 1972.

Migliazza, E. C.: Languages of the Orinoco–Amazon Basin; Current Status. Anthropologia 53: 95–162. Fundación La Salle de Ciencias Naturales. Caracas, 1980.

3 So hört man beispielsweise bei dem Wort »pata« = »groß, alt« tatsächlich »pada«.

4 Dieser Unterschied ist von Deutschen schwer zu erkennen, da in ihrer Muttersprache, im Gegensatz zu den romanischen oder slawischen Sprachen, die Verschlußlaute grundsätzlich aspiriert werden.

Bemerkungen zur Yanomami-Sprache

Gale Goodwin-Gomez

Die Yanomami-Indianer haben ein unglaubliches pharmakologisches und ethnobotanisches Wissen über ihren Lebensraum, den Regenwald. Dieses Wissen bewahren sie nur in ihrem Gedächtnis. Allein durch ihre gesprochene Sprachen können wir etwas von und über diese Menschen erfahren.
Es gibt vier verschiedene Yanomami-Sprachen: Yanomamo, Yanomam, Yanam und Sanuma. Diese sind wieder in zahlreiche Dialekte aufgeteilt. Jede Sprache hat ein eigenes System von verschiedenen Lauten, die zu Wörtern kombiniert und dann zu Sätzen zusammengefügt werden. Die Sprachen der Yanomami sind, verglichen mit den Sprachen der modernen, industrialisierten Nationen, überhaupt nicht primitiv. Sie haben Wörter für Hunderte von Pflanzen- und Tierarten, die in ihrem Regenwaldhabitat leben und die wissenschaftlich noch nicht beschrieben sind. Wenn die Yanomami-Indianer mit der »äußeren« Welt in Berührung kommen, erfinden sie neue Wörter für jene Dinge, die die Weißen zu ihnen bringen.
Die folgenden Beispiele stammen aus dem Schiriana-Dialekt der Yanam-Sprache: *»tʃ aràknák«* bedeutet wörtlich »kleiner Fischzahn« und wird für Angelhaken gebraucht, *»pòo áka«,* wörtlich »Blatt (wie eine) Zunge« wird für Machete gebraucht. Sie nehmen auch Wörter aus der Sprache der Weißen und passen diese ihrer Sprache an: *»Sàpatók«,* portugiesisch »sapatos«, heißt Schuhe; *»orók«,* portugiesisch »ouro« heißt Gold und *»ʌáhiáw«* portugiesisch »avião«, bedeutet Flugzeug.
Ein paar Beispiele im Schiriana-Dialekt der Yanam-Sprache verdeutlichen einige grundsätzliche Strukturen. »Unbeseelte« Substantive werden durch Anhängen des Suffix »k«, »beseelte« durch »pIk« in den Plural gesetzt. *»kàrathá-k«* »Bananen« und *»thIwə-pÍk«* »Frauen«. Ein Substantiv wird durch ein nachgestelltes Adjektiv modifiziert: *»thÍwə totíhi«,* eine gute oder hübsche Frau. Ein Adjektiv kann zu einem Verb werden und mit einem nachgestellten Adverb modifiziert werden: *»tʃ a níni ʌkaháthaٔ«* (wörtlich »Ich schmerzvoll sehr«), »es schmerzt mich sehr«. Die Struktur des Verbes ist ziemlich komplex, normalerweise steht das Verb am Ende des Satzes. An einen Verbstamm können zahlreiche Suffixe angehängt werden.

uáiha tʃa tʃ ià-p-akə̀n	»Ich werde (sie) später heiraten.«
›später‹ ›ich‹ ›nehmen‹	
kamá=n tʃe tá:-rà-ʌra-ó-m	»Er hat mich nicht gesehen.«
›er‹ ›mich‹ ›sehen‹	
tàro= wá=si tiə̀-p-o	»Wirst du einen Korb flechten?«
›Korb‹ ›du‹ ›flechten‹	

hemétʃo kóa-pì-p-h-akən »Sie (zwei) werden die Medizin nehmen.«

›Medizin‹ ›trinken‹

Die Yanomami haben auch eine besondere Zeremonialsprache, »wayamo«. Diese wird von Angehörigen aller vier Sprachgruppen verstanden. Diese Singsprache wird beim Verkehr zwischen verschiedenen Dorfgemeinschaften verwendet, für den Handel und um Neuigkeiten zu verkünden, an Festen oder interkommunalen Versammlungen. Sie ist wahrscheinlich eine archaische Form der Yanomami-Sprachen, die formalisiert und erhalten blieb durch ihre Verwendung bei rituellen Anlässen. Obwohl die Frauen diese Sprache verstehen, wird »wayámo« nur von den Yanomami-Männern gesprochen, die sie von Kind auf lernen. Die Fähigkeit »wayámo« zu sprechen bedeutet, daß man den vollen Erwachsenenstatus erreicht hat, was in allen Yanomami-Gesellschaften hochgeschätzt wird.
Einerseits spiegeln die Yanomami-Sprachen die Veränderungen wider, die durch den Kontakt mit der modernen Gesellschaft in das Leben der Indianer getreten sind, andererseits ist ihre Verwendung im Alltagsleben essentiell für die Erhaltung ihrer Kultur und traditionellen Lebensweise. Die Sprache der Indianer ist ein unersetzbarer Teil ihrer Identität als Yanomami.

In der Transkription der Yanam-Wörter haben die Symbole für die Konsonanten die selben Laute wie die entsprechenden Buchstaben im Deutschen. Das folgende Symbol hat einen anderen Laut:
t*ʃ* wie im deutschen »ru*tsch*en«.
Die Symbole, die für die Transkription der Vokallaute verwendet wurden, entsprechen den Lauten, die durch die folgenden Buchstaben repräsentiert werden:
ə der letzte, offene Vokal im deutschen Wort ›helf*en*‹
I kurzes, offenes I wie »List«, »bitten«.
Nach dem Symbol ʌ ist das darauffolgende Morphem ein Nasallaut.

Kleine kommentierte Bibliographie zur Kultur der Yanomami

Jörg Helbig

In dieser Übersicht, die vor allem für Leser gedacht ist, die nicht völkerkundlich vorgebildet sind, können nur wenige Bücher vorgestellt werden. Die Fülle von Aufsätzen zu den verschiedensten Themen mußte außer acht gelassen werden. Es sei dem interessierten Leser deshalb empfohlen, die zum Teil sehr umfangreichen Literaturverzeichnisse in den einzelnen Werken genau zu studieren. Er wird feststellen, daß kaum ein denkbares Thema ausgelassen worden ist und kann gemäß den eigenen Interessen weiterlesen.

Becher, Hans
1960 Die Surára und Pakidái. Zwei Yanonámi-Stämme in Nordwestbrasilien.
»Mitteilungen aus dem Museum für Völkerkunde in Hamburg«, Band XXVI.
Hamburg. Cram, de Gruyter und Co.

Eine monographische Darstellung der beiden Gruppen am Rio Demini und Rio Aracá in Nordbrasilien, bei denen sich Becher, einer der Pioniere der Yanomami-Forschung, 1955 bis 1956 aufhielt. Die besondere Stärke des Buches liegt in der Darstellung der materiellen Kultur. Der Abschnitt über Religion und Magie enthält unter anderem eine Beschreibung des »Totenerinnerungsfestes«, an dem Becher teilgenommen hat. Der Tatbestand, daß *Perimbó,* der Mond, und *Poré,* der Herr des Mondes, als »höchste Gottheit« eine »untrennbare Einheit« bilden, ist von anderen Yanomami-Gruppen nicht bekannt geworden. Das Buch enthält eine Karte, Zeichnungen der Gebrauchsgegenstände und zahlreiche Fotografien.

Becher, Hans
1974 Poré/Perimbó. Einwirkungen der lunaren Mythologie auf den Lebensstil von drei Yanonámi-Stämmen. – Surára, Pakidái und Ironasitéri.
»Völkerkundliche Abhandlungen«, Band VI.
Hannover. Münstermann-Druck KG.

Neben dem Weltbild der Surára und Pakidái, das entlang einer Achse Erde-Mond vertikal ausgerichtet ist, behandelt Becher auch das der westlich davon, gleichfalls in Nordwestbrasilien, siedelnden Ironasitéri. Ihr Weltbild stellt eine Kombination von vertikaler und horizontaler Struktur dar, mit Inselbergen im Osten und Westen, die den Himmel stützen, sowie Unterwelt, Erde und zwei Himmeln, die übereinander angeordnet sind. *Poré/Perimbó,* der doppelgeschlechtliche Mond, ist für alle drei Gruppen die höchste Gottheit. *Poré* verkörpert das männliche, *Perimbó* das weibliche Prinzip. Die Seelen der Ironasitéri gehen nach dem Tod und aufeinanderfolgender Baum- und

Brandbestattung im Rauch zum zweiten Himmel, die der Surára und Pakidái zum Monde. Von diesen Orten gelangen sie nach einiger Zeit verjüngt wieder zur Erde, so daß ein Seelenkreislauf entsteht. Diese Vorstellungen werden von anderen Yanomami-Gruppen nicht berichtet (vgl. Polykrates 1974). Das Buch enthält eine Karte, zahlreiche Fotografien und Zeichnungen zur materiellen Kultur und den Weltbildvorstellungen.

Biocca, Ettore
1972 Yanoama. Ein weißes Mädchen in der Urwaldhölle.
Frankfurt/Berlin. Ullstein-Verlag.

In diesem außerordentlichen Buch schildert Helena Valero ihre Lebensgeschichte. Sie wurde 1934 im Alter von ungefähr zwölf Jahren als Kind weißer Eltern von den Yanomami entführt und lebte bis zum Jahre 1957 bei ihnen. Auf einer Missionsstation begegnete sie dem italienischen Forschungsreisenden Biocca, der ihren Bericht auf Tonband aufzeichnete und daraus das vorliegende Buch zusammenstellte. Es wirkt auf den Leser nicht zuletzt deshalb so eindrucksvoll, weil die Distanz zum Gegenstand völlig fehlt. Man wird in den Sog der Beschreibung hineingezogen und bekommt Einblicke in die Lebensweise der Yanomami, die kein wissenschaftlicher Bericht, auch nicht das anschauliche Buch von Jacques Lizot (1982, siehe S. 139), vermitteln kann. Liest man diese Aufzeichnungen, so scheint die Diskussion über den Grad an Gewaltsamkeit in der Kultur der Yanomami eine rein akademische Frage zu sein: Gewalttat folgt auf Gewalttat. Doch muß man bedenken, daß Helena Valero, zum Zeitpunkt ihrer Entführung immerhin zwölf Jahre alt, nicht in die fremde Kultur hineinwachsen konnte, sondern in sie hineingezwungen wurde und daß sie als Fremde, solange sie nicht unter dem Schutz eines Mannes stand, stets als potentielle Beute galt. Bis zuletzt bleibt sie die Außenseiterin, der die Männer mit Begehren und Furcht begegnen, die Frauen mit Eifersucht und Furcht. Helena Valero, oder *Napanjuma,* die »fremde Frau«, wie die Yanomami sie nannten, wurde mehrmals geraubt, floh von Gruppe zu Gruppe, lebte zweimal für längere Zeit allein im Walde und entkam mehrmals nur knapp dem Tode. Sie berichtet davon in einer Weise, die im Leser höchsten Respekt vor ihrer Persönlichkeit erweckt. Zeiten relativer Ruhe erlebte sie im Grunde nur in ihrer späten Kindheit unter dem Schutze der Mutter eines Häuptlings und während ihrer kurzen Ehe mit dem Häuptling Fusiwe, mit dem sie zwei Söhne hatte. Manches an der Schilderung der Ehe mit dem außerordentlich klugen, freilich auch sehr jähzornigen Fusiwe läßt vermuten, daß sie bei den Yanomami auch glücklich gewesen ist. Fusiwe wird ein Opfer seiner eigenen Aggressivität, Helena Valero geht eine zweite Ehe ein und bekommt ein weiteres Kind. Die Rückkehr in die sogenannte »Zivilisation« schließlich wird zur großen Enttäuschung.

Über die einzelnen Gruppen, bei denen sich Helena Valero aufhielt, berichten ausführlich Otto Zerries und Meinhard Schuster (1974: 24 ff), die ihr auf ihrer Expedition flüchtig begegneten, ohne ihr helfen zu können.

Die italienische Originalausgabe erschien 1965 in Bari. Die deutsche Fassung, von Hans Boelicke und Anneliese Mönnich ausgezeichnet übersetzt (für den hinzuerfundenen törichten Untertitel sind sie nicht verantwortlich), ist im Einverständnis mit Biocca leicht gekürzt.

Chagnon, Napoleon A.
1983 Yanomamö. The Fierce People.
»Case Studies in Cultural Anthropology«.
Third Edition (1th Edition 1968).
New York. Holt, Rinehart and Winston.

Chagnon begann 1964 seine Feldforschung am oberen Orinoko in Venezuela bei den Namoweiteri, vor allem im Dorf Bisaateri. Inzwischen hat er über sechzig Ortschaften über längere oder kürzere Zeit besucht und gehört neben Lizot zu den Ethnologen, die sich am längsten bei den Yanomami aufhielten. Der Untertitel des Buches zeigt, daß ihn zunächst die Wildheit und Aggressivität, der sich die Yanomami oft so zügellos zu überlassen scheinen, besonders interessierte. Doch enthält die dritte Auflage, die hier vorgestellt wird, ein Schlußwort, das davor warnt, die Yanomami einseitig unter diesem Aspekt zu sehen. Damit trifft er sich mit der Einschätzung von Lizot, der Untertitel freilich blieb.

Hauptforschungsziel von Chagnon ist das Sammeln demographischer Daten, um den Prozeß von Dorf- und Bevölkerungswachstum und die Ausbreitung über das riesige Yanomami-Territorium zu dokumentieren. In diesem größeren Zusammenhang wird auch die Kriegführung dargestellt. Das Kapitel über Sozialstruktur und Demographie ist das Beste zu diesem Thema in der Yanomami-Literatur.

Von größtem Interesse für den Leser ist Chagnons faszinierende Beschreibung seines ersten Kontaktes mit den Yanomami und des Ablaufes seiner Feldforschung im ersten Kapitel. Wer sich jedoch für Religion und Mythologie interessiert, sollte andere Bücher, beispielsweise von Becher, Polykrates oder Zerries, zu Rate ziehen.

Mit zahlreichen wertvollen Fotografien.

Herzog, Gabriele
1989 Patanoetheri. Eine Dorfgemeinschaft der Yanomami-Indianer im südlichen Venezuela.
Magisterarbeit, Universität München. Druck in Vorbereitung in der Reihe »Münchner Beiträge zur Amerikanistik«.
Hohenschäftlarn. Klaus Renner Verlag.

Diese Dorfstudie entstand nach mehreren Feldaufenthalten der Verfasserin zwischen 1983 und 1989. Der erste Teil enthält eine minutiöse Beschreibung des Dorfes und aller seiner Bewohner, der zweite die Schilderung der Dorfspaltung und ihrer Gründe. Die besondere Aufmerksamkeit von Herzog gilt der Rolle der Frau. Die Bibliographie enthält die neuere Literatur über die Yanomami.

Knobloch, Franz
1967 Die Aharaibu-Indianer in Nordwestbrasilien.
»Collectanea Instituti Anthropos«, Vol. 1.
St. Augustin. Verlag des Anthropos-Instituts.

Diese Monographie eines Missionars ohne ethnologische Vorbildung bringt zunächst eine gute Darstellung der materiellen Kultur. Es folgt eine knappe

Beschreibung der religiösen Vorstellungen und eine wertvolle kleine Sammlung von Mythen.
Knobloch arbeitete bei den Kohorosetéri, bzw. bei verschiedenen Splittergruppen zwischen Rio Guabori und Rio Marauia, die angeblich ehemals den Sammelnamen Aharaibu besaßen. Diese Bezeichnung sollte künftig nicht mehr gebraucht werden, da sie wohl von dem Spottnamen Guaharibos, »Brüllaffen«, abgeleitet wurde (Zerries/Schuster 1974: 26 f; vgl. auch Polykrates 1974: 10).
Mit Karte, zahlreichen Fotografien und Zeichnungen.

Lizot, Jacques
1982 Im Kreis der Feuer. Aus dem Leben der Yanomami-Indianer.
Frankfurt. Syndikat.
Dieses Meisterwerk der erzählenden Ethnographie konnte nur ein Forscher schreiben, der wie Lizot mit den Yanomami aufs engste vertraut ist und seit Jahren ihr Leben teilt.
In drei Abschnitten »Alltag im großen Haus«, »Die magischen Mächte« und »Krieg und Frieden«, wird ein faszinierendes Panorama des Lebens der Yanomami vor dem Leser ausgebreitet. Ein scheinbar ganz und gar unwissenschaftliches Buch, das in dieser Form dennoch nur von einem Wissenschaftler geschrieben werden konnte, so bewußt ist es komponiert, so groß ist der Reichtum an Kenntnissen, so verantwortungsvoll ist es in den Details. Lizot ist sein Vorhaben gelungen, »den Bericht in gewisser Weise und bis zu einem gewissen Grade aus dem Innern ihrer Kultur selbst (zu) entwickeln« (S. 8).
Vom ethnologischen Standpunkt aus am wichtigsten ist die ausführliche Schilderung der Initiation eines Medizinmannes, die übrigens von Lizot auch auf Tonband aufgenommen wurde.
Die Originalausgabe erschien 1976 in Paris. Das Buch ist mit zahlreichen Fotografien ausgestattet.

Lizot, Jacques
1984 Les Yanomami Centraux.
»Cahiers de L'Homme«, N. S. XXII.
Paris. Editions de L'Ecole des Hautes Etudes en Sciences Sociales.
Keine Monographie, wie der Titel vermuten ließe, sondern die Sammlung der bisweilen recht polemischen Aufsätze des Verfassers zur materiellen Kultur, Wirtschaft und Sozialstruktur.
Mit wertvollen Karten, Zeichnungen und Fotografien.

Polykrates, Gottfried
1969 Wawanaueteri und Pukimapueteri. Zwei Yanonámi-Stämme Nordwestbrasiliens.
»Publications of the National Museum«. Ethnographical Series. Vol. XIII.
Kopenhagen. The National Museum of Denmark.
Der dänische Ethnologe unternahm 1964 und 1966 zwei Forschungsreisen in das Gebiet zwischen Rio Negro, Rio Marauia, Rio Guabori und der brasiliani-

schen Grenze zu Venezuela. Auf seiner ersten Reise blieb er drei Monate bei den Wawanaueteri, auf der zweiten besuchte er die Pukimapueteri. Die vorliegende Monographie enthält vor allem eine ausgezeichnete Darstellung der materiellen Kultur und der Wirtschaft mit zahlreichen zur damaligen Zeit neuen Informationen, erwähnt seien nur Brückenbau und Waffen. Von den übrigen Kapiteln ist das über Mythologie besonders wertvoll durch die Kommentare des Autors und den Vergleich mit den von Becher und Zerries gesammelten Mythen.
Mit zahlreichen Zeichnungen und Fotografien.

Polykrates, Gottfried
1974 Beiträge zur Religionsfrage der Yanonámi-Indianer.
»Publications of the National Museum.« Ethnographical Series. Vol. XIV.
Kopenhagen. The National Museum of Denmark.
Eine interessante kleine Studie zur Religion und Mythologie der Yanomami. Polykrates vergleicht das von Becher, Zerries und ihm selbst gesammelte Material und stellt große Unterschiede fest: *Omaua* als vergöttlichter Kulturheros bei den Waika (Zentral-Yanomami); *Poré/Perimbó,* der Mond, als höchste Gottheit bei den Surára und Pakidái; schließlich der Kulturheros *Horonámi* als wichtigste mythologische Gestalt der brasilianischen Yanomami, bei denen Polykrates arbeitete. Die Vergöttlichung von *Omaua* wurde schon von Zerries als fremder Einfluß bezeichnet. Von Bechers Bericht meint Polykrates nach einer gründlichen Analyse der Daten, daß er wohl auf einem Irrtum beruhen müsse. Für die »ursprünglichere Religionsidee« hält er die Gestalt des *Horonámi,* eines typischen Kulturbringers.

Steinvorth-Goetz, Inga
1970 Uriji jami! Die Waika-Indianer in den Urwäldern des Oberen Orinoko.
Düsseldorf, Köln. Eugen Diederichs Verlag.
Dieser Band der deutsch-venezolanischen Ärztin basiert auf zahlreichen Reisen ins Gebiet des oberen Orinoko, die sie von Caracas aus unternahm. Das Buch ist eine ausgezeichnete Einführung in das Leben der Yanomami. Es besticht zunächst durch die eindrucksvollen Farbfotografien, die nicht nur die Yanomami und ihr Waldland zeigen, sondern auch zahlreiche typische Tiere und Pflanzen des Gebietes. Der Text schildert anschaulich die Landschaft und die Begegnungen mit den Indianern, bietet aber zugleich eine Art kleiner Ethnographie der Yanomami. Vom völkerkundlichen Standpunkt besonders bemerkenswert ist die Schilderung ihres Kontaktes mit seinerzeit noch unbekannten Gruppen und der Bericht über die Initiation von Medizinmännern.

Zerries, Otto
1964 Waika. Die kulturgeschichtliche Stellung der Waika-Indianer des oberen Orinoco im Rahmen der Völkerkunde Südamerikas.
München. Klaus Renner Verlag.
Dieses materialgesättigte Buch, eine Analyse der Kultur der Waika, erschien

vor der eigentlichen Dorfmonographie (siehe nächster Eintrag). Beide Werke basieren auf einer Feldforschung von 1954 bis 1955, der frühesten, die von Ethnologen bei einer Gruppe der Yanomami durchgeführt wurde.
Das vorliegende Werk bringt zunächst eine Beschreibung der einzelnen Kulturelemente, von der Wirtschaft über die materielle Kultur bis hin zu Gesellschaft und Religion. Auf die jeweilige Beschreibung folgt ein Vergleich mit entsprechenden Parallelen im indianischen Südamerika. Die Ergebnisse werden auf 53 Vergleichskarten dargestellt und in einer großen Tabelle zusammengefaßt. Das Buch ist auf diese Weise gleichsam ein Blick auf die Völkerkunde Südamerikas von der Kultur der Yanomami aus. Für jeden Leser, der sich intensiver mit den Yanomami beschäftigen möchte, ist das Werk unentbehrlich.

Zerries, Otto und Meinhard Schuster
1974 Mahekodotedi. Monographie eines Dorfes der Waika-Indianer (Yanoama) am oberen Orinoco (Venezuela).
München. Klaus Renner Verlag.
Diese Dorfmonographie ist die umfangreichste und beste, die über eine Yanomami-Gruppe geschrieben wurde. Das Buch enthält Zeichnungen der gesamten materiellen Kultur, fast 200 Fotografien, mehrere Karten und eine vollständige Bibliographie.

Die Yanomami im ethnographischen Film

Astrid Mohné

Über die Yanomami ist nicht nur in der Literatur ausführlich berichtet worden, auch im Film sind sie keine Unbekannten. Dem Leser, der sich für die Breite und Vielfältigkeit der Yanomami-Filme interessiert, soll in der folgenden Filmographie ein Überblick über die bereits vorhandenen Yanomami-Filme gegeben werden.
Das Spektrum der einschlägigen Filme reicht vom streng wissenschaftlichen Film bis hin zum leichten kommerziellen Spielfilm. Die filmischen Dokumentationen, die über die Yanomami existieren, lassen sich in drei Genre aufteilen:

Wissenschaftliche Filme

Die wohl meisten wissenschaftlichen Filme über die Yanomami stammen von den Amerikanern Napoleon A. Chagnon und Timothy Asch, die allein in den Jahren 1968 bis 1974 circa hunderttausend Meter Filmmaterial produzierten.
Kennzeichnend für die Yanomami-Filme ist die enge Zusammenarbeit von Chagnon und Asch. Während sich Chagnon vornehmlich den ethnologischen Studien widmete, konzentrierte sich hingegen Asch ausschließlich auf das anthropologische Filmen. Hinter ihrer ethnologisch-filmischen Teamarbeit verbargen sich dokumentarische Ziele. In einer Menge von ethnographischen Kurzfilmen sollten die unterschiedlichen ethnologischen Bereiche der Yanomami-Kultur verständlicher und anschaulicher als durch das geschriebene Material dokumentiert werden. Das dazugehörige Begleitmaterial (Study Guide) diente dazu, komplexe ethnologische Themen (Sozialorganisation, Religion etc.) noch einmal genauer und ausführlicher zu erklären. Somit wenden sich die Chagnon-Asch-Filme vornehmlich an ein wissenschaftliches Publikum, da sie vor allem für Unterrichtszwecke bestimmt sind. Bisher liegen über vierzig Yanomami-Filme vor, die bei Chagnon: »Yanomamö. The Fierce People«, New York 1983 und Chagnon: »Studying the Yanomamö«, New York 1974 aufgeführt sind. Einige dieser Filme sind bei der Institution Documentary Educational Resources (DER)[1] erhältlich. Sie sind mittlerweile auch als Videokopien ausleihbar.
Alle diese Filme werden in den zwei Büchern von Chagnon (1983: 221 f; 1974: 260–266) ausführlich beschrieben.

Nachstehend eine Auswahl der wichtigsten Yanomami-Filme.

Filme von Napoleon A. Chagnon und Timothy Asch:[2]

1 Documentary Educational Resources, 5 Bridge St. Watertown, Mass. 02172

2 Erklärung der Abkürzungen:

		Bearb.:	Bearbeitung	T:	Ton
R:	Regie	S:	Schnitt	st:	stumm
Ph:	Photographische Leitung	F:	Farbe	Pro:	Herstellungsjahr der
P:	Produktion, Produzent	SW:	Schwarzweißfilm		Aufnahmen

Arrows
1971/1974, F, 16 mm, 9 Min., S: L. Salzmann

The Axe Fight
1971/1975, F, 16 mm, 30 Min., S: P. Bugos

Bride Service
1971/1975, F, 16 mm, 10 Min., S: J. Caroll, P. Bugos, P. Spier

Children's Magical Death
1971/1974, F, 16 mm, 8 Min., S: L. Salzmann, A. Fischel

Climbing the Peach Palm
1971/1974, F, 16 mm, 9 Min., S: A. Fischel

The Feast
1968/1970, F, 16 mm, 29 Min.; Ph: T. Asch, N. A. Chagnon, S: A. Fischel

Firewood
1971/1974, F, 16 mm, 10 Min., S: A. Fischel

Jaguar: A Yanomamö Twin – Cycle Myth
1971/1976, F, 16 mm, 22 Min., S: P. Bugos

Magical Death
1970/1973, F, 16 mm, 28 Min., Ph: N. A. Chagnon, S: C. Johnson

A Man and His Wife Make a Hammock
1971/1974, F, 16 mm, 9 Min., S: A. Fischel

A Man Called Bee: Studying the Yanomamö
1971/1974, F, 16 mm, 40 Min., S: F. Galvin, A. Fischel

Moonblood: A Yanomamö Creation Myth as told by Dedeheiwä
1971/1975, F, 16 mm, 14 Min., S: P. Bugos

Myth of Naro as Told by Dedeheiwä
1971/1975, F, 16 mm, 22 Min., S: A. Fischel, P. Bugos

Myth of Naro as Told by Kaobawä
1971/1975, F, 16 mm, 22 Min., S: T. Asch, N. A. Chagnon, P. Bugos, C. Johnson

New Tribes Mission
1971/1974, F, 16 mm, 12 Min., S: L. Salzmann

Ocamo Is My Town
1971/1974, F, 16 mm, 23 Min., S: M. Scott, A. Fischel

Tapir Distribution
1971/1975, F, 12 mm, 15 Min., S: S. Reichlin, P.Bugos

Tug-of-War, Yanomamö
1971/1975, F, 16 mm, 9 Min., S: L. Salzmann

Weeding the Garden
1971/1974, F, 16 mm, 14 Min., S: L. Salzmann, A. Fischel

Yanomama: A Multidisciplinary Study
1971, F, 16 mm, 43 Min., S: T. Asch, N. A. Chagnon, C. Johnson; PR: J. Neel, T. Asch, N. A. Chagnon; PhT: T. Asch, N. A. Chagnon

Bei den Franzosen sind besonders die Filme von Jacques Lizot zu erwähnen. Diese Farbfilme zeichnen sich nicht nur durch ihre zum Teil beträchtliche Länge aus, sondern auch durch ihre anschauliche Dokumentation der verschiedensten Bereiche der Yanomami-Kultur. Wie in seinem bekannten Buch »Im Kreis der Feuer« fehlt auch in den Lizotschen Filmen nicht der poetische Grundton des französischen Anthropologen, der in krassem Gegensatz zu der eher nüchternen Sprache und Ausdrucksweise des Amerikaners Napoleon A. Chagnon steht.

Les Indiens Yanomami
1970, F, 16 mm, 75 Min., P: O.R.T.F., J. P. Marchand

Invitation
1969, F, 16 mm, 20 Min., P: C.N.R.S./Instituto Venezolano de Investigaciones Cientificas de Caracas, R: C. Bourquelot

Das Schweizer Ehepaar Pierrette Birraux und Volkmar Ziegler machte sich durch seinen gemeinsam gedrehten Yanomami-Film einen Namen. Unter anderem hat dieser Film Beispielcharakter für die neue Richtung des ethnologisch-ethnographischen Films: die Kultur der Yanomami wird »von innen« gezeigt. In einem »offenen Dialog« zwischen Filmer und den Gefilmten haben die Yanomami die Möglichkeit, selber zu Wort zu kommen. Hier wurde somit ein Film »mit und von« den Betroffenen gedreht und nicht, wie so oft, ein Film »über« die Menschen.
Der Film von Pierrette Birraux und Volkmar Ziegler:

Yanomami de la Rivière du Miel
1982, F, 16 mm, 55 Min.

Auf einen weiteren, noch in Vorbereitung befindlichen Film von Birraux-Ziegler sei hingewiesen:

Die Yanomami vor dem Genozid

Er beschäftigt sich mit der gegenwärtigen Situation der Yanomami in Brasilien.
Es waren nicht nur Pierrette Birraux und Volkmar Ziegler, die in ihrem eineinhalbjährigen Feldforschungsaufenthalt auf das Medium Film zur anschaulichen Dokumentation zurückgriffen, sondern auch andere Yanomami-Forscher erkannten im Film ein ideales Mittel zur Darstellung der jeweiligen Kultur, so z. B.:

Barbara Braendli
Curare
1970, 10½ Min., F.
Kopien sind erhältlich bei: Latin American Center, University of California, Los Angeles, California 90024.

Georg J. Seitz
Poisons and Drugs in the Amazon Jungle
1965, 25 min.

Georg J. Seitz
People of the Rain Forest
1960 und 1965, 32 Min., F.

Inga Steinvorth-Goetz
Ebena: Hallucinogenic Ecstasy among the Yanoama.
1969, 18 Min., F.
Kopien sind erhältlich bei: Latin American Center, University of California, Los Angeles, California 90024.

In Deutschland haben sich besonders Otto Zerries und Meinhard Schuster um den wissenschaftlichen Film verdient gemacht. Im Verlauf ihrer Expedition zu den Waika-Indianern (1954/1955) wurden 1800 Meter Film gedreht, die Hälfte davon in Farbe. Die meisten dieser Filme und ihre Begleithefte sind über die Encyclopaedia Cinematographica des Instituts für den wissenschaftlichen Film (IWF) zugänglich.[3]

Filme von Meinhard Schuster:

Waika (Südamerika, Venezuela)

Feuerbohren
Fire Drilling, Bearb.; IWF, Göttingen, Prod.: 1954. Publ. 1957, SW, st, 29 m, 3 Min.

Herstellung eines Bogens
Making a Bow, Bearb.: IWF, Göttingen, Prod.: 1954, Publ.: 1957, SW, st, 118 m, 11 Min.

Herstellung einer Hängematte und Korbflechten aus Lianen
Making a Hammock and Plaiting a Basket from Liana, Bearb.: IWF, Göttingen, Prod.: 1954, Publ.: 1957, SW, st, 82 m, 7½ Min.

Palmfruchtfest
Palm Fruit Festival, Bearb.: IWF, Göttingen, Prod.: 1954/55, Publ.: 1959, F, st, 203 m; 18½ Min.

Otto Zerries kommentierte darüberhinaus eine Reihe von wissenschaftlichen Filmen des Schwenningers Hermann Schlenker.

Filme von Hermann Schlenker:

Waika (Venezuela, Orinoko-Quellgebiet)

Palmfruchtfest: Schmücken der Gäste und »bleigei«-Tanz
Palm Fruit Festival: Guests Clothing Themselves and Dance »bleigei«, Bearb.:

3 Institut für den Wissenschaftlichen Film
Nonnenstieg 72, Postfach 2351, 3400 Göttingen

D. Kleindienst-Andrée (IWF), Göttingen, Prod.: 1969, Publ.: 1975, F, st (mit nicht synchronem Tonband), 150 m, 14 Min.

Schnupfen von yopo-Pulver
Snuffing »yopo Powder«, Bearb.: D. Andrée (IWF), Göttingen, Prod.: 1969, Publ.: 1975, F, st (mit nicht synchronem Tonband), 75 m, 7 Min.

Gewinnen von Curare und Herstellen von Giftpfeilspitzen
Extracting Curare and Making Poisoned Arrow Heads, Bearb.: D. Kleindienst Andrée (IWF), Göttingen, Prod.: 1969, Publ.: 1975, F, st, 104 m, 17 Min.

Gewinnen des Farbstoffes »nana«
Extracting the Duy Stuff »nana«, Bearb.: D. Andrée (IWF), Göttingen, Prod.: 1969, Publ.: 1975, F, st, 81 m, 7½ Min.

Später drehte auch der Verhaltensforscher Irenäus Eibl-Eibesfeldt mit seinem wissenschaftlichen Begleiter Harald Herzog Filme über die Yanomami, die in der Enzyclopaedia Cinematographica (EC des IWF) und im Humanethologischen Filmarchiv (HF) der Max-Planck-Gesellschaft erhältlich sind.

Filme von Irenäus Eibl-Eibesfeldt und Harald Herzog:

Yanomami, Patanoetheri (Venezuela, Oberer Orinoko)
Yopo-Rausch, Tanz und Geisterbeschwörung (Hekuramou) zur Initiation eines Medizinmann-Anwärters.
Yopo-intoxication, dance and exorcism during the initiation of a shaman applicant.

Prod.: 1983, Publ.: 1987, F, T (original)
Teil I, 282 m, 26 Min.,
Teil II, 251 m, 23 Min.,
Teil III, 381 m, 35 Min.

Weiterhin seien die zahlreichen, zum Teil noch ungeschnittenen und unveröffentlichten Filme über das Verhalten der Yanomami, insbesondere das der Kinder, erwähnt, die im Humanethologischen Filmarchiv der Max-Plank-Gesellschaft (HF) gelagert sind.
Hier sei eine Auswahl dieser Filme über die Yanomami (Untergruppe Patanoetheri, Venezuela, Oberer Orinoko) erwähnt.[4]

Geisterbeschwörung im Yopo-Rausch und Abstreifzauber
Exorcism during Yopo-intoxication and transducation magic

Ausschnitte aus einem Fest (Eintanzen der Gäste, Himou und Abgang)
Scenes from a feast (display dances of the guests, Himou and departure)

Mutter-Kind-Interaktionen (männlicher Säugling)
Mother and child interaction (male baby)

4 Für manche dieser Filme fehlen die in Anmerkung 2 angegebenen Daten

Interaktion eines weiblichen Kleinkindes mit Mutter und anderen Bezugspersonen
Interactions of a female baby with her mother and others

Männer im Umgang mit Säuglingen
Men's interactions with babies

Populärwissenschaftliche Filme

Neben den rein wissenschaftlichen Filmen wurden auch zahlreiche populäre Dokumentarfilme über die Yanomami gedreht, z. B. der Film »Bei den Waika des Oberen Orinoko« von Martin Schießler und Karl Weidmann, der 1969 im Zweiten Deutschen Fernsehen ausgestrahlt wurde.
Weiterhin ist von Joachim Bublath der Dokumentarfilm

Abenteuer am Orinoko
aus der Reihe »Aus Forschung und Technik«[5] zu nennen, der in zwei Teilen 1987 und 1988 gesendet wurde.
Hervorzuheben seien auch die Filme von Claudia Andujar

Povo da lua, Povo do sangue: Documento Yanomami, 1972 bis 1982

und die Filme des deutschen Survivalkünstlers Rüdiger Nehberg:

Überleben im Urwald. Rüdiger Nehbergs Marsch zu den bedrohten Amazonas-Indianern, 1985.

Goldrausch in Amazonien. Rüdiger Nehberg auf den Spuren eines vom Aussterben bedrohten Indianerstammes, 1989.

Von diesem Film ist vor allem der zweite Teil hervorzuheben, der ungeschminkt die Lage der Yanomami in Brasilien zeigt und ausführliche Interviews mit Indianern und engagierten Indianerfreunden bringt.

Spielfilme

Schließlich sei noch das letzte Genre der ethnographischen Filme über die Yanomami erwähnt: rein kommerzielle Spielfilme, die die Indianer meist klischeehaft darstellen und zum Teil in typische Schwarzweißmalerei verfallen, wie z. B. der 1985 über die Yanomami entstandene Film

The Emerald Forest
von John Boormann, der im Jahre 1986 in den deutschen Kinos unter dem Titel »Der Smaragdwald« lief.

Literatur
Asch, T.: Report from the Field: Filming the Yanomamö in Southern Venezuela. In: Program in Ethnographic Film Newsletter 3 (1): 3–5. Philadelphia, 1971.

5 Kamera: Detlev Stahl, wissenschaftliche Beratung: Napoleon Chagnon, Timothy Asch. An dieser Stelle sei auf meine Arbeit »Die Yanomami im ethnographischen Film« verwiesen, die demnächst in der Reihe »Münchener Beiträge zur Amerikanistik« erscheinen wird, und in der eine Analyse des oben genannten Filmes enthalten ist. Das Ergebnis dieser Untersuchung ist, daß dieser populärwissenschaftliche Film nicht genügend ethnographische Information vermittelt, um ein Verstehen der Kultur der Yanomami zu ermöglichen.

Asch, T.: New Methods for Making and Using Ethnographic Film. In: Paper Presented to the Research Film Committee. African Studies Association Philadelphia, 1972 a.
Asch, T.: Ethnographic Filming and the Yanomamö Indians. In: Sight Lines 5: 3, 1972 b.
Asch, T.: New Methods for Making and Using Ethnographic Film. In: Education and Cultural Process: Towards an Anthropology of Education. (Ed. by George Spindler). New York, 1974.
Asch, T.; Marshall, J.; Spier, P.: ›Ethnographic Film: Structure and Function‹. In: Annual Revue of Anthropology Vol. 2 : 179–187. California, 1975.
Chagnon, N. A.: Yanomamö. The Fierce People. New York, 1983[3].
Chagnon, N. A.: Studying the Yanomamö. New York, 1974.
Friedrich, M.; et al. (Hg.): Die Fremden sehen. München, 1984.
Friedrich, M.; et al. (Hg.): 100 ethnographische Filme. München, 1984.
Mohné, A.: Die Yanomami im ethnographischen Film. Magisterarbeit, München, 1989.
Wilbert, J.: Survivors of Eldorado. Four Indian Cultures of South America. New York, 1972.

Nationale Bischofskonferenz von Brasilien: Zur Verteidigung des Volkes der Yanomami

Vorstandsschaft und Bischöfliche Pastoralkommission der Nationalen Bischofskonferenz von Brasilien am 15. Dezember 1988 in Brasília.

Einleitung

Die Gewalt gegen die Yanomami fügt sich in den Rahmen einer Indianerpolitik der Regierung, die indianische Gemeinschaften in einem Ausmaß marginalisiert und zerstört, das einen Völkermord gleichkommt.
Die offizielle Indianerpolitik hat sich in den letzten Jahren immer mehr der Praktik verschrieben, Indianervölkern jene minimalen Bedingungen zu entziehen, die es ihnen ermöglichen, ihre Identität und vielfach sogar ihr physisches Überleben zu sichern.
Ökonomische Gruppen, angelockt von der Gier nach neuen Gewinnmöglichkeiten vor allem in der Holz- und Erzgewinnung, schrecken nicht vor einer Invasion und Plünderung indianischer Gebiete zurück.
Dramatisch entwickelt sich diese Situation im Amazonasgebiet, das von Regierungsplanern als »leerer Raum« betrachtet wird, den es noch zu besiedeln gilt. Die Indianer werden hier als Hindernis für die großkapitalistischen Unternehmungen an der Nordgrenze des Landes betrachtet.
Wie aus einer Untersuchung der 3. Unterabteilung im Generalsekretariat des Nationalen Sicherheitsrates (Conselho de Segurança Nacional) hervorgeht, verstehen Regierungskreise unter »wahrer Indianerpolitik« eine »Eingliederung der Indianer in die nationale Gemeinschaft«. Mit dieser Politik wird beabsichtigt, den Indianer zur Aufgabe seiner Identität zu zwingen, indem man ihn von seinen traditionellen Gebieten abtrennt, die dadurch wiederum für eine wirtschaftliche Ausbeutung verfügbar werden.
Obwohl die neue Verfassung die Rechte der Indianer in umfassender und unmißverständlicher Form schützt, deutet nichts darauf hin, daß sich die Regierung zu einer Änderung der derzeit gültigen Indianerpolitik entschließt und – was noch weit weniger zu erwarten ist – daß sie eine Entscheidung trifft, bereits begangene Verstöße gegen die menschlichen, kulturellen und politischen Werte der indianischen Völker zu überprüfen.
Das derzeitige Vorgehen der Regierung gegen das Volk der Yanomami zeichnet sich durch die Kaltblütigkeit aus, mit der es begangen wird. In der Konsequenz wird es – schlicht und einfach – zur Vernichtung eines der größten indianischen Völker führen, die in der heutigen Welt ihre traditionelle Kultur noch intakt bewahrt haben. Niemals in seiner gesamten Geschichte sah sich das Volk der Yanomami einer stärkeren Bedrohung ausgesetzt.
Angesichts der drohenden Ausrottung der Yanomami ruft die Kirche in Ausübung des prophetischen Aspekts ihrer Mission alle Brasilianer auf, um in konkreter Form ihre Solidarität mit den Indianern und ihre Verantwortung für ein physisches und kulturelles Überleben dieses Volkes zu bekunden.

Yanomami

Das Volk der Yanomami ist eines der größten indianischen Völker, das seine Kultur noch heute intakt bewahrt.

9000 Yanomami leben in den Bundesstaaten Amazonas und Roraima im Grenzgebiet zwischen Brasilien und Venezuela. Diese Besiedlung des brasilianischen Nordens ist historisch durch orale Tradition der Indianer und durch Berichte wissenschaftlicher Expeditionen seit dem 18. Jahrhundert bezeugt. Das von den Yanomami bewohnte Gebiet ist hügelig, mit reißenden Flüssen, dichtem Regenwald sowie Lichtungen mit lockerer Vegetation. Bekannt als Bergland von Guayana, gehört diese Region zu den ältesten geologischen Formationen des südamerikanischen Kontinents.

Der Boden ist für eine intensive Landwirtschaft ungeeignet, doch gelingt es den Yanomami seit Jahrhunderten zu überleben, da sie die natürlichen Ressourcen und das ökologische Gleichgewicht bewahren. Die Yanomami räumen die von ihnen benutzten Gebiete in periodischen Abständen, damit sich Boden, Flora und Fauna erneuern können. Ihre Hütten verlegen sie alle drei oder vier Jahre an neue Plätze im Urwald. Der Urwald erhält so die Möglichkeit, sich neu heranzubilden, und kann daher auch von zukünftigen Yanomami-Generationen nutzbar gemacht werden.

Bis 1950 konnten sich die Yanomami in demographischer wie räumlicher Hinsicht frei entfalten. Ab den fünfziger Jahren begannen sich in ihrem Gebiet verschiedene Missionen niederzulassen, wie z. B. die Evangelische Mission im Amazonasgebiet (Missão Evangélica da Amazônia), die Mission Neue Indianerstämme Brasiliens (Missão Novas Tribos do Brasil) und die gegenwärtigen Diözesen von Rio Negro und Roraima.

Gemäß dem »Programm der Nationalen Integration« (Programa de Integração Nacional), das von der Regierung Medici herausgegeben wurde, ließen sich von 1970 an Dienststellen der FUNAI im Gebiet nieder. Mit dem Bau der Fernstraße Perimetral Norte (BR 210) – die das Gebiet im Südosten durchquert – wurden 1973 die Yanomami in besorgniserregender Weise von Krankheiten (Masern, Grippe, Tuberkulose, Malaria und Geschlechtskrankheiten) befallen, die von Abholztruppen eingeschleppt worden waren.

Im Jahre 1983 war das Auftreten von Tuberkulose unter den Yanomami viereinhalbmal so hoch wie die Tuberkuloserate, die für die brasilianische Gesamtbevölkerung angenommen wurde (24 von 10 000 gegenüber 5,2 von 10 000). Auch trugen Veränderungen in den kulturellen Gewohnheiten zur Verschlechterung des Gesundheitszustandes dieses Volkes bei. Das Auftreten von »Flußblindheit« (Onchocercose), die in Afrika und Amerika für das Erblinden Tausender verantwortlich ist, hat sich unter den Yanomami außerordentlich verstärkt. In einigen Regionen sind bereits bis zu hundert Prozent der Erwachsenen davon betroffen. Darüberhinaus vergiftet sich das Volk der Yanomami ständig durch den Verbrauch von Wasser, das durch die Goldwäscherei verunreinigt wird.

Invasion

Das friedliche Volk der Yanomami in Roraima steht vor der Gefahr der Ausrottung auf Grund einer Invasion von Goldsuchern, die im Dezember 1988 die Hunderttausend-Mann-Grenze erreicht haben wird.

1975 wurde innerhalb des Radam-Brasilien-Projekts (Projeto Radam-Brasil) das Vorkommen wertvoller und wirtschaftlich wie politisch bedeutsamer Minerale und Metalle (z. B. Uran, Zinnstein und Gold) im Gebiet der Yanomami bekannt. Nach Durchführung geologischer Untersuchungen schätzt indessen die Gesellschaft Vale do Rio Doce den Erzabbau in diesem Gebiet als schwierig ein.
Infolge der Veröffentlichung der Daten von Radam-Brasilien kam es zu einem Ansturm auf die Bergbaugebiete im Territorium der Bundesstaaten Roraima und Amazonas. Ermuntert von der Presse und am Erzabbau beteiligter Interessengruppen drangen nun Goldsucher aus allen Teilen Brasiliens ins Land der Yanomami ein.
Obwohl sich die Gesellschaft Vale do Rio Doce gegen einen Erzabbau im Territorium der Yanomami wandte, strebten Goldsucher und Bergleute vor allem ins Gebirge von Surucucus – das von Yanomami am dichtesten besiedelte Gebiet –, da sich hier die größten Vorkommen an Zinnstein, Eisen und Uran befinden.
Aufgrund einer kriminellen Vorgehensweise des Vizepräsidenten des Verbandes der Gold- und Diamantensucher (Associação dos Garimpeiros und Faíscadores) kam es 1985 im Gebirge von Surucucus zu einer erneuten Invasion, die diesmal mit Flugzeugen, Waffen und der Unterstützung von Großgrundbesitzern und Polizei durchgeführt wurde. Die Bundespolizei von Roraima (Departamento da Polícia Federal de Roraima) leitete ein Untersuchungsverfahren ein, das den Rädelsführer ausfindig machen sollte; bis heute blieb er unbestraft.
Von der erwiesenen Straffreiheit angereizt, trommelten die Anstifter jener Invasion 1985 weitere, besser versorgte Goldsucher zusammen, um ins Gebiet der Yanomami zurückzukehren. Die Invasion verstärkte sich 1987 im Zuge bewaffneter Konflikte zwischen Invasoren und Indianern, die zu zahlreichen Todesfällen führten. Zeitgleich mit diesem erneuten Einfall diskutierte die Verfassungsgebende Versammlung (Constituinte) Maßnahmen zur Unterstützung von Goldsucher-Korporativen. Man gestand ihnen das Vorrecht zur Schürfung und Ausbeutung von Goldfunden in ihrem jeweiligen Einsatzgebiet zu.
Im September 1987 begann die FUNAI in einer gemeinsamen Aktion mit dem Heer, der Luftwaffe, der Bundespolizei sowie der Militärpolizei von Roraima, die Goldsucher aus dem Gebiet der Yanomami abzuziehen, was nicht gelang. Der Mißerfolg der Aktion erwies sich für die Goldsucher nur als weiterer Anreiz, in indianisches Gebiet zurückzukehren.

Verbrechen

Der Einfall ins Land der Yanomami ist gegen die Verfassung und gegen die brasilianischen Gesetze und wiederholt sich indessen ständig ungestraft.
Die Einfälle ins Territorium der Yanomami sind Delikte, die im Strafgesetzbuch als Diebstahl, Totschlag, Körperverletzung, Bandenbildung und Aufwiegelung definiert sind. Die Gesamtheit von Handlungen, die gegen eine ethnische Gruppe gerichtet sind, stellt die Straftat des Völkermordes dar. Berichte über derartige Gesetzwidrigkeiten wurden in der Presse veröffentlicht:
– In den Goldwäschereien von Roraima wird das Eintreffen von 50 000

Menschen erwartet, nachdem der Versuch mißlungen war, Goldsucher aus diesem Gebiet abzuziehen. (Folha de Boa Vista vom 13., 15. und 16. Dezember 1987).

- Vier Yanomami-Indianer wurden von Goldsuchern brutal ermordet. Ein Goldsucher starb im Verlauf des Konflikts. Die Körper der Indianer waren als wahrer Ausdruck menschlicher Perversität von Schüssen, Messerstichen und Schlägen gänzlich verstümmelt. (A Crítica de Roraima vom 22. August 1987).
- Neue Todesfälle unter den Indianern in einer Auseinandersetzung mit Goldsuchern. (A Crítica de Roraima vom 30. April 1988).
- Gewehrschuß verletzt Indianerin, und drei Indianer in weiterem Zusammenstoß mit Goldsuchern verprügelt. (A Crítica de Roraima vom 30. April 1988). Am 8. Mai 1988 wurde bei einem Angriff auf eine Siedlung der Tireytherie ein Yanomami-Kind in den Armen seines Vaters getötet, der selbst schwer verletzt wurde. Nach Zerstörung der Häuser und Felder wurden die Yanomami vom Ort vertrieben.
- Acht Indianer beim Einfall ins Dorf der Urubutherie getötet. (Folha de São Paulo vom 20. Mai 1988).

Presse

Die Presse von Roraima trägt direkte Verantwortung an der dramatischen Situation der Yanomami.

Die Schwere von Gewalttaten gegenüber den Yanomami verhindert, daß sie von der Presse Roraimas verschwiegen werden können. In den lokalen Kommunikationsträgern spiegeln sich jedoch ökonomische und politische Interessen an den Indianergebieten wider, wobei die Invasion von Goldgräbern sogar angeheizt wird und Diffamierungen gegen Körperschaften veröffentlicht werden, die für die Sache der Indianer eintreten, wie vor allem die katholische Kirche.

Der amtierende Gouverneur von Roraima versicherte am 13. Dezember 1987 in der Presse, daß er die von der Invasion hervorgerufene Situation ohne Sorge betrachte, da für ihn »das Problem der Goldsucher als Folge der allgemeinen Lage im Land ein soziales Problem darstellt.«

Weiterhin erklärte der Gouverneur von Roraima am 8. Januar 1988, daß – ginge es nach ihm – alle derzeit im Betrieb befindlichen Goldwäschereien weitergeführt und legalisiert werden sollten. Nach Meinung des Gouverneurs würde dies zur Entwicklung von Roraima beitragen und den Indianern zum Vorteil gereichen. Der Gouverneur versicherte dem Bischof von Roraima, daß die Voraussetzungen nicht gegeben seien, ein Eindringen von Goldsuchern in erzreiche Gebiete zu verhindern (28. Oktober 1987).

Calha Norte

Die Verteidigung der Nordgrenze Brasiliens, die eine unabdingbare Verpflichtung des Staates darstellt, kann indessen kein Vorwand sein, die Rechte der Indianer mit Füßen zu treten.

Die brasilianische Öffentlichkeit nahm 1986 zur Kenntnis, daß das Generalsekretariat des Nationalen Sicherheitsrates (Conselho de Segurança Nacional) ein Projekt zur Entwicklung und Sicherheit eines Gebiets nördlich des Ver-

laufs der Flüsse Solimões und Amazonas erarbeitet hatte. Als Projeto Calha Norte wurde es bekannt.
Das Generalsekretariat des Nationalen Sicherheitsrates beruft sich auf eine Reihe von Maßnahmen, die bei der Einrichtung dieses Projekts für notwendig erachtet werden. Innerhalb dieser Richtlinien wird »die Definition einer dem Gebiet angepaßten Indianerpolitik« betont, »die den Grenzstreifen besonders berücksichtigt.« Unter den sechs Regionen, die für sofortige Aktionen im Grenzgebiet vorgesehen sind, befindet sich das »Gebiet der Yanomami-Indianer«.
»Das Gebiet wird durch die Anwesenheit von Yanomami-Indianern in einer geringen Bevölkerungsstärke von circa 7500 Personen charakterisiert. Sie leben in Dutzenden verstreuten Hütten, die entlang eines 900 Kilometer langen Grenzabschnitts zu Venezuela angesiedelt sind. Auch in Venezuela leben zahlreiche Indianerkontingente der selben ethnischen Gruppe. Bereits seit geraumer Zeit wird sowohl von nationaler wie internationaler Seite Druck dahingehend ausgeübt, einen Yanomami-Staat auf Kosten des gegenwärtigen brasilianischen und venezolanischen Territoriums einzurichten.« (Darlegung der Motive Nr. 018/85 des Brigadegenerals Rubem Bayma Denys, Generalsekretär des Nationalen Sicherheitsrates).
In Wirklichkeit schafft dieses Projekt die nötigen Sicherheiten für großkapitalistische Investitionen an der Amazonasgrenze, indem es dieses Gebiet wirtschaftlich an den Rest des Landes anschließt. Mit dem Ziel einer Beseitigung der als Hindernis betrachteten Indianer werden isolierte Landstücke abgegrenzt, um:
- die Indianer in kleinen Bevölkerungszentren zusammenzufassen, wo sie in Abhängigkeit gehalten werden, und in der Folge ein Verlust ihrer ethnisch-kulturellen Identität herbeigeführt wird.
- das übrige Land der Indianer für eine wirtschaftliche Ausbeutung freizubekommen.

Demarkation

Seit 1934 ist in der brasilianischen Verfassung die Verpflichtung verankert, Indianern ihre Gebiete zu sichern. In Bezug auf die Yanomami ist diese Forderung bis heute nicht beachtet worden.
Das erste Projekt zur Abgrenzung des Territoriums der Yanomami wurde im Dezember 1968 von den Anthropologen Alcida Ramos und Kenneth Taylor ausgearbeitet.
Die Abfassung des zweiten Projektes erfolgte im März 1969 durch die Prälatur Roraimas mit Unterstützung des Ethnologen René Fuerst.
Mit den Erlassen Nr. 477/N, 515/N und 513/N legte die FUNAI in den Jahren 1977 und 1978 21 geographisch unzusammenhängende Gebiete zur »Besiedlung der Indianer« fest. Dies führte zu einer Zersplitterung der Yanomami-Population und zu einem Eindringen von Goldsuchern durch 530 Kilometer breite Korridore zwischen den festgelegten Gebieten.
Die Kommission zur Schaffung des Yanomami-Reservats (Comissão pela Criação do Parque Yanomami – CCPY) unterbreitete 1979 der FUNAI den Vorschlag, auf einem 6 446 200 Hektar großen, zusammenhängenden Gebiet ein Reservat einzurichten. Hierbei sollte nicht nur an sozioökonomische und

kulturelle Bedürfnisse der Yanomami, sondern auch an die Erhaltung des Ökosystems gedacht werden.
1982 erklärte der Innenminister Mário Andreazza eine sieben Millionen Hektar große Fläche zum Sperrgebiet. Zwei Jahre später grenzte die FUNAI das Territorium der Yanomami auf dem Verwaltungswege ab und übertrug die Angelegenheit der Arbeitsgruppe für interministerielle Arbeit (Grupo de Trabalho Interministerial), die ihrerseits das Gebiet zum Yanomami-Indianerreservat (Parque Indígena Yanomami) ausbaute (Erlaß Nr. 1817 vom 18. Januar 1985). 1985 wurden vom Abgeordneten Márcio Santilli und Senator Severo Gomes zwei Gesetzesentwürfe eingebracht, die auf eine Demarkation des Yanomami-Gebietes abzielten.
Am 13. September 1988 veröffentlichte der Diário Oficial da União (Brasilianischer Staatsanzeiger) den Interministeriellen Erlaß Nr. 160 (Portaria Interministerial nº 160), der die Grenze des Siedlungsgebietes der Yanomami bestimmte und die entsprechende Demarkation festlegte. Mit diesem Regierungsakt wurde die Abgrenzung von 19 geographisch unzusammenhängenden Indianergebieten innerhalb zweier staatlicher Wälder und einem Nationalpark festgelegt. Schon zwei Monate später, am 18. November 1988, wurde im Interministeriellen Erlaß Nr. 25 der vorausgegangene Entscheid aufgehoben. Nun wurde erklärt, daß die Wälder und der Nationalpark nicht indianisches Land seien. Auch beschränkte man sich darauf, den Indianern nur ein Vorrecht an der Nutzung der im Gebiet befindlichen Reichtümer einzuräumen. Das Territorium der Yanomami wurde damit um siebzig Prozent seiner Fläche reduziert.
Mit diesen Maßnahmen wird wiederum Artikel Nr. 231 der neuen Verfassung verletzt, der Indianern den alleinigen Besitz von Gebieten garantiert, die traditionell von ihnen besiedelt werden, und ihnen das ausschließliche Nutzungsrecht an allen darin vorkommenden Reichtümern zuspricht; dies in folgendem Wortlaut:
Art. 231. Den Indianern wird eine eigene soziale Organisation, Brauchtum, Sprache, Glaube und Tradition sowie die ursprünglichen Besitzrechte über Länder zuerkannt, die diese traditionellerweise besiedeln. Hierbei steht es dem Bund zu, Gebiete abzugrenzen, deren Güter zu schützen und eine Anerkennung der Besitztümer zu gewährleisten.
Als stets von Indianern besiedelte Länder gelten Gebiete, a) die von ihnen in kontinuierlicher Weise bewohnt werden; b) die von ihnen bei der Ausübung ihrer Tätigkeiten benutzt werden; c) die zum Schutze der für ihr Wohlergehen notwendigen Umweltbedingungen unentbehrlich sind und d) die gemäß ihrer Gewohnheiten, Sitten und Traditionen für ihre physische wie kulturelle Fortpflanzung notwendig sind.
Traditionell von Indianern bewohntes Gebiet ist für ihren ständigen Besitz bestimmt. Hierbei fällt es in den ausschließlichen Zuständigkeitsbereich der Indianer, Nutzen aus den Erträgen des Bodens, der Flüsse und Seen dieses Gebietes zu ziehen.
Die im Artikel beschriebenen Gebiete sind unveräußerlich und unverfügbar, die Rechte über sie unanfechtbar.
Die Abgrenzung des Yanomami-Territoriums in geographisch unzusammenhängende Gebiete bedeutet für dieses Volk das Todesurteil.

Die Kirche

Unter zahlreichen Gruppen, die für das Überleben der Indianer kämpfen, befindet sich auch die Kirche, die in Brasilien auf Grund ihrer Verteidigung indianischer Rechte verfolgt wurde.
Die Anwesenheit der katholischen Kirche von Roraima bei den Yanomami vollzog sich durch die Mission Catrimani, die 1965 gegründet wurde. 22 Jahre lang bestand der Dienst an den Yanomami vor allem im Gesundheitswesen – von der Gründung der Mission bis ins Jahr 1987, als die Missionare von Catrimani vertrieben wurden. Die erste medizinische Beratungsstelle wurde 1971 eingerichtet, eine zweite Stelle und ein Krankenhaus 1977 errichtet. Seit 1976 diente den Yanomami eine qualifizierte Krankenschwester, die von Ärzten und Zahnmedizinern unterstützt wurde. Die Bekanntschaft mit dem Volk der Yanomami und ihrer Kultur gehört über zwanzig Jahre lang zum Tätigkeitsfeld missionarischer Hingabe, die im persönlichen Leben wie in der Arbeit der Missionare das Evangelium bezeugt.
Das gegenwärtige Team der Mission Catrimani besteht aus Schwester Florença Águida Lindey, die die Sprache der Yanomami beherrscht und eine abgeschlossene Ausbildung in Krankenpflegetechnik am Instituto Maria Auxiliadora im Bundesstaat Rio Grande do Sul sowie eine ganze Reihe beruflicher Spezialisierungskurse aufweist; Pfarrer Guilherme Damioli, Magister in Missionswissenschaft der Pontificia Università Urbania in Rom, und einer Ausbildung zum Krankenpfleger in der Poliklinik Gemelli in Rom, auch er spricht die Sprache der Yanomami; Pfarrer João Saffirio, Doktor der Kulturanthropologie der Universität von Pittsburgh/Pennsylvania und gleichfalls der Sprache der Yanomami mächtig. Sie stehen in ständiger Zusammenarbeit mit den verfassungsmäßigen Autoritäten des Landes und respektieren die brasilianische Gesetzgebung.
Am 15. August 1987 wurden am Fluß Paapi-u in der Region des Flusses Couto Magalhães vier Yanomami von Goldsuchern grausam ermordet, ein Goldsucher kam dabei ums Leben. Von der Presse als Sensation hochgespielt, diente diese Tatsache als Vorwand, das Team der Mission Catrimani am 24. August 1987 von der Station zu vertreiben.
Tatsächlich vollzog sich der Rückzug der Mission Catrimani auf Anordnung der offiziellen Indianervertretung und hatte das Ziel, eine Anwesenheit unbequemer Beteiligter zu verhindern. Die Missionare hatten nämlich die FUNAI über die Invasion der Goldsucher informiert und dabei die Frage nach Unterlassungen seitens der Regierung aufgeworfen.
Die Missionare wurden von Catrimani abgezogen, als handle es sich um polizeilich gesuchte Verbrecher. Vom Missionsteam blieb nur Schwester Florença im Gebiet, dies aufgrund einer Malariaseuche unter den Indianern und eines Bittgesuchs von Dom Luciano Mendes Almeida an die Autoritäten in der Hauptstadt. Seit dem darauffolgenden Tag (25. August) hatte Schwester Florença jedoch mit einer Abteilung der Militärpolizei zusammenzuleben und war dabei jeglicher Art von physischem und psychischem Druck ausgesetzt.
Am 28. August wurde Schwester Florença unter Schockeinwirkung von acht Polizisten nach Boa Vista gebracht.
Ohne die von der Mission geleistete medizinische Betreuung starben in nur zwei Monaten vier Yanomami: Sophia, eine Mutter von vier Kindern, Ixiti

mit zwei Kindern, die zweijährige Lisa und Koraxim im Alter von 77 Jahren. Am 8. Dezember besuchte der Präsident der Nationalen Bischofskonferenz (Conferência Nacional dos Bispos do Brasil – CNBB), Dom Luciano Mendes de Almeida, Catrimani, und war erschüttert von der Verwahrlosung so zahlreicher Kinder und der Traurigkeit der Indianer, die sich die Rückkehr der Missionare wünschten.
Als hätten die Probleme, die die FUNAI den Missionaren bereitete, nicht bereits genügt, wurde am 21. September 1987 Schwester Florença zur Rückkehr nach Catrimani bewegt. Dies geschah unter der Bedingung eines Arbeitswechsels zur FUNAI, was aus einsichtigen Gründen abgelehnt wurde.
In der Folge von Strafanzeigen der Missionare und einem Rechtsbeistand, der seitens des Indianerrats der Mission (Conselho Indigenista Missionário – CIMI) gewährt wurde, beantragte in der zweiten Hälfte des Jahres 1988 das Bundesinnenministerium durch Dr. Ítalo Fioravante auf juristischem Weg die Annullierung der behördlichen Maßnahme, die zum Abzug der Mission geführt hatte.
Der Richter des 2. Bundesamtsgerichtsbezirks im Bundesdistrikt (2ª Vara Federal do Distrito Federal) gestand mildernde Umstände zu, genehmigte die Rückkehr der Missionare nach Catrimani und verordnete die Herausgabe illegal beschlagnahmter Güter. Im Antrag stellte das Innenministerium die »Willkür« der von der FUNAI durchgeführten Maßnahme heraus, die – laut Begründung – »mit einer Rechtsstaatlichkeit, wie sie das Land anstrebt, nicht zu vereinbaren ist und sich aufgrund der Inkompetenz der FUNAI zudem schädigend auf die Gesundheit der Yanomami auswirkt.«

Schlußfolgerung

Um den Genozid am Volk der Yanomami zu verhindern, halten wir es für nötig, daß der Erlaß 250/88, der das Land der Yanomami um siebzig Prozent verkleinert und die verbleibenden dreißig Prozent in 19 geographisch unzusammenhängende Gebiete aufspaltet, unverzüglich aufgehoben wird.
Das Volk der Yanomami steht vor der ernsthaften Gefahr seiner Ausrottung. Ökonomische, politische und militärische Interessen – gefördert von einem Staat, der eigentlich die Rechte der Indianer zu verteidigen hätte –, drängen die Belange eines Volkes in den Hintergrund, dessen Streben es ist, in Würde zu leben.
Im vierzigsten Gedenkjahr der Proklamation der »Allgemeinen Erklärung der Menschenrechte« – unterzeichnet auch von Brasilien – werden die Yanomami immer noch massakriert, als handle es sich nicht um menschliche Wesen.
Angesichts dieser dramatischen Situation bringt die Kirche ihre Mißbilligung zum Ausdruck. Sie ruft ihre Gläubigen zusammen, wendet sich an alle Personen, die guten Willens sind, und appelliert an die gesamte Gesellschaft, daß sich dieser Zustand verändere. Zur Verteidigung der Yanomami besteht sie hierbei auf folgenden Forderungen:

- Aufhebung des Interministeriellen Erlasses Nr. 250 vom 18. November 1988, da dieser verfassungswidrig ist und sich zerstörend auf die physische und kulturelle Integrität der Yanomami auswirkt.
- Unverzügliche Demarkation der von Yanomami traditionell besiedelten Gebiete gemäß den Bestimmungen der gegenwärtigen Verfassung, mit

einem Grenzverlauf, wie ihn der Erlaß der FUNAI Nr. 1817 vom 18. Januar 1985 festlegt.

- Sofortiger und endgültiger Abzug aller Goldsucher, wobei diesen Alternativen für ein würdiges Leben außerhalb der indianischen Gebiete angeboten werden sollen.
- Strafrechtliche Verfolgung all derjenigen, die sich an diesem Völkermord beteiligt haben, indem sie ihn stimulierten, förderten oder unterstützten bzw. es unterließen, vorkehrende Maßnahmen zu seiner Verhinderung zu treffen.

Die Entwicklung und Sicherheit unseres Landes kann nicht auf Leichen der Yanomami aufgebaut werden. Brasilien kann sich nicht an Auflösung und Mord indianischer Populationen beteiligen.

Die Kirche hat den Auftrag des Evangeliums, den Yanomami ihre Würde als Kinder Gottes zuzuerkennen. Die Kirche stimmt in das Wehklagen der Yanomami ein und verbindet sich in der Verteidigung der Rechte indianischer Völker, die unseren vollen Respekt und unsere ganze Solidarität verdienen, mit anderen gesellschaftlichen Gruppen.

Brasília, den 15. Dezember 1988

Unterzeichnet vom Vorstand und Mitgliedern der Bischöflichen Pastoralkommission der Nationalen Bischofskonferenz Brasiliens (CNBB)

Übersetzung aus dem Portugiesischen: Sigrid Gareis und Moriçá Santos de Souza Torres

Keine Gnade für Brasiliens letzte Indianer

Oswald Iten

»Hier herrscht Krieg, nicht bloß ein Streit.« Mit diesen Worten begrüßte uns Dom Aldo Mongiano, Bischof der katholischen Diözese von Roraima, auf dem Flugplatz von Boa Vista. Wir verstehen die Worte des kultivierten Italieners, eines weißhaarigen Herrn mit keineswegs martialischer Allüre, erst am nächsten Abend. Boten der Macuxí-Indianer melden dem Bischof außer Atem, daß sie 200 Kilometer nordöstlich von Boa Vista drei Pistoleiros, von denen sie schon lange bedroht worden seien, überwältigt und gefangengenommen hätten. Damit war ein neuer Höhepunkt in der Auseinandersetzung zwischen Weißen und Indianern in dieser nordwestlichen Ecke Brasiliens erreicht.

In diesem »Krieg«, in dem die Kirche als Verbündete der Indianer auftritt, sind die Weißen immer einen Zug voraus. Früh am nächsten Tag startet der Helikopter des Gouverneurs mit einem Polizeidetachement nach Norden. Bis Dom Aldo einen Anwalt mobilisiert und seinerseits ein Flugzeug gechartert hat, ist es Mittag, und dann zwingt eine Schlechtwetterfront erst noch zur Umkehr. Am späten Nachmittag schließlich landen wir in Normandía, nahe an der Grenze zu Guayana. Doch das Rencontre ist schon vorbei: Die Polizisten haben die Pistoleiros befreit, einige Indianer zusammengeschlagen, neunzehn von ihnen verhaftet und ins Gefängnis nach Boa Vista übergeführt. Die Maloca (Siedlung) Santa Cruz, der eigentliche Schauplatz der Polizeiaktion, liegt drei Stunden Fußmarsch durch die Savanne von Normandía entfernt. Den Zugang zu den Häusern der Indios versperrt ein engmaschiger Drahtverhau. An diesem hat sich der jüngste Konflikt entzündet. Seit langem will nämlich der Fazendeiro Newton Tavares seine Ranch Guanabara auf Kosten der Indianer vergrößern. Weil alle Schikanen und juristischen Tricks nicht zum Erfolg führten, ließ Tavares den Zaun erstellen, der die Indianer wie ein Käfig auf engem Raum zusammenpferchte. Weil die 200 Macuxí der Maloca schließlich ein Loch in das Verhau schneiden mußten, um Wasser und Nahrung holen zu können, begingen sie eine Sachbeschädigung. Also ließ der Fazendeiro den Zaun von drei Pistoleiros bewachen. Nachdem einer von ihnen eine Frau aus der Maloca vergewaltigt hatte, überrumpelten die Indianer eines Nachts ihre Peiniger und ketteten sie an einen Mangobaum.

In Santa Cruz ist die Aufregung nach der demütigenden Polizeiaktion groß. Maria, eine alte Frau, weint still vor sich hin, weil man ihren Sohn verhaftet hat und weil ein Enkelkind aus Furcht vor den Polizisten in die Berge geflohen und noch immer nicht zurückgekehrt ist. Ein Mann liegt schmerzgeplagt in einer Hängematte, mit gebrochenen Rippen. »Wir haben absichtlich unsere Pfeile in den Felsen versteckt. Sonst wäre Blut geflossen«, sagt einer der Indianer. Seit Generationen leben die Macuxí hier; die alten Mangobäume zeugen davon, sogar eine Schule steht im Dorf. Aber fast alles Land um die Maloca ist an Newton Tavares verlorengegangen.

Doch in Boa Vista sieht man das alles ganz anders. Die drei lokalen Zeitungen,

allesamt in den Händen von Fazendeiros, verkünden anderntags: »Indianer überfallen die Fazenda Guanabara.« »Invasion und Entführung durch Indianer.« Am einzigen Fernsehsender Boa Vistas, ebenfalls von Viehzüchtern kontrolliert, schildert Tavares voller Entsetzen, wie die Indianer in seine Fazenda eingedrungen seien und wie sie die »Funktionäre gefoltert« hätten. Aus den privaten Pistoleiros werden am Fernsehen damit Funktionäre, denn immerhin arbeiten sie für die Firma Sacopã (Agentur für die Sicherheit Amazoniens), und die gehört pensionierten Offizieren der Armee.
Gegen den Bischof und die anderen italienischen Consolata-Missionare entwickelt sich daraufhin eine Pressekampagne, die vom Sicherheitschef Roraimas, Oberst Menna Barreto, geführt wird. Den Padres wirft er vor, die Indianer zu kriminellen Taten anzustacheln, ja sogar eine Guerilla aufzubauen; er bezeichnet sie als »ausländische Elemente« und »Subversive«. Der nicht zu überbietende Zynismus der Presseberichte wird von geschmacklosen Karikaturen illustriert: Dom Aldo mit Heiligenschein zwischen den Teufelshörnern; Padre Giorgio, auf einer Indianerin liegend, mit einer Sprechblase: »So vergeb' ich dir die Sünden.«
Von allen Missionaren ist Padre Giorgio »Jorginho« Dal Ben bei den Viehzüchtern der meistgehaßte. Wie seine Kollegen kam er vor zwanzig Jahren als braver Priester nach Roraima, taufte, las die Messe, war gern gesehener Gast an den Stammtischen der Viehzüchter. Doch die schreienden Ungerechtigkeiten den Indianern gegenüber ließen die italienischen Padres zusehends die Partei der Ureinwohner ergreifen. Giorgio arbeitete wie seine Kollegen beispielsweise im Indianerspital von Surumu, das von der schweizerischen Caritas finanziert wird. Daneben aber begann er ein Projekt, das die Fazendeiros im Nerv traf: die Indianer sollten Viehzüchter wie die Weißen werden, Kuh gegen Kuh im Kampf um ihre Rechte einsetzen. Die Macuxí, ein Volk von rund 15 000 Indianern, sind längst von der weißen Zivilisation eingeholt worden. Ihrer Jagdgründe beraubt, dienen sie den Fazendeiros als willkommene Taglöhner.
Das Viehzuchtprojekt läßt die Macuxí nun plötzlich auf ihren Landrechten beharren, auch müssen sie sich nicht mehr für die Weißen abrackern. Padre Giorgio begann mit fünfzig Kühen und zwei Stieren, die er einer Maloca überließ. Fünf Jahre später mußte dieses Dorf eine gleiche Anzahl Tiere seinen Nachbarn übergeben. Inzwischen sind aus dieser Kettenaktion schon an die 1500 Rinder hervorgegangen, trotz dem oft handgreiflichen Widerstand der Fazendeiros. Diese töteten nicht nur mehrere Kühe oder ließen von Pistoleiros Pferde der Indianer erschießen. Pater Giorgio muß auch um sein Leben fürchten. Die Missionare schickten ihn vorsorglich für mehrere Monate auf Heimaturlaub. Dort sammelte er weiter Geld für das Viehzuchtprojekt und die Macuxi: »Endlich können die Macuxí das Vorurteil der Weißen widerlegen, daß die Indianer faul seien und mit dem Land nichts anzufangen wüßten.« Den Fazendeiros dient dieses Vorurteil nämlich als Vorwand, um an das Land der Indianer heranzukommen.
Roraima, ein dem Innenministerium unterstelltes Bundesterritorium im äußersten Nordwesten Brasiliens, zehnmal größer als die Schweiz, aber mit nur 180 000 Einwohnern, ist das gelobte Land der Viehzüchter und das Eldorado der Goldsucher. Die einen arrondieren auf Kosten der Savannenindianer

weiträumig nach Nordosten, die anderen zum Nachteil der Amazonasindianer, zum Beispiel der Yanomami, nach Südwesten. Die Yanomami sind das zahlenmäßig bedeutendste noch auf traditionelle Art lebende Indianervolk auf dem Kontinent. Während die größeren Völker entlang dem Amazonas bereits vor zwei Jahrhunderten aufgerieben worden sind, verhinderten unzählige Stromschnellen in den Flüssen im brasilianisch-venezolanischen Grenzgebiet ein Vordringen der Gummisammler und Kolonisatoren. 1929 erreichten die ersten Weißen mit der Expedition des Schweizer Forschers Georges Salathé das Gebiet der Yanomami. Im Quellgebiet des Orinoco auf venezolanischer Seite leben schätzungsweise 15 000 Yanomami, von denen einige hundert bis heute nie einen Kontakt mit Weißen hatten. Die Zahl der Yanomami in Brasilien schätzt man auf 8000. Sie bilden Großfamilien von 30 bis 150 Mitgliedern, die jeweils zusammen eine Maloca, ein langes, großes Haus, teilen. Von dort aus jagen sie in einem Umkreis von dreißig Kilometern, sammeln Wildfrüchte und pflanzen in der Umgebung der Maloca Maniok, Bananen und Mais an. Nach fünf, sechs Jahren, wenn Jagdgründe und Äcker im Umkreis der Maloca erschöpft sind, zieht die Großfamilie an eine andere Stelle des Urwaldes. Materiell leben die Yanomami äußerst bescheiden; ihre spirituelle Kultur hingegen ist von einem immensen Reichtum.
Für viele Yanomami endete die relative Ruhe im Jahre 1973, als mit dem Bau der Perimetral Norte, der nördlichen Grenzstraßentangente, begonnen wurde. Während die Transamazônica die Gebiete südlich des Amazonasflusses erschließen sollte, zielte die Bundesstraße BR 210 auf den äußersten Norden Brasiliens. Große Bedeutung maßen dieser Straße von Guayana nach Venezuela vor allem die Militärs bei.
Den Yanomami wurde die BR 210 zum Verhängnis. Durch den unvorbereiteten Kontakt mit weißen Straßenbautrupps wurden die Indianer Opfer bisher unbekannter Krankheiten, gegen die sie keine Abwehrstoffe haben. Masern, Keuchhusten, Grippe, Tuberkulose breiteten sich epidemisch aus; auch mit Malaria und Geschlechtskrankheiten wurden sie erstmals konfrontiert. Ethnologen dokumentierten Fälle, in denen die Mitgliederzahl einzelner Malocas durch diese Katastrophen um bis zu neunzig Prozent dezimiert wurde. Wahrscheinlich starben insgesamt ein Drittel aller Yanomami an den indirekten Folgen dieses Straßenbaus.
Erstaunlicherweise kam es im Yanomami-Gebiet nicht zu Widerstandsaktionen der Indianer, wie dies beim Bau der BR 174 (Manaus–Boa Vista), von der die Perimetral Norte abzweigt, der Fall war. Dort mußte die Straße, die mitten durch das Reservat der Waimiri-Atroari führt, unter Armeeschutz gestellt werden. Mehrere Bauarbeiter fielen den Curarepfeilen der Indianer zum Opfer. Im Gegenzug gaben die Soldaten das Feuer auf die Indianer frei, und Zeugen behaupteten, daß sogar die Luftwaffe gegen einige Malocas eingesetzt wurde. Massaker und Epidemien während des Straßenbaus verringerten die Zahl der Waimiri-Atroari von 3000 auf nur mehr 600.
Als uns Dom Aldo Mongiano von all den Scheußlichkeiten während des Baus der BR 174 berichtet, seufzt er resigniert: »Dabei war uns der Armeekommandant als guter Katholik bekannt.« Daß der Tod eines Mitbruders, Padre Caleri, zum Anlaß besonders intensiver Indianerverfolgungen wurde, ruft bei den Consolata-Missionaren noch heute Bitterkeit hervor. Padre Caleri hatte

erfolglos versucht, zwischen Bautrupps, Soldaten und den gegenüber allen Weißen mißtrauisch gewordenen Waimiri-Atroari zu vermitteln; eines Nachts wurde er von einem Pfeil durchbohrt.
Padre Caleri war aus der nahegelegenen Yanomami-Mission Catrimani herbeigeeilt, die er zusammen mit einem weiteren Italiener 1965 gegründet hatte. Seine Nachfolger hatten mehr Glück, als einige Jahre später die Yanomami mit der Straße konfrontiert wurden. Ein Untersuchungsbericht der beiden kritischen Ethnologen A. Ramos und K. Taylor kam zum Ergebnis, daß die Yanomami bei der Missionsstation von Catrimani »diejenigen Indianer sind, die am ehesten von der Präsenz Weißer profitiert haben. Die Hauptsorge dieser Missionare gilt der Gesundheitsversorgung und der Erhaltung der indianischen Lebensweise. Darin haben sie weitgehend Erfolg.« Nachdem die beiden Yanomami-Kenner andere Malocas entlang der neuen Straße untersucht hatten, kamen sie zum Schluß, daß dieser Vergleich »nur dazu führen kann, die Arbeit der Missionare zu preisen.«
Ein erstaunliches Urteil – angesichts der schweren historischen Verantwortung, welche die katholische Kirche für das traurige Schicksal der Indianer in Lateinamerika zu tragen hat. Padre Guilherme Damioli, der jetzige Missionar in Catrimani, empfindet seine Tätigkeit nur gerade als kleine Wiedergutmachung der historischen Schuld. »Gott hat diese Menschen Tausende von Jahren im Urwald überleben lassen. Ich kann nicht glauben, daß es nun sein Wille ist, daß sie innert kurzer Zeit ausgerottet werden. Wir wollen und können keinen großen Zoo für die Yanomami einrichten; irgendwann werden sie von der Welt der Weißen eingeholt. Aber wir tun alles, um das Tempo zu verringern, damit die Yanomami Zeit gewinnen, Zeit für einen eigenen Weg in die Zukunft.«
Die Consolata-Väter haben mit dieser Art der Missionierung eine neue Richtung eingeschlagen, anders als zum Beispiel die Salesianer – auch sie Italiener –, welche die Indianer rasch an die westliche Kultur gewöhnen wollten, bis vor kurzem die Kinder in Internaten erzogen und den Schamanismus als Teufelszeug hinstellten. Diese Art der Missionierung trug ähnlich fundamentalistische Züge, wie sie, noch extremer, bei den vielen nordamerikanischen Sekten im Lande zutage treten.
In Catrimani springen die Consolata-Väter selbst in heiklen ethischen Fragen über ihren katholischen Schatten. Da ist zum Beispiel die Abtreibung, die von den Yanomami häufig praktiziert wird, wie auch die Tötung von Neugeborenen unter bestimmten Umständen. Zwischen zwei Geburten sollen in der Regel etwa drei Jahre verstreichen, denn die Mutter muß bei den häufigen Wanderungen ja sämtliche Haushaltsgegenstände und den Säugling mit sich tragen, während ihr Mann stets mit schußbereitem Pfeilbogen vorausgeht, um den Bedrohungen des Urwalds, etwa den Jaguaren, begegnen zu können. Zwei Kinder aber kann eine Frau nicht tragen. Auch reicht die Nahrung oft nicht für zwei.
Padre Guilherme sagt, an diesen Gebräuchen könne nur die Zeit etwas ändern, wenn die Yanomami merkten, daß sie nicht mehr so oft und so lange zu wandern brauchten wie früher. Einst zogen die Missionsschwestern »überzählige« Neugeborene bei sich auf, falls sie sie in die Hände bekamen. Nach einem Jahr übergaben sie sie den Großmüttern. Solche der Familie zurückge-

gebene Kinder wurden nicht mehr getötet, denn die Yanomami akzeptieren jedes Lebewesen, das einige Tage mit ihnen verbringt. Sie mußten aber vielfach mit einer Existenz am Rande der Gesellschaft vorliebnehmen.
In Catrimani gibt es keine Evangelisation, demzufolge keinen einzigen »bekehrten« Christen unter den Indianern. Erste Priorität der Missionare ist die Hilfe zum physischen Überleben. Es ist erschreckend zu sehen, wie sich ein Jahrzehnt nach dem Einbruch der fremden Krankheitserreger in das intakte Lebenssystem der Indianer täglich neue Kämpfe um Leben und Tod abspielen. Viele Erreger können zwar mit Impfaktionen in Schach gehalten werden, wenigstens im Wirkungskreis der Mission, der mit bloß elf Malocas und 360 Menschen zwar klein ist, dessen Durchquerung jedoch tagelange Märsche bedingt. Masern und Keuchhusten zählen inzwischen zu diesen kontrollierbaren Krankheiten.
Als neue Geißel der Yanomami wütet jetzt aber die Malaria. Besonders bei den Kindern ist sie häufig zur Todesursache geworden. Schuldig am Aufkommen dieser Seuche sind die zahlreichen stehenden Tümpel, die durch den Straßenbau entstanden sind, und die den Urwald durchkämmenden Goldsucher, von denen viele nach dem x-ten Krankheitsschub resistente Erreger eingeschleppt haben. Auch die Krankenpfleger und Missionare entgehen diesen Attacken nicht.
Der Aufwand für die Gesundheitsversorgung Catrimanis ist durch die Malariaepidemie rapide gestiegen. Die schweizerische Caritas hat für drei Jahre 70 000 Franken bereitgestellt, damit Catrimani die elementarsten Dienste weiterführen kann. Aber allein in diesem Jahr haben sich die Flugkosten von Boa Vista nach Catrimani auf 500 Dollar verdoppelt. Jetzt soll die Perimetral Norte, an der Catrimani liegt, repariert werden, damit die Mission und die Yanomami von der Straße wenigstens profitieren können, nachdem sie schon so viel Unheil gebracht hat.
Die BR 210 hat sich wie so viele Projekte in Brasilien als »weißer Elefant« entpuppt. Kaum war sie fertiggestellt, war sie schon wieder vom Urwald überwuchert. Von Catrimani aus führten noch siebzig Straßenkilometer nach Westen, doch davon ist heute nichts mehr zu sehen. Nach Osten halten die Missionare die Straße offen. Sie besitzen einen Berna-Lastwagen des Jahrgangs 1941, mit dem sie einige Malocas erreichen können. Dann endet die Fahrt des unverwüstlichen Brummers an einer zerfallenen Brücke. Auf der anderen Flußseite steht das nächste Fahrzeug für einige weitere Kilometer Fahrt bereit bis zur nächsten zusammengebrochenen Brücke, wo ins dritte Auto gewechselt werden muß. Nun sollen die Brücken wieder aufgebaut werden, nicht jedoch der letzte Übergang Richtung Straße Boa Vista–Manaus. Jene Lücke soll bleiben und verhindern, daß Siedler und motorisierte Goldsucher in das Gebiet der Yanomami vordringen.
Neben der Bekämpfung der Krankheiten ist die Abwehr der Garimpeiros, der Goldsucher, zur dringlichsten Aufgabe geworden. Wie Ameisen durchkämmen diese den Urwald, und jeder Fund löst eine wahre Invasion von Glücksrittern aus. Verheerend wirkte sich die Entdeckung von Uran und Kassiterit in der Serra dos Surucucus aus, dem wichtigsten Lebensraum der Yanomami an der Grenze zu Venezuela. Über 500 Garimpeiros fielen 1975 illegal ins Reservat ein. Sie wurden schließlich von der Bundespolizei wegge-

wiesen – nur um den Baukolonnen einer staatlichen Bergwerksgesellschaft Platz zu machen.
Bisher ist das neue Bergwerk noch nicht in Betrieb. Dafür wird gegenwärtig in Surucucu an einer Militärgarnison gebaut. Sie ist ein Teil des Plans Calha Norte – den viele Beobachter als die schlimmste Bedrohung für die restlichen Ureinwohner Brasiliens betrachten. 1985 deckte der Indianermissionsrat (CIMI) der katholischen Bischofskonferenz die geheimen Pläne für diese »nördliche Rinne« auf. Im Zeichen der Doktrin der nationalen Sicherheit hatte der brasilianische Sicherheitsrat einen Plan mit dem Ziel ausgearbeitet, die Grenzregionen abzusichern und wirtschaftlich zu nutzen. Zu diesem Zweck sollen in einem 150 Kilometer tiefen Streifen an den nördlichen Grenzen keine Indianerreservate mehr bestehen, der Raum von Garnisonen abgesichert und Bergwerksgesellschaften nutzbar gemacht werden. Dahinter steckt die Überzeugung der Militärs, daß Indianer keine verläßlichen Staatsbürger seien, die ein Infiltrieren von Guerilleros aus den Nachbarstaaten verhindern könnten. Außerdem, so wird argumentiert, könnten Reservate indianische Autonomieforderungen präjudizieren oder bei den Ureinwohnern und ihren Stammesbrüdern in Venezuela, Peru oder Guayana Sezessionsgelüste wekken.
Der Indianermissionsrat, dem auch die Consolata-Väter angehören, nennt die Calha Norte »einen geplanten Völkermord in großem Maßstab«. Noch ist ungewiß, ob wirklich alle Teile des Plans zur Ausführung gelangen werden. Die Vermessung der meisten Indianerreservate wurde in diesen Gebieten eingestellt, wodurch die Indianer einer wesentlichen Voraussetzung für die Verteidigung ihrer Landrechte beraubt wurden. Außerdem dürften auch die Nachbarstaaten sich veranlaßt sehen, mit Brasilien in der Erschließung der Grenzregionen gleichzuziehen.
Bereits seit geraumer Zeit werden Reservate verkleinert bzw. gar nicht mehr respektiert. Statt den von namhaften Ethnologen geforderten Yanomami-Park zu schaffen, hat die Indianerbehörde 21 nicht zusammenhängende Reservatsflächen ausgeschieden, welche die Migrationsräume der Indianer zerschneiden. Wissenschaftler haben errechnet, daß für die Aufrechterhaltung der ökologisch angepaßten Lebensweise der Indianer pro Kopf 765 Hektar Urwald erforderlich sind. Die Behörden planen aber Reservate, die in einigen Fällen nur hundert Hektar pro Kopf umfassen. Außerdem sind Bestrebungen im Gange, diese Flächen nicht mehr einzelnen Volksgruppen, sondern Individuen zu überschreiben, und zwar nach wirtschaftlichen Kriterien.
Die Indianer, diese lästigen Hindernisse auf dem Weg zur Ausbeutung unerschlossener Reichtümer, wäre man damit endlich los – sie würden zu Siedlern, würden alsbald das Heer der kulturlosen Indianer in den Slums von Boa Vista und Manaus vergrößern oder die Zahl der Caboclos vermehren, jener ärmlichen Siedler an den Flußufern, die ihre indianische Herkunft vergessen haben.
Im Verhältnis zwischen Weißen und Indianern habe sich im Grunde genommen seit der Conquista durch die Portugiesen im 16. Jahrhundert nichts geändert, meint der französische Ethnologe und Botaniker Pierre Grenand vom Forschungsinstitut für Amazonien (INPA) in Manaus. Noch immer scheine über allen Projekten am Amazonas das sagenhafte Eldorado zu leuchten, der sofortige und grenzenlose Reichtum. Der Urwald werde angezündet,

Viehweiden träten an seine Stelle. Doch aus der »grünen Hölle« werde bald eine »rote Wüste«; rasch sei das sensible Gleichgewicht der Natur, das absterbende Materie ohne Humuspuffer mit Hilfe zahlloser Mikroorganismen sofort in neue, lebende verwandelt, zerstört. Leute wie Grenand hoffen auf die langsam dämmernde Erkenntnis, daß die Brasilianer von den Indianern lernen könnten, wie das Ökosystem des Regenwaldes genutzt werden kann, ohne es zu zerstören. Dazu müsse aber, meint Grenand, zuerst die fixe Idee vom großen und schnellen Reichtum aus den Köpfen verschwinden.
Von all den Kräften, die ein Umdenken im Verhältnis zu den Indianern (und dem Lebensraum Regenwald) fordern, ist die katholische Kirche mit ihrem CIMI vielleicht die bedeutendste. Gerade in der gegenwärtigen Phase der Ausarbeitung einer neuen Verfassung in Brasilien üben die Kirchenvertreter Druck auf viele Parlamentarier aus. Doch einer, der den Indianern am besten gesinnt ist, der Abgeordnete der Regierungspartei PMDB aus Maranhão, José Carlos Sabóia, äußert wenig Optimismus im Hinblick auf die neue Verfassung: »Die Indianer repräsentieren noch ganze 1,5 Promille der Brasilianer; mit diesen Stimmen wird kein Deputado gewählt, wohl aber mit den Stimmen der Millionen, die ihr Glück im grenzenlosen Urwald erhoffen.«
Jener grenzenlose Amazonaswald: das sind 57 Prozent der Fläche Brasiliens, wo die meisten Bodenschätze des Landes liegen. »So ein Gebiet kann sich nicht den Luxus leisten, wegen eines halben Dutzends Indianerstämme wirtschaftlich nicht erschlossen zu werden«, verkündete der Gouverneur von Roraima, als in Surucucu Uran gefunden worden war. An den Gesetzen lag es aber nicht, daß die Indianer hoffnungslos ins Hintertreffen geraten sind. Im Gegenteil: Brasilien gewährt auf dem Papier seinen Ureinwohnern den besseren Schutz als etwa die USA. Doch im ungeheuer großen Brasilien kümmert man sich wenig um offizielle Gesetze; die Mächtigen zimmern sich die, die sie brauchen, an Ort und Stelle selbst zurecht.
Zum Wohle der Indianer wurde eine eigene Behörde errichtet, die Nationale Indianerstiftung (FUNAI). Sie geht auf Marschall Rondon zurück, der aus privater philantropischer Initiative heraus 1910 den Indianerschutzdienst (SPI) begründet hatte. Die guten Absichten hinter dem SPI wurden allmählich pervertiert, bis er 1967 aufgelöst werden mußte. Damals hatte eine staatliche Untersuchungskommission die Verwicklungen des SPI bei Massakern an Indianern, bei Vergiftungsaktionen mittels infizierter Kleidungsstücke und mit Arsen versetztem Zucker, aufgedeckt. Die FUNAI sollte einen Neubeginn der staatlichen Indianerpolitik darstellen.
Doch bestenfalls – so sagen Kritiker – vermöge die FUNAI Konflikte zwischen Weißen und Indianern zu schlichten, jedoch fast immer zum Vorteil der ersteren. Durch das Bestehen der FUNAI wird wenigstens die Existenz der Indianer anerkannt. Viele Fazendeiros, Holzfäller und Garimpeiros würden es vorziehen, wenn es die FUNAI nicht gäbe. So gesehen bildet die Indianerbehörde manchmal einen Puffer zwischen Eindringlingen und Ureinwohnern. Ungezählte Fälle aber sind dokumentiert, in denen die FUNAI nicht einmal diese Pufferfunktion ausübt – wenn sie zum Beispiel einem Viehzüchter oder Bergbauindustriellen bescheinigt, daß ein erworbenes Gebiet »indianerfrei« ist, einschränkende Bestimmungen des Indianerstatus also nicht zutreffen. Wenn es um die wirtschaftliche Erschließung von Reservaten

geht, arbeitet die FUNAI oft mit den interessierten Unternehmen zusammen. Die FUNAI gab zum Beispiel vor kurzem einen prächtigen Bildband über die Waimiri-Atroari heraus, zusammen mit Eletronorte und dem Bergbauministerium. Eletronorte hat im Norden von Manaus das Kraftwerk Balbina erstellt, und erst jetzt, unmittelbar vor dem ersten Aufstau, hat man entdeckt, daß der Stausee um ein Drittel größer ausfallen wird als in den Plänen dargestellt, daß er also Teile des Indianerreservats überschwemmen wird. Das Bergbauministerium interessiert sich seinerseits für die großen Zinnvorkommen im Reservat. Von der Tragödie der Waimiri während des Straßenbaus steht kein Wort im schönfärberischen Buch, auch nichts von der Verbannung des aufsässigen Ex-Jesuiten Egidio Schwade aus dem Reservat. Schwade, der mit Rückendeckung des Indianermissionsrates die Rechte der Waimiri-Atroari wahrnehmen wollte, wurde von der FUNAI nicht mehr toleriert. Die FUNAI kann nun mit ihrer altbewährten Taktik fortfahren, die Indianer mit kleinen Geschenken an eigens dafür eingerichteten »Anziehungsposten« zu kaufen.

Die Vorgangsweise der FUNAI wurde im Sommer 1987 wieder einmal leicht erkennbar, als es um den Abbau von Bodenschätzen in Indianerreservaten ging. Die Rechtslage ist eindeutig. Artikel 198 der noch geltenden Verfassung besagt: »Die von Ureinwohnern bewohnten Gebiete sind unveräußerlich. Jenen steht der ständige Besitz zu. Ihr exklusives Nutzungsrecht an den natürlichen Reichtümern . . . wird anerkannt.« Doch stets wird in der Praxis das »höhere nationale Interesse« bemüht, wenn Interessenkollissionen entstehen. Das Bergbau- und Industrieministerium öffnete im Mai dieses Jahres den Garimpeiros die Indianerreservate für die Suche nach Bodenschätzen. Denn Brasilien braucht dringend Devisen, und damit sind höhere nationale Interessen im Spiel als der Schutz der Indianer. Als in den Zeitungen zahlreiche Ethnologen und Intellektuelle, die sich für die Indianer einsetzen, gegen den Schritt des Bergbauministeriums protestierten, mußte es diesen Beschluß vorerst zurücknehmen. Nun aber trat die FUNAI auf den Plan. Rasch wurde eine Delegation von Indianerführern nach Brasilía geflogen. Am 5. Juli forderten diese vor laufenden Fernsehkameras, im Beisein des FUNAI-Präsidenten, daß die Reservate den Bergwerkskonzernen geöffnet werden müßten; die Indianer hätten es nachgerade satt, von der wirtschaftlichen Entwicklung ausgeschlossen zu werden. Romero Juçá Filho, ein 32jähriger Ökonom, der durch gute Beziehungen Präsident der FUNAI geworden war (mit Indianern hatte er vorher nichts zu tun gehabt), verkündete zynisch, die Indianer hätten ihn aufgefordert, von den Bergwerksfirmen Tribute einzufordern und diese durch die FUNAI treuhänderisch zu verwalten. In Brasilien ist jedermann klar, in welchen Taschen solche Gelder, wenn sie überhaupt zu fließen beginnen, verschwinden werden.

Begriffe wie Vereinigung und politische Organisation sind den Indianern fremd. Die meisten der wenigen Versuche, die indianischen Interessen zu vereinen und zu vertreten, sind fehlgeschlagen oder im Sinne der Weißen »umfunktioniert« worden. Nach vierhundert Jahren rücksichtsloser und gewalttätiger Kolonisation sind von den ursprünglich fünf Millionen Indianern ganze 200 000 übriggeblieben. Alle Zeichen deuten auf die Fortsetzung dieser Dezimierung hin. Dem erdrückenden Trend stellen sich einige Missionare,

Ethnologen und aufgeklärte Bürger entgegen. Als kleines Zeichen der Hoffnung erinnere ich mich an eine Videoaufzeichnung des Bistums von Roraima, das die Vorfälle um die Maloca Santa Cruz dokumentiert. Darin wird ein verletzter Weißer gezeigt, der von einem Polizisten, seinem eigenen Verwandten, zusammengeschlagen wurde, als er sich schützend vor die wehrlosen Indianer stellen wollte. Esteban heißt er und ist ein Nachkomme jenes aus Cayenne entflohenen französischen Sträflings, der die Ortschaft Normandía gegründet hatte. »Viele Weiße denken wie ich, schweigen aber aus Angst«, sagt Esteban. »Die Indianer haben ein Recht auf dieses Land, und ich bin bereit, dafür mein Blut herzugeben.«
Nach Niederschrift dieses Berichts erreichte uns die Nachricht, daß die Missionsstation Catrimani im Gebiet der Yanomami-Indianer durch die brasilianische Bundespolizei gewaltsam geschlossen wurde. Anlaß bot der Regierung ein Zusammenstoß zwischen Yanomami und eingedrungenen Goldgräbern, in dessen Verlauf vier Indianer von den Garimpeiros getötet und zerstückelt wurden. Nun werden die Missionare beschuldigt, ebenfalls nach Gold zu suchen und die Indianer zu bewaffnen. Nach Meinung der Kirche will die Regierung – unbeobachtet von unliebsamen Missionaren – die Indianerreservate dem Projekt Calha Norte und den Bergbaufirmen öffnen. Die Brasilianische Bischofskonferenz, der Indianermissionsrat und die Schweizerische Caritas verlangen im Interesse der von Malaria- und Grippeepidemien heimgesuchten Yanomami-Indianer die sofortige Wiedereröffnung von Catrimani.

Dieser Bericht erschien am 17. Oktober 1987 in der Neuen Zürcher Zeitung.

Goldsucherinvasion in Malaria

Der schleichende Genozid an Brasiliens Indianern

Klaus Hart

Im nordbrasilianischen Teilstaat Roraima zerstören rund 80 000 Goldgräber die Existenzgrundlage von etwa 15 000 Yanomami-Indianern, Lateinamerikas größtem von der »Zivilisation« noch weitgehend unberührtem Stamm. Indianer sterben durch eingeschleppte Krankheiten oder werden von Goldgräbern erschossen. Das gelbe Metall, mit höchst unrationellen Methoden gefördert, macht lediglich eine Mafia reich, der brasilianische Staat hat nichts davon.

Eine Gruppe verwegener Gestalten, Gewehre in der Hand oder auf dem Rücken, lange Haumesser am Gürtel, tritt aus dem Urwald ins grelle Sonnenlicht und überschreitet die holperige Landepiste des Schürfgebiets Malaria, nur etwa fünfzehn Kilometer von der venezolanischen Grenze entfernt. Marcello, der Chef eines Barraca genannten Verkaufsstandes am Pistenrand, identifiziert die Gruppe mühelos als Goldgräber, Garimpeiros, und weiß, daß es jetzt ein bißchen Arbeit für ihn gibt. Routiniert wirft er einen Blick auf den Revolver mit langem Lauf im Halfter und greift nach einem zweiten in einem Regal. Diesen legt Marcello demonstrativ vor die Goldwaage. Sie steht im Innern der geräumigen, mit einer Plane überdachten Barraca auf einem langen Tisch, der Marcello wie eine schützende Barriere von den Garimpeiros trennt, die sich inzwischen auf der anderen Seite der Waage aufgebaut haben. Die Männer wollen wissen, wieviel Gramm Gold sie in den letzten Wochen in einem Seitental bei Malaria mit Hilfe von Motoren aus der Erde gewaschen haben – und ein Teil des Goldes soll sofort in der Barraca in nützliche Dinge umgesetzt werden.

Goldstaub als Zahlungsmittel

Hier wie in den anderen Schürfgebieten von Roraima ist die brasilianische Landeswährung so gut wie außer Kraft, man zahlt mit Goldstaub. Sofern dieser noch leichte Verunreinigungen enthält, gießt Marcello etwas Quecksilber zu dem Goldstaub in der Blechschale und verrührt beides mit dem Zeigefinger. Alle Fremdbestandteile bleiben an dem glitzernden, hochgiftigen Schwermetall hängen – der Goldstaub kann nun exakt abgewogen werden. Mißtrauisch beäugen die Garimpeiros den Vorgang – wohl wissend, daß nur ein geringer Prozentsatz der Goldaufkäufer in der Wildnis oder in der Hauptstadt von Roraima, Boa Vista, auf Betrugsversuche an der Goldwaage verzichtet. Marcello hat dies nicht nötig, doch er weiß, daß auch jene Goldsucher in ihrem abenteuerlichen Aufzug letztlich unberechenbar sind, sie sind abgestumpft, manchmal geradezu verroht durch die Schwerstarbeit in der goldhaltigen Erde, durch den kräfte- und illusionenverschleißenden Urwaldalltag, wo man die Goldsucherromantik vergeblich sucht. Männer werden verrückt und erschießen sich; Raubmord an erfolgreichen Schürfkollegen erscheint vielen Glücklosen schließlich als der einfachere Weg zum Gold.

Die Garimpeiros an der Barraca gießen zufrieden den größten Teil des abgewogenen Goldstaubs in Medizin- oder Kosmetikfläschchen zurück, für den Rest tauschen sie Munition, Zuckerrohrschnaps und Nahrungsmittel ein. Von der Konkurrenz-Barraca auf der anderen Pistenseite schlendert interessiert Maria heran, eine der vier Frauen unter den über hundert Goldgräbern im etwa zwei Quadratkilometer großen Schürfgebiet Malaria. Sie erfüllt wie jede ihrer Geschlechtsgenossinnen in den anderen »Garimpos« von Roraima eine mehrfache Funktion: Tagsüber wäscht Maria die stets stark verschmutzten Kleider der Männer und kocht das Essen – nachts ist sie die Prostituierte aller, für jeweils fünf Gramm Gold; der Waldboden ersetzt das Bordellbett. Nur die in jeder Hinsicht privilegierten Chefs der beiden Barracas, Angestellte der in Boa Vista residierenden Goldmafia, brauchen kein Quentchen von ihren mitunter mehrere Kilogramm betragenden Beständen abzugeben.

Gefährlicher Kontakt mit der Zivilisation

Maria sähe es gern, wenn die Gruppe der Neuankömmlinge sich möglichst rasch mit ihr befassen würde – doch die Garimpeiros widmen sich vorerst einem kostenlosen Vergnügen. Malaria liegt mitten im Indianergebiet und immer wieder kommen nackte Yanomami, die zuvor noch nie einen Weißen gesehen haben, zu den Barracas an der Landepiste. Heute sind es drei Jugendliche. Die Männer zeigen ihnen zuerst ein Radio, dann ihre Waffen und schließlich ein Pornoheft, neugierig auf die Reaktion der Indios. Die Garimpeiros verwenden vergnügt längere Zeit darauf, den Yanomamis klarzumachen, daß man mit den Indiofrauen vom Dorf auf der anderen Seite des Gebirgszugs das gleiche vorhabe wie auf den Fotos. Aus den Gesichtern der Yanomami ist nicht abzulesen, ob sie die obszöne Botschaft verstanden haben. Den drei Indiojugendlichen ist nicht bewußt, daß ihr Gang zur Barraca tödliche Folgen haben kann – für sie und möglicherweise sogar für das gesamte Yanomami-Dorf. Das Schürfgebiet heißt keineswegs zufällig Malaria: Mit den Garimpeiros, unter denen sich einige Prozent Schwerverbrecher befinden sollen, kommen zahlreiche Krankheiten in die Region, gegen die das Immunsystem der Indianer keine Abwehrkräfte mobilisieren kann; vor allem Grippe, Gelbfieber, Lungenentzündung und Malaria, außerdem Tuberkulose, Masern, Windpocken und Parasitenbefall – und sogar Aids. Jedes Schürfgebiet wird rasch zum Infektionsherd.
Die inzwischen über 80 000 Garimpeiros im Stammesgebiet der rund 15 000 Yanomami sind fast durchwegs bitterarme, unterernährte Analphabeten aus Brasiliens stark unterentwickelten Nordostregionen, angeheuert in Boa Vista von gerissenen Werbern – für Schwerstarbeit in Schlamm, Dieselgestank und Motorenlärm. Sie sind nicht nur wegen des teuren Fluges zu den Schürfgebieten oft hoch verschuldet. Kaum jemand schuftet derart hart, um einen Teil des Goldes in den Barracas für kalorienreiche Nahrung zu geradezu absurden Wucherpreisen wieder loszuwerden; ein großer Teil der Goldgräber zieht es daher vor, buchstäblich zu hungern. In Malaria verzichten die meisten Garimpeiros nach dem zwölfstündigen Arbeitstag in den Schürfkratern – Samstag und Sonntag inbegriffen – auf das Abendessen. Neben der Barraca von

Marcello, die tagaus, tagein nur Bohnen, Reis und Schweinefleisch und sonst nichts anzubieten hat, dämmert in Hängematten unter einer Plastikplane eine Art menschlicher Schrott vor sich hin – an die zwanzig arbeitslose Garimpeiros, die nach wochenlangen Gewaltmärschen durch den Urwald schließlich an der Malariapiste gestrandet sind und fast überhaupt nichts zu sich nehmen. All dies macht zunehmend anfälliger für Krankheiten; einige haben mehr als zehnmal die Malaria durchgestanden, an der 1988 nach WHO-Angaben in ganz Brasilien 56 000 Menschen gestorben sind.

Totenstille im Urwald

Als das Schürfgebiet eröffnet wurde, gab es in den Wäldern noch Wild und Vögel sowie Fische in den Bächen. Die ausgehungerten Garimpeiros haben jedoch alles abgeschossen, was sie vor die Flinte bekamen – der ohrenbetäubende Lärm der Dieselmotorbatterien und die fortdauernde Brandrodung des Waldes haben schließlich jegliches Getier vertrieben; im Urwald herrscht jetzt eine völlig untypische Totenstille. Der beim Schürfen anfallende gelbe Schlamm wird ebenso in Bäche und Flüsse geleitet wie Dieselöl und andere Chemikalien – sowie Quecksilber. Dieses machte den Fischen den Garaus, und vom Flugzeug aus ist zu sehen, daß kein Urwaldfluß von Roraima noch sauberes Wasser führt.

Schmerzlicher als die Yanomami, welche jahrhundertelang Bestandteil einer völlig intakten Natur, eines funktionierenden Ökosystems waren, kann niemand die ungehemmte, sinnlose Zerstörung empfinden. Ein Mitglied des Stammes, Davi Kopenawa Yanomami, spürt jedoch nicht nur Schmerz und Verzweiflung – er steht unter psychischem Druck besonderer Art. Ende Januar 1989 überreichten ihm in Brasilia Vertreter der Vereinten Nationen den Umweltpreis »Global 500« und würdigten damit Davis außergewöhnlichen Einsatz für die Erhaltung des Amazonas-Ökosystems. 1988 hatte Chico Mendes, der Präsident der Bauerngewerkschaft und ein über die Grenzen Brasiliens hinaus bekannter Amazonas-Umweltschützer, den UNO-Preis erhalten – am 22. Dezember fiel er jenem heimtückischen Mordanschlag von Großgrundbesitzern zum Opfer, der weltweit Aufsehen erregte. Die beiden Preisträger hatten sich gekannt. Auch Davis Leben ist in höchster Gefahr. Der Yanomami erhält ständig Morddrohungen der Goldmafia und ist bereits einigen Hinterhalten entronnen. Davi ist Mitarbeiter der staatlichen Indianerschutzbehörde FUNAI und muß mit ansehen, daß nicht nur diese, sondern auch Polizei und Militär, sämtliche Behörden des Teilstaates Roraima und sogar die Regierung in Brasilia Gesetze und selbst Verfassungsartikel offen mißachten, die den Lebensraum, die Kultur und Lebensweise der letzten etwa 250 000 von einst fünf Millionen brasilianischen Indianern garantieren sollen. Theoretisch dürfte sich kein einziger Garimpeiro im Yanomami-Gebiet aufhalten; die FUNAI hätte mit Unterstützung von Polizei und Militär verhindern müssen, daß Malaria und sämtliche anderen ungezählten Schürfgebiete überhaupt installiert werden. Davi sagte im persönlichen Gespräch einige Tage vor der Preisverleihung in Boa Vista, daß nur seine Bekanntheit ihn vor Sanktionen und auch vor der Entlassung durch die FUNAI schützt, die sich auch in Roraima häufig von motivierten und deshalb unbequemen Mitarbeitern getrennt hat.

Korrupte Indianerbehörde

Der einzige FUNAI-Beamte Roraimas, der sich mit Yanomami in deren Sprache unterhalten kann, äußert klare Worte: »Vier meiner Verwandten sind von Garimpeiros erschossen worden, immer mehr Indios sterben jetzt, durch Krankheiten und durch Schüsse. Wir haben nichts mehr zu jagen und leiden Hunger. Oft werden Indianerinnen von Garimpeiros vergewaltigt. Auch die in den Waldgebieten stationierten Militärpolizisten tun das. Sie bringen Schnaps mit, und wenn sie auf Indiodörfer treffen, geben sie den nichtsahnenden Männern Schnaps. Und wenn diese dann betrunken sind, fallen sie über die Frauen her. Die FUNAI sagt, alles ist gut, alle sind gesund, alle leben in Frieden. Aber es stimmt nicht, es ist eine Lüge. Wenig wird getan, sehr wenig. Die FUNAI ist nicht auf unserer Seite, sie wurde an die Garimpeiros verkauft. Leute in der FUNAI nehmen Goldsuchergeld, ich weiß das. Und so mischt sich die FUNAI nicht mehr ein. Ich bat Präsident Sarney in einem Brief, die Garimpeiros aus dem Indianergebiet herauszuholen – aber er antwortete mir, das sei sehr schwierig. Sogar die Polizei schürft ja nach Gold, so will niemand die Garimpeiros herausholen. Auch mich hat man versucht zu bestechen, zu überreden, zu korrumpieren. Teil meiner Arbeit auf dem FUNAI-Posten Demiani ist es, den leider so sehr gutgläubigen Yanomami klarzumachen, daß die Garimpeiros stets viel versprechen und dann betrügen, um müheloser in Indiogebiet eindringen zu können. Man darf ihnen nicht glauben.«

Den Leitern der FUNAI mißfällt, daß Davi bisweilen in Boa Vista mit italienischen Padres und Missionaren zusammentrifft, die, wie die brasilianische Kommission zur Schaffung eines Yanomami-Schutzparkes (CCPY), sich für die Indianer einsetzen. Carlo Zacquini und João Saffirio, beide Anthropologen und für den Consolata-Orden seit über zwanzig Jahren in Boa Vista, sehen ebenso wie der Bischof von Roraima, Dom Aldo Mongiano, die Dinge nicht anders als Davi. Sie sprechen sogar von *Genozid,* von der Ausrottung der Yanomami, gegen welche Brasiliens Bischofskonferenz in einer großen Erklärung protestiert hat. Nach Ansicht der drei Kirchenmänner, die in Boa Vista sehr viele Feinde haben, könnten den Yanomami nur noch Aktionen und Druck seitens des Auslands helfen. Der Bischof berichtet, daß FUNAI-Beamte über FUNAI-Pisten zahllose Garimpeiros ins Yanomami-Gebiet eindringen ließen – und daß die Indianerbehörde große Angst vor neugierigen Journalisten und Padres hat. Eine Missionsstation, welche nie missionierte, aber Gesundheitsbetreuung leistete, wurde gegen bestehende Gesetze und Verträge von der FUNAI geschlossen, damit an dieser Stelle unbeobachtet und ungestört Garimpeiros eingeflogen werden können. Zacquini hat Informationen, daß Goldsucher sogar Maschinenpistolen gegen Indianer einsetzten und wann immer möglich, die Felder von Indiodörfern plündern, was Zusammenstöße provoziert. Ein Garimpeiro berichtete Zacquini von einem leichenübersäten Dorf – er sah die leblosen Körper von Frauen, Kindern und Greisen.

Die Zusammensetzung des FUNAI-Personals von Roraima läßt nationalen und ausländischen Sympathisanten der Indianer die Haare zu Berge stehen. Abgesehen von Davi ist niemand kompetent; selbst ehemalige Chauffeure und Hilfsarbeiter sollen zur »Indianerbetreuung« eingesetzt werden. Der

Chefadministrator, der Agronom Raimundu Nonato da Silva, besaß das Vertrauen des Nationalen Sicherheitsrates bereits während der Diktaturzeit – damals wurde er zum Bürgermeister einer Stadt in einer militärischen Sicherheitszone ernannt. Sein Parteifreund von der konservativen Liberalen Front, Romero Jucá, wurde just in dem Moment letztes Jahr vom nationalen FUNAI-Präsidenten zum Gouverneur von Roraima befördert, als die Zeitungen fast täglich über seine Verwicklung in illegale Geschäfte schrieben – unter anderem mit Holzunternehmern, die Indianerwald rodeten.
Die Regierung von Roraima fühlt sich mit ihrer fatalen Indianerpolitik so sicher und so sehr im Recht, daß Jucás rechte Hand, der Kabinettschef und Sprecher Marcelo Chagas, im Gespräch ohne jede taktische Vorsicht reinen Wein einschenkte. Der Schutz der Indianer und ihrer Kultur und Lebensweise, so wie es Gesetz und Verfassung vorschreiben, sei weder beabsichtigt, noch machbar, noch wünschenswert, sagte der Sprecher. Die Leitlinie sei vielmehr, die Indios in die weiße Gesellschaft zu integrieren, sie in nützliche Glieder der brasilianischen Volkswirtschaft zu verwandeln. Der ehemalige Präsident der FUNAI, Chagas, betont, keinerlei Kenntnis von Konflikten in den Schürfgebieten, von sterbenden oder kranken Indios zu haben; die FUNAI habe genügend Impfaktionen durchgeführt. Maßnahmen gegen die Garimpeiro-Invasion hält er für nicht realisierbar.

Flugverbindung als Nabelschnur

Jeder Goldsucher in den Barackenbars von Boa Vista weiß es besser: Die Schürfgebiete im bergigen Urwald sind fast ausschließlich mit jenen mehreren hundert Kleinflugzeugen zu erreichen, welche den Flughafen von Boa Vista als Basis nutzen und deren wagemutige Piloten um die 7000 Dollar monatlich verdienen. Ein Entzug der Starterlaubnis wäre das Ende für die Goldsucher, denn richtige Straßen nach Malaria existieren nicht. Im Grunde könnte dieser Stopp von einem einzigen Beamten der staatlichen Luftfahrtaufsichtsbehörde Infraero wegen der nicht eingehaltenen Sicherheitsbestimmungen verhängt werden. Jeder Laie kann von der Flughafenterrasse aus sehen, daß in die bis auf das absolute Minimum ausgeschlachteten Sportmaschinen viel zu viele Gerätschaften, Motoren und Passagiere gepfercht werden. Der Berichterstatter flog nach Malaria mit sieben anderen Passagieren in einem bestenfalls für drei bis vier Personen zugelassenen einmotorigen Propellerflugzeug, mit dem Rücken notgedrungen eine Hälfte des Armaturenbretts des Piloten verdekkend. Natürlich waren, was ebenfalls streng verboten ist, Waffen an Bord – und ebenso selbstverständlich waren die Fluglotsen über das illegale Flugziel informiert und gaben die entsprechende Hilfeleistung. Von jeweils hundert Piloten kommen zwanzig bei den häufigen Abstürzen um – so lautet die Faustregel. Eine vorschriftsmäßige Wartung der Maschinen ist in Boa Vista nicht möglich.
Zu den Widersprüchlichkeiten gehört ferner, daß der Regierungssender Radio Roraima Abend für Abend Nachrichten illegalen Inhalts von illegal tätigen Garimpeiros an ebenso illegal tätige Schicksalsgenossen anderer Schürfgebiete im Yanomami-Gebiet oder an Hintermänner der in Boa Vista befindlichen Goldmafia sendet. Das Gold, auf die denkbar ineffizienteste, Mensch und Natur vergiftende Weise gefördert, geht fast durchwegs am Fiskus vorbei auf

dunklen Kanälen ins Ausland und trägt nicht zur Reduktion der hohen Außenschuld Brasiliens bei. In etwa fünf Jahren, so lauten die Prognosen, gibt es für die Goldsucher in Roraima nichts mehr zu holen. Ein denkbar schwacher Trost für die letzten Yanomami.

Dieser Bericht erschien am 15. April 1989 in der Neuen Zürcher Zeitung.

Die Autoren

Pierrette Birraux, Geographin und Historikerin. Sie arbeitet zur Zeit an einer Dissertation über die territorialen Bedürfnisse der Yanomami und lebte eineinhalb Jahre unter ihnen. Sie ist auch an den Filmrealisationen ihres Ehemannes Volkmar Ziegler beteiligt.

Adresse: Pierrette Birraux
2 rue Mueller – Brun
CH-1208 Genf

Bischöfliche Pastoralkommission der Nationalen Bischofskonferenz Brasiliens (CNBB).

Adresse: Conferência Nacional dos Bispos do Brasil
(Nationale Bischofskonferenz von Brasilien)
SE/Sul Quadra 801 – Conjunto »B«
Cx. Postal 13-2067, Tel. (061) 225-2955

Peter Bunyard, Mitherausgeber von »The Ecologist« (Sturminster Newton, Dorset).

Adresse: Lawellen Farm
Withiel Bodmin Cornwall PL 30 5 NN
England

Julio Gaiger, Rechtsanwalt für Indianer und Berater des Indianermissionsrates CIMI (eines Organs der Nationalen Bischofskonferenz). Er war auch Berater der Verfassungsgebenden Versammlung und gehört dem internationalen Ausschuß von Survival International (London) an.

Adresse: CIMI – Conselho Indigenista Missionário
Edificio Venàncio III Sala 311
Caixa Postal 11-1159
BR-70084 Brasília DF

Gale Goodwin-Gomez, Doktorandin der Linguistik an der Columbia University, New York.

Adresse: 39 Plumberry
Lane Darien/Conn.
06820 USA

Klaus Hart

Adresse: Rua Taylor 39, Apto. 905
Gloria
BR-20001 Rio de Janeiro

Jörg Helbig, Ethnologe, arbeitet am Staatlichen Museum für Völkerkunde München.

Adresse: Staatliches Museum für Völkerkunde
Maximilianstraße 42
D-8000 München 22

Gabriele Herzog, Doktorandin an der Universität München.

Adresse: Wörthstraße 29
D-8000 München 80

Oswald Iten, Journalist

Adresse: Waldhof
CH-6314 Unterägeri

José Lutzenberger, Agronom und Agrochemiker. Brasiliens führender Ökologe. Preisträger des »Right Livelihood Award« 1988 (bekannt als »Alternativer Nobelpreis«).

Adresse: Rua Jacinto Gomes
BR-90000 Porto Alegre
RS Rio Grande do Sul

Astrid Mohné, Studentin der Völkerkunde an der Universität München.

Adresse: Heßstraße 82
D-8000 München 40

Antonio Carlos Soares Pinto, Soziologe und Raumplaner, ist Mitarbeiter bei Global Challenges Network e. V.

Adresse: Lindwurmstraße 88
D-8000 München 2

Pater Giovanni Saffirio, Missionar der Missione Consolata (Turin) und ausgebildeter Ethnologe. Er wirkt wieder in Catrimani.

Adresse: Diocese de Roraima
Cx. P. 163
BR-69300 Boa Vista (Roraima)

Jacques Schiltknecht, Arzt

Adresse: CH-5615 Fahrwangen

Andreas Zeidler, Student der Völkerkunde an der Universität München.

Adresse: Wolgemutstraße 10
D-8000 München 90

Wir danken den Autoren für ihr Mitwirken, bitten aber um Verständnis, daß unser Lektorat in fallweise abweichende Schreibweisen und Erkenntnisse der Fachwissenschaft bei sich wiederholenden Themen nicht eingreifen konnte.

Herausgeber und Verlag

Fotonachweis

Hart, Klaus: 95 o. r., 96
Herzog, Gabriele: 113, 114, 116, 119 u.
Herzog, Harald: Überzug vorne, 115, 117, 118, 119 o., 120, 121, 122, 123
Iten, Oswald: 49, 50, 51, 52, 53, 54, 55, 56, 89, 90, 91, 92, 93, 94, 95 o. l., 124, Überzug rückwärts